Peter Reifenberg (Hg.)

Mut zur
offenen Philosophie

Ein Neubedenken
der Philosophie der Tat
Maurice Blondel (1861–1949)
zum 150. Geburtstag

Peter Reifenberg (Hg.)

Mut zur *offenen Philosophie*

Ein Neubedenken
der Philosophie der Tat

Maurice Blondel (1861–1949)
zum 150. Geburtstag

echter

Den Nestoren der Blondel-Forschung
Peter Henrici SJ, Joachim Kopper
und Claude Troisfontaines
in Freundschaft und Dankbarkeit
gewidmet.

Inhalt

5

III. Anknüpfung und Abgrenzung

IV. Das offene Denken heute wagen

Einleitung

Die Philosophie kann sich derzeit eines zunehmenden Interesses erfreuen. Nicht nur philosophische Kreise treffen sich zur Lektüre großer Denker, in Gymnasien wird Philosophie unterrichtet, Akademieveranstaltungen zu philosophischen Themen locken auch junge Menschen an und die Zahl von Philosophie-Studierenden wächst in ungeahnte Höhen.

Offenbar liegt es auch daran, dass der Mensch sich immer wieder als Fragender nach dem Sinn seines Lebens und seines Tuns erfährt und den Weg seiner eigenen Vollendung sucht. Getrieben von einem intellektuellen Verlangen taucht auf diesem Weg die Frage nach dem Unerreichbaren, Übernatürlichen und Absoluten auf.

Zudem wächst der Zuspruch zur praktischen Philosophie, aber auch zur Philosophiegeschichte, wobei analytische und sprachphilosophische Richtungen, gerade auch rein rationalistisches Systemdenken zumindest in unseren Breiten zurücktreten, da sie allzu oft in eine »philosophie séparée« abzudriften drohen und in der Diskussion spezieller Einzelprobleme stecken bleiben (vgl. Grätzel).

Der Anlauf, komplexe Ansätze verstehen zu lernen, muss nicht groß sein, wenn im Verstehensprozess Wegmarken gesetzt und Sinnabschnitte vorgegeben werden, die dann zu Wegweisern im Verstehensprozess werden. Der Mut zum Wagnis einer »philosophie ouverte« bringt es mit sich, dass reine Abstraktionen eines bloßen Rationalismus vermieden werden zugunsten eines wirklichkeitsbezogenen »Handeln-Denkens«, das dynamisch und geschichtlich argumentiert. Kann eine »science de la pratique« zu einer intellektuellen Tugend werden, welche aus einem tiefen Verständnis von praktischer Lebensnähe entspringt (vgl. Reifenberg)? Auch im Denken Martin Heideggers stellt die Nähe ein unverzichtbares Philosophem dar. Die (Seins-)Nähe inspiriert sowohl das reflektierende wie das prospektive Denken (vgl. I.).

So ist auch der Zugang zu den Grundgedanken des wirkmächtigen französischen Denkers Maurice Blondel (1861–1949) nicht unüberwindbar schwer. Ihre Vergewisserung geschieht aus dem Ursprung des Einfachen (vgl. II.).

Ist er ein philosophischer Kirchenlehrer, wie Peter Henrici zum 150. Geburtstag Blondels fragt? Längst ist sein Einfluss auf das Zweite Vatikanische Konzil noch nicht ausgemessen.

Faszinierend und packend bleiben die Grundkoordinaten seines Denkens, die im 20. Jahrhundert bis in unsere Tage hinein Theologie und Philosophie in besonderem Maße beeinflussen und bestimmen (vgl. Lehmann).

Wie kann selbst zum 150. Geburtstag etwas von der Frische, dem Weitblick und der Kraft seines Denkens für unsere Tage spürbar werden? Wie kann das Wagnis eines offenen Denkens heute stattfinden? (vgl. IV.: Leclercq; van Hooff).

Seit seiner Schulzeit am Lyzeum von Dijon und den öffentlichen Vorlesungen seines ersten Lehrers Henry Joly im Winter 1878/79 machte sich Blondel mit der Philosophie des großen Leibniz vertraut (vgl. Busche). Schließlich fand er durch die Leibniz-Vorlesung schon im Jahre 1880 die Keimzelle seines gesamten Philosophierens: das Vinculum Substantiale. Ihm widmete er seine lateinisch verfasste erste Promotionsarbeit aus dem Jahre 1893 mit dem Titel: »De vinculo substantiali et de substantia composita apud Leibnitium«. Im Jahre 1930 legte Blondel, diesmal in französischer Sprache, eine Überarbeitung seiner lateinischen Dissertation vor: »Une énigme historique, le Vinculum Substantiale d'après Leibniz et l'ébauche d'un réalisme supérieur«. Blondel selbst bezeichnet in seiner philosophischen Autobiographie, »L'Itinéraire philosophique« (1928) (vgl. Rehm-Grätzel), seine These vom Vinculum als eine der »cellules-mères« von L'Action (1893).

Ohne den Hintergrund der lateinischen These kann man L'Action (1893) nicht verstehen. So stellt die von Leibniz entwickelte Hypothese, die anlässlich einer Anfrage des Jesuiten Des Bosses über die Vereinbarkeit der Monadologie mit der römisch-katholischen Transsubstantiationslehre in dessen Werk lediglich marginalen Charakter trägt, nicht nur eine Grundeinsicht des epistemologischen Problembewusstseins Blondels und damit Bedingung der Möglichkeit jedweder philosophischer Rückfrage überhaupt dar, sondern ist zugleich auch ein Schlüssel für sein gesamtes philosophisches Wirklichkeitsverständnis. Durch das Vinculum Substantiale werden die Probleme von Intellektualität, Einheit und »Vorstellung« philosophisch hinterfragt.

Im engen Dialog mit seinem Studienfreund Victor Delbos und der

8

Auseinandersetzung mit dessen Spinoza-Studie lässt sich Blondel durch die spinozistische Ethik inspirieren (vgl. Kopper). Erster Gesprächspartner bleibt jedoch Aristoteles (vgl. D'Agostino). Von Schopenhauer und Nietzsche grenzt sich Blondel ab (vgl. Henrici), Anknüpfung findet er – wenn auch wider Willen – über Ollé-Laprune und Gratry vermittelt beim genialen Autodidakten des 19. Jahrhunderts, bei John Henry Newman (vgl. Reifenberg).

Wie lässt sich die Einheit des Wirklichen denken? Wie kann man überhaupt von der Subjektivität des Menschen sprechen?

Dieses Buch geht aus einer Tagung der Akademie des Bistums Mainz, Erbacher Hof, hervor. Mit den Freunden aus Louvain-la-Neuve, Bad Schönbrunn (Schweiz), Rom und der Johannes Gutenberg-Universität Mainz begingen wir den 150. Geburtstag von Maurice Blondel.

Dank gilt unserem Bischof, Karl Kardinal Lehmann, für seine stete Unterstützung der Arbeit unserer kleinen Blondel-Forschungsstelle sowie den Mitarbeitenden der Akademie des Bistums Mainz, Erbacher Hof, für alle technische Hilfe zur Erstellung der Texte und für das Redigieren der Manuskripte.

Erbacher Hof Mainz, Ostern 2012

Peter Reifenberg

I.
Inspiration aus Lebensnähe

KARL KARDINAL LEHMANN
Mut zur »offenen Philosophie«
Maurice Blondel (1861–1949) zum 150. Geburtstag

I.

Es ist mir eine besonders große Freude, dass zum 150. Geburtstag wieder eine Forschungstagung zu Blondel in Mainz stattfinden konnte und sich hier die Blondel-Forschungsstelle des Philosophischen Seminars der Johannes Gutenberg-Universität Mainz, die Archives Maurice Blondel am Institut Supérieur de Philosophie von Louvain-la-Neuve, die auch das bedeutende Blondel-Archiv beherbergen, sowie die Pontificia Università Gregoriana in Rom, an der ich selbst acht Jahre studierte, mit unserer Bistumsakademie Erbacher Hof zusammengeschlossen haben, um diesem bedeutenden Denker zum 150. Geburtstag die Ehre zu erweisen. Besonders gefreut hat mich die Mitwirkung meines verehrten Doktorvaters und Bischofskollegen, Prof. P. Dr. Peter Henrici SJ, Bad Schönbrunn (Schweiz).
Wir haben ja schon eine Tradition der Blondel-Forschung hier in Mainz mit unserem kleinen Zentrum zur Förderung der Blondel-Forschung begründen können.
Gerne habe ich sowohl bei dem 100-Jahres-Gedächtnis von »*Le point de départ de la recherche philosophique*«, Ausgangspunkt und Ziel des Philosophierens (1906)«[1] als auch beim 100-Jahres-Gedächtnis von »*Histoire et Dogme*«[2] das Geleitwort gesprochen und später veröffentlicht.
Es ist mir nun eine besondere Freude und ein persönliches Anliegen, den Referenten und Organisatoren von Herzen zu danken, da sie in bescheidenem, aber zielgerichtetem Rahmen und kontinuierlich die Blondel-Forschung weiter betreiben, ganz besonders aus Louvain, Rom und Mainz, vor allem Herrn Prof. Dr. Peter Reifenberg, dem Direktor des Erbacher Hofs.

---

[1] Turnshare Ltd., 2007, VII–XI.
[2] Vgl. Reifenberg, Peter/van Hooff, Anton (Hg.): Tradition – Dynamik von Bewegtheit und ständiger Bewegung 100 Jahre Maurice Blondels »Histoire et Dogme« (1904–2004), Würzburg (Echter) 2005, 7.

13

Wie Sie wissen, nahm ich gerade das letztgenannte Buch von Maurice Blondel, »Histoire et Dogme«, aber auch L'Action (1893) zum Anlass, zwei meiner besten Schüler, nämlich Albert Raffelt und Anton van Hooff, mit Blondel-Arbeiten zu betrauen[3]. Ich freue mich, dass beide die Blondel-Forschung auch heute noch mit ihren Beiträgen bereichern[4].

II.

1. Die Organisatoren der Tagung überschrieben das Forschungsgespräch mit dem Titel »*Mut zur offenen Philosophie*«.

Ein erster Gedanke im Blick auf Maurice Blondel geht in zwei Richtungen:

Einerseits wird in »Lettre sur les exigences de la pensée contemporaine en matière d'apologétique et sur la méthode de la philosophie dans l'étude du problème religieux (1896)« von Blondel ein *Gegenentwurf zu jedweder* »*philosophie séparée*« vorgelegt, aber auch andererseits in der Beziehung zu der gesamten Geschichte der Philosophie.

Blondel verneint die Einsichten der ihm vorangegangenen Philosophen nicht, übt allerdings Kritik an geschlossenen Systemen, die weder dem Phänomen noch der Geschichte Raum geben, sondern vielmehr das Sein substantialistisch einzumauern versuchten. Durch seine Philosophie der ›action‹ schafft er einen Rahmen, der die oft gegensätzlichen Auffassungen philosophischer Tradition in einer neuen Synthese vereinigt, ganz gemäß dem Leitgedanken aus L'Action (1893): hétérogènes et solidaires. Dieser Mut bringt es mit sich, dass er sich sehr leicht zwischen alle Stühle setzt. Er ist für die Philoso-

---

[3] Vgl. van Hooff, Anton E.: Die Vollendung des Menschen. Die Idee des Glaubensaktes und ihre philosophische Begründung im Frühwerk Maurice Blondels. Freiburger theologische Studien. Freiburg (Herder) 1983; Raffelt, Albert: Spiritualität und Philosophie. Zur Vermittlung geistig-religiöser Erfahrung in Maurice Blondels L'Action (1893). Freiburg (Herder) 1978.

[4] Vgl. z.B. Blondel, Maurice. Geschichte und Dogma. Herausgegeben und eingeleitet von Albert Raffelt, übersetzt und kommentiert von Hansjürgen Verweyen. Regensburg (Pustet) 2011; van Hooff, Anton: Die Wende vom Sein zum Handeln. Philosophieren im Labor des Lebens, in: Knapp, Markus/Kobusch, Theo (Hg.): Querdenker, Visionäre und Außenseiter in Philosophie und Theologie. Darmstadt WB 157–264; ders.: Art. Maurice Blondel, in: Bedorf, Thomas/Röttgers, Kurt (Hg.): Die französische Philosophie im 20. Jahrhundert. Ein Autorenhandbuch. Darmstadt (WB) 2009, 66–69.

phen zu theologisch und für die Theologen zu philosophisch. Für die Theologiegeschichte bedeutet dies, dass er sich nicht ideologisch vereinnahmen lässt.

2. Beeindruckt hat es mich immer wieder, dass Blondel in *drei* wesentlichen Punkten mit seit Jahrhunderten eingeschliffenen Denkwegen innerhalb der katholischen Theologie bricht und dadurch Vorurteile abzubauen in der Lage war. Es gehört zur Tragik seiner zögernden Rezeption, dass die nachfolgenden Argumente in der »communis opinio« noch lange nicht zu Ende gedacht worden sind:

a) Der erste Punkt betrifft die Destruktion der als unumgehbar gedachten *bloßen Idee einer natura pura*[5], die *Henri de Lubac* dazu führte, eine Neubegründung und neue Durchführung der Gnadentheologie zu unternehmen. Doch die moraltheologischen Entwürfe haben davon bis jetzt nur vereinzelt Kenntnis genommen und berufen sich zunehmend wieder auf ein zu monolithisch gedachtes Naturrecht. Dabei sieht Blondel seine Forschungen in einer authentischen christlichen Tradition, welche die paulinische Geschehenslogik gegenüber einer formalen Seinslogik in den Mittelpunkt des Erlösungsgeschehens in Jesus Christus setzt und damit den tatkräftigen Erweis der Barmherzigkeit Gottes (vgl. Röm 6) unterstreicht.

b) Zweitens beeindruckt mich nachhaltig der Gedanke des *geschichtlichen Charakters des Dogmas* und somit das *Wesen der Dogmengeschichte*. Hierzu habe ich zusammen mit meinem Lehrer Karl Rahner im leider heute freilich wenig beachteten »Mysterium Salutis«[6] einen Beitrag zur *Geschichtlichkeit der Vermittlung* verfasst, in dem es den Gedanken des dynamischen Geschichtlichen im Offenbarungsgeschehen und im Glaubensvollzug anhand herausragender Gestalten der Theologiegeschichte nachzuweisen galt, und hier insbesondere auch auf John Henry Newmans Entwicklungslehre[7] und auf Maurice Blondels »Histoire et Dogme« deutlich verwiesen wurde.

---

[5] Vgl. Reifenberg, Peter: Verantwortung aus der Letztbestimmung. Maurice Blondels Ansatz zu einer Logik des sittlichen Lebens. Freiburger theologische Studien. Freiburg (Herder) 2002.

[6] Feiner, Johannes/Löhrer, Magnus (Hg.): Grundriss heilsgeschichtlicher Dogmatik. Bd. 1. Einsiedeln/Zürich (Benziger) 1965, 727–787.

[7] Vgl. ebd. 749f. Vgl. die nachfolgenden Beiträge zu Blondel und Newman von P. Reifenberg.

Ich darf kurz aus diesem Text zitieren:
»Ein wichtiger Schritt in der Auseinandersetzung mit dem Modernismus – leider bisher bis heute systematisch viel zu wenig beachtet – geschieht in Maurice Blondels Beitrag zur Diskussion. Blondel sieht vor allem in der Tradition als Vermittlung von Dogma und Geschichte nicht so sehr ein äußeres Weitergeben von Sätzen, sondern die Überlieferung lebendiger Wirklichkeit.
In dieser Sicht erhält die Tradition einen einzigartigen Charakter, weil sie nicht nur eine nach rückwärts gewandte Bewahrung der Vergangenheit, sondern zugleich in ihrem Wesen erobernde Tendenz ist ...«[8]
Diese leitenden Ideen bleiben für die Zukunft maßgebend, selbst wenn die tieferen Anregungen Blondels im Bereich der zeitgenössischen Theologie noch nicht die notwendige Resonanz gefunden haben. Wir hoffen, dass mit der schon genannten *Neuübersetzung* von *Hansjürgen Verweyen* und *Albert Raffelt* der Diskussion ein neuer Schub gegeben werden kann.
Auch hier hat *de Lubac* Wesentliches für uns Heutige zu sagen, wenn er eine neue Sicht auf das Verhältnis zwischen Beständigkeit und Unveränderlichkeit des Dogmas hinweist. Dass solche Einsichten dem »Mainstream« fremd geblieben sind, zeigen einerseits die Bigotterie des Buchstabens und der undialektische Umgang mit dem, was »Magisterium« repräsentiert – Dogmengeschichte auf neuzeitliche Entwicklungen angewandt ist oft mit Angst besetzt – und andererseits die sich geschichtlich verselbständigenden Bedeutungen des Glaubensgeheimnisses in einem antirömischen Affekt.

c) Drittens hat mich immer wieder die *Neubegründung der Fundamentaltheologie* angesprochen, indem Blondel nämlich den vom Deismus vorgegebenen Dreischritt »demonstratio religiosa, christiana, catholica« umkehrt. Ein Ansatz liegt in der tatsächlichen Feier und Verkündigung des Glaubens im Handeln der Glaubensgemeinschaft. Auch diese Sicht Blondels ist vielfach unbeachtet geblieben. Das »Ganze« ist nicht abstrakt als Addition zu denken, sondern als eine konkrete Einheit in der »action« des ekklesialen Glaubens, die letztendlich Gott selbst allein schafft.

---

[8] Ebd., 752.

16

III.

Lassen Sie mich einen dritten Punkt nennen, der unter dem Namen Blondel die Theologie in die Zukunft weisen kann.

Wenn man einen Blick in die reiche Korrespondenzen des Philosophen wirft, so sieht man, dass Blondel eine richtige Beobachtung formuliert. Solange die angehenden und fertigen *Theologen* mit einer »schlechten Philosophie« versorgt werden, d. h. erst eine reine Neuscholastik, dann philosophische Modephilosophien und diese nur oberflächlich zur Kenntnis nehmen, muss auch eine darauf aufgebaute Theologie rückständig bleiben. Dies sieht man allzu oft an der philosophisch unbedachten Übernahme von modernen hermeneutischen Modellen durch die Exegese. Nicht nur gegenüber den Entwicklungen der heutigen Gesellschaft, sondern vor allem angesichts der Fülle des Glaubensmysteriums selbst bleibt eine philosophisch unbedachte Theologie defizient und kann einer wahrhaft vermittelnden Aufgabe nicht gerecht werden.

Diese drei hier nur aufgeworfenen, gewiss nicht ausformulierten und unvollständig bleibenden Punkte können dem offenen Forschungsgespräch vielleicht eine kleine Anregung geben.

Peter Henrici SJ

Ein philosophischer Kirchenlehrer?

Zum 150. Geburtstag von Maurice Blondel[1]

Der Philosoph Maurice Blondel ist in den deutschsprachigen Ländern kaum bekannt, und die französische Universitätsphilosophie hat ihn ins Abseits gestellt. Dennoch war er einer der originellsten Denker der letzten 150 Jahre und wohl einer der einflussreichsten, wenn auch nicht auf dem Gebiet der Philosophie, so doch in der katholischen Theologie. Diese verdankt ihm drei entscheidende Anstöße, in erster Linie ein neues Verständnis des Verhältnisses zwischen der Natur des Menschen und seiner übernatürlichen Vollendung. Während ein Großteil der neuzeitlichen Theologen die Berufung zur Teilnahme am dreifaltigen Leben Gottes als etwas dem Menschen äußerlich Aufgesetztes betrachtete, konnte Blondel mit philosophischen Überlegungen aufzeigen, dass der Mensch seine wesensgemäße Vollendung nur von diesem übernatürlichen, gänzlich ungeschuldeten Gnadengeschenk Gottes erwarten kann. Das war schon die Sichtweise der Kirchenväter und der mittelalterlichen Kirchenlehrer, die namentlich Henri de Lubac, von Blondel angeregt, wieder ins theologische Gespräch eingebracht hat. In dieser neu gewonnenen Perspektive konnte Blondel auch entscheidend zu einer Erneuerung der Fundamentaltheologie und der Glaubensanalyse beitragen[2]. Schließlich hat er in der Modernismuskrise nicht nur als einer der Ersten die Mängel der exegetischen Methode Alfred Loisys erkannt, sondern ihr als Alternative auch einen neu gefassten Begriff der Tradition entgegengesetzt, der in der Folge von der katholischen Theologie weitgehend übernommen wurde.

So konnte Blondel durch seinen philosophischen Neuansatz dem katholischen Denken zu einer neuen, zeitgemäßeren Denkform verhelfen, die im II. Vatikanischen Konzil ihre kirchliche Bestätigung gefunden hat. P. Yves Congar, einer der berufensten Beobachter der Konzilsarbeit, konnte am Ende des Konzils erklären:

---

[1] Gekürzter Erstabdruck des Beitrags in StZ.

[2] Dazu vor allem Aubert, Roger: Le problème de l'acte de foi. Données traditionnelles et résultats du controverses récentes. Louvain 1945 u.ö., chap. II, III, IV.

»Wenn ich den theologischen Zugang des Konzils mit einem Wort kennzeichnen sollte, würde ich an das von Maurice Blondel vorgelegte Modell des Denkens erinnern, das er dem von ihm so genannten ›Monophorismus‹ entgegensetzte, einem vergegenständlichenden Denkmodell«[3].

Mit dem Wort »Monophorismus« spielt Congar auf eine Artikelreihe an, die Blondel 1911 unter dem Pseudonym Testis veröffentlicht hatte. In Auseinandersetzung mit dem antimodernistischen Integrismus, einer epistemologisch und ontologisch verkürzten Neuscholastik, entwarf er dort ein offenes, zugleich neuzeitlich und christlich geprägtes Denkmodell[4]. Diese Denkweise war auch jene des Konzils.

I. Das Leben

Wie ist es zu dieser neuen Denkweise gekommen und was war ihr theologisches Potenzial?

Als erste Antwort ist auf die Lebensgeschichte Blondels hinzuweisen. Am 2. November 1861, dem Allerseelentag, in Dijon aus einer alten großbürgerlichen und überzeugt katholischen Familie geboren, dachte er schon früh an das Priestertum. Dennoch wechselte er für sein Baccalaureat nicht an das neugegründete Jesuitenkolleg, sondern blieb am staatlichen, laizistisch geprägten Lyzeum. Nach einem intensiven Studienjahr an der Universität Dijon bewarb er sich um die Aufnahme in die École Normale Supérieure (ENS), die französische Elite-Hochschule für künftige Professoren. Diesen eigenartigen Weg zum Priestertum wählte er in apostolischer Absicht. »Ich wollte«, so erklärte er später, »eine unmittelbarere und tiefere Kenntnis der Abgeirrten oder der aufrichtig Ungläubigen gewinnen, deren Vorurteile ich gemäß meinem Jünglingstraum dadurch zerstreuen wollte, dass ich ihre eigene Sprache redete«[5]. Blondel sah in diesem Ausbildungsweg geradezu eine göttliche Führung:

---

[3] In: Informations catholiques internationales 255 (1966) 13. Eigene Übersetzung.

[4] Kommentierte Neuausgabe: Une alliance contre nature: catholicisme et intégrisme. La Semaine sociale de Bordeaux 1910. Bruxelles 2000. Noch keine deutsche Übersetzung.

[5] Brief an Abbé Bieil vom 9. Sept. 1893, in: Tagebuch vor Gott, übers. und eingeleitet von Hans Urs von Balthasar. Einsiedeln 1964, 576. Ungekürzte und kommentierte Neuausgabe: Mémoire à Monsieur Bieil. Discernement d'une vocation philosophique. Paris 1999.

»Nie habe ich über meinen Entschluss die geringste Reue, das geringste Bedauern empfunden. Im Gegenteil. Es ist mir stets gewesen, als sei ich geführt und wie hingetragen worden, wohin zu kommen ich selber weder gedacht noch gewollt noch gekonnt hätte, als hätte ich daselbst den natürlichsten und besten Gebrauch meiner Fähigkeiten gefunden und nirgends sonst so vollständig entwickeln können, was für mich der Antrieb meines Denkens und der Grund meines Daseins war: nämlich das Unternehmen einer christlichen Philosophie, der Plan, die Vorurteile der gebildetsten Geister zu studieren, die Einsicht in die neuen Gebiete und Aufgaben der Apologetik, der brennende Wunsch zu beweisen, dass das katholische Denken nicht unfruchtbar ist, und ihm einen Platz zu schaffen im Kampf der modernen Weltanschauungen, aus dem es für viele ausgeschlossen zu sein scheint.«[6]

An der École prägten zwei Lehrer sein Denken: Émile Boutroux, ein Wissenschaftstheoretiker und ein ausgewiesener Kenner der griechischen und der deutschen Philosophie, und Léon Ollé-Laprune, ein bekennender Katholik und Kenner der aristotelischen sowie der kantischen Ethik, aber auch ein Bewunderer Newmans. Auch von der kleinen Gruppe katholischer Kursgenossen konnte Blondel mancherlei Anregung erhalten; ihr gehörten später so berühmte Gelehrte an wie André Pérate, Paul Fabre, Pierre Duhem und Victor Delbos. Von seiner apostolischen Zielsetzung angetrieben, ging Blondel jedoch schon früh seinen eigenen Weg. Er wählte als Thema für sein Staatsdoktorat ein für die damalige Universitätsphilosophie recht befremdliches Thema: Das Tun des Menschen, die *action*:

»Ich nehme mir vor, über das Tun zu arbeiten, weil mir scheint, dass im Evangelium dem Tun allein die Macht eingeräumt wird, die Liebe auszudrücken und Gott zu gewinnen. Ich beschäftige mich mit dem Tun, weil wir in unserer Zeit nicht mehr zu leiden verstehen, um zu handeln und etwas zu schaffen. Das Herz fehlt. Man weiß, man begreift, erklügelt, betrachtet, genießt, man lebt nicht. *In ipso vita erat et vita erat lux hominum* (Joh 1, 3). *Vita* als Erstes: mit dem Herzen leben und handeln, um mit dem Geist zu sehen. Ich will zeigen, dass die höchste Weise zu sein das Tun ist, das die umfassendste Weise etwas zu tun im Leiden und Lieben liegt, dass die echte Weise zu lieben darin besteht, Christus anzuhangen.«[7]

---

[6] Ebd., 577. Übersetzung leicht abgeändert.
[7] 11. Okt. 1886; ebd., 102. Übersetzung leicht abgeändert.

Das ist noch recht apologetisch gesagt. In den folgenden Jahren wird sich Blondel in immer neuen Ansätzen bemühen, diese christliche Intuition in einen philosophischen Diskurs umzusetzen, damit sie auch für Ungläubige verständlich und einsehbar wird.

Blondels äußerer Lebensweg war nach den drei Studienjahren an der ENS und dem abschließenden Staatsexamen (der Aggregation) vorgezeichnet. Zwei erfahrene geistliche Berater, die er befragte, rieten ihm vom Priestertum ab und sahen seine Berufung an der Universität[8]. So wurde er Philosophieprofessor, zunächst an den Lyzeen von Montauban und Aix-en-Provence, dann an der Universität in Lille und wiederum in Aix, wo er bis zu seiner vorzeitigen Emeritierung im Jahr 1928 lehrte, aber keine eigentliche Schule begründen konnte. Diese wenig spektakuläre Karriere, die ihn weder nach Paris noch zur höchsten Gehaltsstufe führte, zeugt von der Zurückhaltung der staatlichen Organe gegenüber diesem nicht auf ihrer Linie liegenden Staatsangestellten. Sein verfrühter Abschied von der Lehrtätigkeit wurde jedoch von einer zunehmenden Erblindung erzwungen, die ihm jede Lektüre erschwerte und alles schriftliche Arbeiten verunmöglichte. Mit Hilfe von Sekretärinnen blieb er dennoch bis zu seinem Tod am 4. Juni 1949, dem Vorabend von Pfingsten, unermüdlich schriftstellerisch tätig.

II. Das Werk

Infolge seiner Erblindung besteht der größere Teil der Werke Blondels aus diktierten Texten, so seine fünfbändige Trilogie über *Das Denken, Das Sein und die Seienden* und *Das Tun*[9], ergänzt durch zwei Bände einer unvollendet gebliebenen zweiten Trilogie über *Die Philosophie und der Geist des Christentums*. Noch am Vorabend seines Todes unterzeichnete Blondel den Verlagsvertrag für die Veröffentlichung zweier schon 1928 verfasster Aufsätze *Philosophische Ansprüche des Christentums*[10]. Diese relativ kurze Schrift kann als gute

---

[8] Außer Abbé Bieil konsultierte Blondel auch Abbé Huvelin, den geistlichen Begleiter Charles de Foucaulds.

[9] Davon deutsch nur: Das Denken, 2 Bde., übers. von Robert Scherer. Freiburg-München 1953–56.

[10] Philosophische Ansprüche des Christentums, übers. von Robert Scherer. Wien-München 1954.

Einführung in sein Denken dienen, zusammen mit dem schon 1928 veröffentlichten Interview über seinen *Philosophischen Weg*[11].

Wirksam geworden ist Blondels Denken jedoch vor allem durch seine Doktorthese von 1893 *L'Action*[12]. Dieses fast 500-seitige Werk, das sich in seinem Untertitel kühn Aug in Aug zu Kants Kritiken und zu Hegels *Wissenschaft der Logik* stellt, erinnert in Anlage und Aufbau an Hegels *Phänomenologie des Geistes*. In dialektischer Auseinandersetzung mit den damaligen philosophischen Strömungen in Frankreich und im Bedenken der unauflöslichen Widersprüchlichkeit alles menschlichen Wollens und Tuns sucht Blondel eine Antwort auf seine Eingangsfrage: »Ja oder nein, hat das menschliche Leben einen Sinn und hat der Mensch eine Bestimmung?« – auch dies wohl eine Erinnerung an Fichtes *Bestimmung des Menschen*.

Die Antwort hat Blondel sich nicht leicht gemacht. Obwohl, wie er eingangs bemerkt, jeder Mensch in seinem Leben eine Antwort auf diese Frage gibt, verlangt die philosophische Prüfung der Richtigkeit und der Tragweite dieser Antwort einen langen Umweg. Zunächst müssen in einer *méthode des résidus* im Sinne Stuart Mills, d.h. durch den Ausschluss aller unzureichenden Lösungen, alle denkbaren Antworten auf ihre Tragweite hin geprüft werden. Auf den ersten 300 Seiten seines Werks (Teil I–III) setzt Blondel sich deshalb verständnisvoll und kritisch mit den damals in Frankreich vorherrschenden philosophischen Strömungen auseinander. Er diskutiert und destruiert den Ästhetizismus eines Barrès und Renan, einen Nihilismus schopenhauerscher Prägung (und damit implizit auch den Nihilismus Nietzsches), das positivistische Wissenschaftsverständnis, die damals aufkommende Psychologie des Unbewussten, die psychologischen Moderomane Burdeaus, eine Sozialethik nach der Art Wundts und Durkheims (eines seiner Mitstudenten), die traditionelle Metaphysik und die kantische Ethik und schließlich auch jede bloß natürliche Religion sowie die ebenso ungenügende nachaufklärerische Religionskritik. Im Hintergrund dieser Destruktionen steht eine Auseinander-

---

[11] Der philosophische Weg, übers. von Patricia Rehm. Freiburg-München 2010.

[12] L'Action: Essai d'une critique de la vie et d'une science de la pratique. Paris 1893 (PUF ³1973); Die Aktion. Versuch einer Kritik des Lebens und einer Wissenschaft der Praxis, übers. von Robert Scherer. Freiburg-München 1965. Eine Neuübersetzung ist in Vorbereitung. Auswahlübersetzung, die vor allem die spirituelle Dimension des Werks berücksichtigt: Logik der Tat, übers. von Peter Henrici. Einsiedeln 1957, ²1986 (= Logik).

setzung mit dem Kritizismus eines Renouvier und Lachelier und mit dem Erbe Spinozas, dem Blondel seinen ersten Aufsatz nach Vollendung seiner These widmen wird.[13]

Infolge dieser Verankerung in der philosophischen Situation seiner Zeit ist Blondels Hauptwerk heute nicht leicht zu lesen. Entscheidend bleibt eine doppelte Einsicht. Blondel weist diese philosophischen Meinungen nicht einfach zurück; er betrachtet sie vielmehr als Teilantworten auf die Frage nach dem Lebenssinn. Keine von ihnen darf fehlen; eine jede verweist jedoch ebenso gebieterisch auf ein jeweils höheres Lebensziel. Am Ende dieses Stufengangs bleibt die Einsicht bestehen, dass keines der vom Menschen angestrebten und anstrebbaren Ziele seinem Wollen voll Genüge tun kann. Stets verbleibt ein nicht aufgehender Rest, und ein gelingendes Leben scheint nicht möglich zu sein.

In der zweiten, kleineren Hälfte seines Werks (Teil IV–V) setzt Blondel deshalb zu einer grundsätzlichen Überlegung an. Das menschliche Wollen und Tun scheint endgültig zum Scheitern verurteilt – allein schon deshalb, weil ich mich selbst nicht gewollt habe. Ich bin, ohne dass ich je über meine Existenz verfügen konnte, und alles, was ich in dieser meiner Existenz wollen und tun kann, geht, wie gezeigt, nie völlig auf. Dennoch falle ich nicht ins Nichts zurück, ja ich kann mich nicht einmal des Tuns und Wollens enthalten; auch die Selbsttötung wäre noch eine Tat. Ganz im Gegenteil; im Lauf der bisherigen Untersuchungen hat sich das menschliche Tun, die *action*, als der eigentliche Zement erwiesen, der der Erfahrungswelt allererst Zusammenhalt gibt. Der niemals aufgehende Rest im menschlichen Wollen und Tun (der von Anfang an die Dynamik der Untersuchung vorangetrieben hat) erweist sich so als das »Eine Notwendige«, dessen Anwesenheit alles Wollen und Tun überhaupt erst ermöglicht und dem es sich nicht zu entziehen vermag. In einer Neuinterpretation der klassischen Gottesbeweise in existentieller Perspektive zeigt Blondel auf, dass dieses »Eine Notwendige« jener ist, »für den alle Sprachen und alle Herzen nur *ein* Wort und *ein* Aufwallen haben: Gott«[14].

---

[13] Eine der Quellen des modernen Denkens: Die Entwicklung des Spinozismus, in: Der Ausgangspunkt des Philosophierens, übers. und eingeleitet von A. Raffelt und H. Verweyen. Hamburg 1992. Vgl. auch Beitrag von Margit Kopper in diesem Band.

[14] A (350) 384/376 (Logik, 65). Thomas von Aquin schließt seine »Fünf Wege« in ähnlicher Weise mit der Bemerkung: »Und das nennen alle Gott« (Summa Theologiae, I, q.2,a.3c).

Doch mit dieser Erkenntnis der Immanenz Gottes in allem menschlichen Wollen und Tun ist die Frage nach dem Lebenssinn noch nicht beantwortet; sie hat sich vielmehr verschärft. Sie stellt den Menschen jetzt vor die grundsätzliche Entscheidung, ob er sich die Vollendung seines Wollens und Tuns und damit das Gelingen seiner Existenz von Gott schenken lassen oder ob er im Gegenteil bis zuletzt an seiner Autonomie festhalten will. »Der Mensch sehnt sich den Gott zu spielen. Gott ohne Gott und wider Gott – oder Gottsein durch Gott: das ist die Frage«[15], oder in der Formulierung Augustins, die Blondel sich hier zu eigen macht: »Selbstliebe bis zum Gotteshass, Gottesliebe bis zum Selbsthass«[16]. Das Festhalten an der eigenen Selbstbestimmung wird jedoch zu einem nicht aufhebbaren Selbstwiderspruch und deshalb letztlich zur Selbstzerstörung führen, weil es das ausdrückliche, freie Wollen und Tun des Menschen in Widerspruch zum ursprünglichen Antrieb bringt, aus dem alles Wollen und Tun allererst hervorgeht. Das ergibt sich unmittelbar aus dem bisher Dargelegten.[17] Wesentlich schwieriger ist die Darstellung einer möglichen Vollendung des Tuns und Wollens durch ein den Menschen über sich hinausführendes Gnadengeschenk Gottes. Ein derartiges, dem Menschen ungeschuldetes Geschenk Gottes liegt definitionsgemäß nicht nur außer der Reichweite des Menschen, sondern auch außerhalb aller menschlichen Denkbarkeit. Blondel unternimmt deshalb ein Doppeltes, um seine Arbeit dem angestrebten apologetischen Ziel zuzuführen. Zum einen zeigt er auf, welches Maß an Selbstverleugnung ein Mensch sich auferlegen muss, um ein solches Gnadengeschenk überhaupt annehmen zu können. Zum andern versucht er, anhand der als Leitbild angenommenen christlichen Offenbarung die Strukturen auszumachen, die ein derartiges Gnadengeschenk aufweisen müsste, damit es vom Menschen überhaupt als solches erkannt und angenommen werden könnte. Weiter kann der philosophische Diskurs nicht führen. Er kann nur aufzeigen, wie unausweichlich die Entscheidungsfrage vor dem christlichen Glauben ist, die Pascal etwas vorschnell als Wette und die Kierkegaard als Existenz im Sprung vorgestellt hat. Die Phi-

---

[15] A (356) 390/381 (Logik, 68).
[16] A (355) 389/380 (Logik, 68).
[17] Das paulinische »Daher sind sie unentschuldbar« (Röm 1,2) war einer der Auslöser für Blondels Überlegungen. Das mag die Ausführlichkeit und die heute schwer nachvollziehbare Härte seiner Ausführungen über den »Tod der Aktion« erklären (A (333–348) 367–382/359–373; Logik, 68–79).

losophie findet ihren Abschluss, wie Blondel später gerne erklärte, in einer Öffnung nach oben. Ähnlich wie im Pantheon in Rom gibt gerade diese Öffnung allem im philosophischen Diskurs Aufgezeigten allererst Sinn und Zusammenhalt.

So weit eine summarische Zusammenfassung von *L'Action* (1893). Sie lässt kaum etwas von den reichen philosophischen Anregungen erahnen, die Blondels Erstlingswerk bietet. Alle seine späteren Aufsätze und Werke sind letztlich nur Ausfaltungen und Klärungen der in diesem Hauptwerk angesprochenen Einsichten in logischer, philosophiegeschichtlicher, religionsphilosophischer und vor allem erkenntnistheoretischer Hinsicht[18], nebst einigen Abstechern auf das Gebiet der politischen Philosophie[19]. Blondel selbst hielt jedoch sein Erstlingswerk für so unvollkommen und ergänzungsbedürftig, dass erst nach seinem Tod ein Neudruck von *L'Action* (1893) sowie ihre Übersetzung in verschiedene Sprachen möglich wurde. Dann konnte auch die (leider gekürzte) Veröffentlichung seines geistlich-philosophischen Tagebuches und umfangreicher Briefwechsel erfolgen[20], die wichtige Klärungen brachten und die enge Verflochtenheit von gelebtem Glauben und philosophischem Diskurs in Blondels Denken bestätigten.

III. Die Wirkung

Die Aufnahme von *L'Action* (1893) war zwiespältig. In den Kreisen der französischen Universität, für die Blondel eigentlich geschrieben hatte, wurde sein Werk, dessen Schlussfolgerungen so gar nicht in den gewohnten Rahmen passten, zwar höflich, aber mit Kopfschütteln

---

[18] Die drei wichtigsten dieser Aufsätze in: Der Ausgangspunkt des Philosophierens (oben Anm. 13). Dort S. XXI–XXIX auch weitere bibliographische Angaben.

[19] Erwähnung verdient die hauptsächlich gegen den Nationalsozialismus gerichtete Schrift: Lutte pour la civilisation et philosophie de la paix. Paris 1939, ²1947. Nicht übersetzt.

[20] Davon deutsch nur der Briefwechsel mit Teilhard de Chardin, kommentiert von Henri de Lubac, übers. von Robert Scherer. Freiburg-München 1967. Französisch: Lettres philosophiques. Paris 1961; Briefwechsel mit Auguste Valensin (3 Bde.), hgg. von Henri de Lubac. Paris 1957–65; aus der Zeit der Modernismuskrise, hgg. von René Marlé. Paris 1960; mit Lucien Laberthonnière, hgg. von Claude Tresmontant. Paris 1961; mit Joannes Wehrlé (2 Bde.), hgg. von Henri de Lubac. Paris 1969; mit Henri Brémond (3 Bde.), hgg. von André Blanchet. Paris 1970–71, sowie zahlreiche Einzelveröffentlichungen.

aufgenommen und bald dem Vergessen anheimgegeben. Bezeichnenderweise stammt die lobendste Besprechung, die Blondels Werk von akademischer Seite erhielt, aus der Feder von Adolf Lasson, dem deutschen evangelischen Herausgeber der Werke Hegels[21]. Er erkannte darin ein geistesverwandtes Werk und begrüßte ausdrücklich seine christliche Zielsetzung.

Zwei Jahrzehnte später ließen sich die italienischen Modernisten und der aufkommende italienische Idealismus (Ruggiero, Croce, Gentile) von *L'Action* (1893) inspirieren. Vermittelt wurde dieser Einfluss durch Blondels allzu begeisterten Freund Friedrich von Hügel und durch eine ohne Mitwissen Blondels angefertigte italienische Übersetzung. Wiederum nach Jahrzehnten und wiederum in Italien half *L'Action* (1893) einer ganzen Gruppe katholischer Philosophen sich vom herrschenden Idealismus loszusagen und eine christliche spiritualistische Metaphysik zu entwickeln. Der führende Kopf war hier Michele Federico Sciacca. Auch um diese Philosophen ist es inzwischen still geworden.

Wesentlich weniger friedlich verlief die Wirkungsgeschichte Blondels in Kreisen der katholischen Theologie. Man erkannte rasch die apologetische Absicht seines Werks und nahm es je nach persönlicher Einstellung entweder mit Zustimmung oder mit radikaler Ablehnung auf. Beide Reaktionen verfehlten jedoch den eigentlichen Sinn des Werks, weil es den aus katholischen Schulen kommenden Autoren an der nötigen Kenntnis der Universitätsphilosophie fehlte. Blondel sah sich deshalb veranlasst, das Eigene seines Unternehmens gegenüber den damals gängigen Formen der katholischen Apologetik zu klären[22]. Ähnlich wie in *L'Action* (1893) unternahm er dafür eine kritische Sichtung der verschiedenen apologetischen Versuche – und setzte sich damit erst recht in die Nesseln. Sein Denken wurde Opfer unzähliger Missverständnisse und gehässiger Polemiken, namentlich seitens einiger thomistischer Autoren. Man warf Blondel Immanentismus und Kantianismus vor und man sah ihn im Modernismusstreit von der Enzyklika *Pascendi* verurteilt. Die Auswirkung dieser Polemiken bleibt zum Teil bis heute spürbar.

Tatsache ist jedoch, dass Blondel als einer der Ersten das Ungenügen der exegetischen Methode und der dahinterstehenden Christologie

---

[21] In: Zeitschrift für Philosophie und philosophische Kritik 104 (1894) 242–244.
[22] Zur Methode der Religionsphilosophie, übers. und eingeleitet von Hansjürgen Verweyen. Einsiedeln 1974.

Alfred Loisys klar erkannt hat und auch auf den vielleicht einzig möglichen Ausweg hinweisen konnte. Diesen fand er in einer Neuentdeckung und Erweiterung des katholischen Traditionsbegriffs[23]. In der gleichen verkürzten Denkform wie der Modernismus blieb jedoch auch der antimodernistische Integrismus befangen, was in der »Action Française« eines Charles Maurras (den Blondel persönlich kannte) zu verheerenden staats- und kirchenpolitischen Folgen führte.

In den eingangs erwähnten Testis-Artikeln kennzeichnet Blondel diese beiden verkürzten Denkformen als »Monophorismus«, indem er nicht ohne eine Prise Humor auf die Hirnphysiologie anspielt. Nur das Zusammenspiel von »afferenten« und »efferenten« Hirnströmen erlaubt ein korrektes Erkennen und Denken. Die Integristen betrachteten jedoch das Christentum rein »afferent« als dem Menschen von außen her aufgegeben, ja aufgezwungen, und die Modernisten verstanden es rein »efferent« als dem religiösen Bedürfnis des Menschen entsprungen. Richtigerweise lässt sich jedoch die menschliche Disposition zur Entgegennahme einer göttlichen Offenbarung, aber auch die göttliche Offenbarung selbst nur in ihrer gegenseitigen Zuordnung verstehen. Das war schon die Sichtweise der großen theologischen Tradition, die Blondel aus philosophischen Überlegungen sozusagen wiederentdeckt hat. Seine Wiederentdeckung fand dann ihre Bestätigung in den historischen Studien von Henri de Lubac und mancher anderer, und sie wurde von Karl Rahner und Hans Urs von Balthasar in ihrer je eigenen Denkweise spekulativ weiterentwickelt. Damit ist die Wirkung gekennzeichnet, die Blondels Denken ausgeübt hat und noch weiter ausübt. Es handelt sich weniger um neue Inhalte, die er in die katholische Philosophie und Theologie eingebracht hätte, als vielmehr um eine grundlegende Erneuerung der Denkform. Gegen ein abstrakt-begriffliches Denken, ein Spiel mit Ideen, das in der Neuzeit und in einigen Formen der Neuscholastik die Oberhand gewonnen hatte und das die Wirklichkeit in wasserdichte Schotten aufteilte, betont Blondel den Vorrang des ganzheitlich Konkreten. »Das Wahre ist das Ganze«, dieses Prinzip Hegels hätte auch er sich zu eigen machen können. Jedes menschliche Tun ist ganzheitlich; es

---

[23] Geschichte und Dogma, hgg. und eingeleitet von Albert Raffelt, übers. und kommentiert von Hansjürgen Verweyen. Regensburg 2011. Vgl. dazu Peter Reifenberg – Anton van Hooff (Hg.), Tradition – Dynamik von Bewegtheit und ständiger Bewegung. 100 Jahre Maurice Blondels »Histoire et Dogme« (1904–2004), Würzburg 2005.

umfasst alle seine Verumständungen, namentlich auch seine Finalursache und letztlich sogar das ganze Weltall, wie schon Leibniz in seiner Monadologie angemahnt hatte. Erst in diesem Ganzen ist das Tun möglich und wirklich. Für den Philosophen bedeutet das, dass er erst in der Berücksichtigung aller Gesichtspunkte das wirkliche, konkrete Sein finden kann. Das führt zu einem Denken, das vorschnelle Schlüsse meidet und das vor allem auch die Finalursachen berücksichtigt.

Ein solcher Einfluss, der besonders auf eine Erneuerung der Denkform hinzielte, verlief, wie man leicht versteht, weitgehend anonym, sozusagen unterirdisch. Blondels Werk half nicht wenigen katholischen Intellektuellen seiner Zeit, ihr Denken mit ihrem Glauben in Einklang zu bringen. Wie weitreichend und willkommen dieser Einfluss gewesen sein muss, ergibt sich schon aus der Tatsache, dass *L'Action* (1893) rasch vergriffen war und dann auf dem Büchermarkt Liebhaberpreise erzielte, da Blondel keinen Neudruck seines Werks erlaubte. Deshalb wurde das Buch mehr als einmal abgeschrieben bzw. abgetippt – eine Ehre, die in der Neuzeit wohl nur wenigen Werken zuteil wurde. Wenn Martin Heidegger einmal einem Besucher gegenüber erklärte, er habe *L'Action* (1893) »en cachette chez les jésuites« gelesen, dann meinte er damit wohl eine dieser geheimen Abschriften.

Seine neue, offene und konkrete Denkform hatte Blondel nicht im Gegenzug zur Neuscholastik entwickelt, sondern im Bemühen, mit den Methoden und im Geist des neuzeitlichen Denkens eine christliche, ja katholische Philosophie zu schaffen[24]. Einigen von der Neuscholastik geprägten Autoren erlaubte dieses Denken eine neuzeitlich geprägte Relecture der Scholastik. Blondels Einfluss machte sich vor allem bei nicht wenigen Jesuiten bemerkbar. Auch da wurde der Name Blondels zunächst nur selten erwähnt, nicht zuletzt aus kirchlichen Opportunitätsgründen. P. Auguste Valensin, der in Aix bei Blondel studiert hatte und ihm in Freundschaft verbunden blieb,

---

[24] In der 1931 von Émile Bréhier ausgelösten Kontroverse über den Begriff einer »christlichen Philosophie« lehnt Blondel diesen Begriff als widersprüchlich ab. Er setzt sich dagegen für eine »katholische Philosophie« ein, die für alle Wirklichkeit offen ist, für das Sinnlich-Konkrete, aber auch für das Übernatürliche. Vgl. Le problème de la philosophie catholique. Paris 1932. Diese Stellungnahme erklärt sich nicht zuletzt daraus, dass das Geheimnis der Eucharistie Blondel entscheidende philosophische Anstöße gegeben hatte. Vgl. M. Antonelli, L'Eucaristia nell'Action di 1913. La chiave di volta di un'apologetica filosofica. Milano 1993.

machte jedoch viele seiner jüngeren Mitbrüder auf Blondel aufmerksam. Zu ihnen gehören in erster Generation der schon genannte P. Henri de Lubac und seine Freunde P. Gaston Fessard und P. Teilhard de Chardin. Aus der folgenden Generation wären vor allem P. Yves de Montcheuil, P. Henri Bouillard, P. Jean Daniélou und Hans Urs von Balthasar zu nennen. Die in diesem Umkreis entstandene »théologie nouvelle« beruhte zwar vor allem auf einer Wiederentdeckung der Kirchenväter und der großen mittelalterlichen Theologie; doch gerade dafür mag Blondels offenes Denken katalytisch gewirkt haben. Nicht weniger eifrig wie in Lyon wurde Blondel bei den belgischen Jesuiten in Löwen gelesen. Der bekannteste und einflussreichste Autor war hier P. Joseph Maréchal mit seiner Erneuerung des Thomismus, Aug in Aug zu Kant. Dieser sogenannte transzendentale Thomismus hat dann in den deutschsprachigen Ländern zahlreiche Nachfolger gefunden, u.a. Max Müller, Karl Rahner, Johann Baptist Lotz, Emerich Coreth und Otto Muck[25].

Der Neudruck von *L'Action* (1893) und die Veröffentlichung des Tagebuchs und der Korrespondenzen (auch diese großenteils von Jesuiten besorgt) führten anlässlich des 100. Geburtstags Blondels 1961 zu einem Aufschwung der Blondelstudien. Regelmäßig finden Studientagungen statt, organisiert von den Forschungszentren in Aix und in Lyon, in Louvain-la-Neuve, wo sich jetzt das Blondelarchiv befindet, in Rom und in Mainz[26], wo sich Joachim Kopper schon seit 1949 mit Blondel beschäftigt hat[27]. Im deutschsprachigen Raum interessiert dabei vor allem auch die theologische Tragweite des Denkens Blondels, angeregt nicht zuletzt durch Kardinal Karl Lehmann.

Trotz dieser Bemühungen bleibt das philosophische Potenzial des Frühwerks Blondels noch weitgehend unausgeschöpft. Kaum jemand hat die Einsichten seiner Philosophie der *action*, des menschlichen Tuns, aufgenommen und weitergeführt, obwohl diese wichtige Ansätze für eine Philosophie der Geschichtlichkeit bieten würde. Noch weniger hat man sich seine Methode zu eigen gemacht, die alle Wirk-

---

[25] Vgl. Muck, Otto: Die transzendentale Methode in der scholastischen Philosophie der Gegenwart. Innsbruck 1964.

[26] Als Blondelspezialisten sind für Aix namentlich Marie-Jeanne Coutagne, für Lyon René Virgoulay, für Louvain-la-Neuve Claude Troisfontaines, Emmanuel Tourpe und Jean Leclercq, für Rom Sante Babolin, Simone D'Agostino und Marc Leclerc und für Mainz Peter Reifenberg, Albert Raffelt und Anton van Hooff zu nennen.

[27] Die Struktur der Metaphysik Maurice Blondels (1949). Neudruck London 2006.

lichkeit zunächst als Phänomen betrachtet – als Phänomen nicht im Sinne Husserls als Bewusstseinsinhalt, sondern im Sinn von Leibniz, Kant und Hegel als ein Etwas, das in der Begegnung von Subjekt (Erkennen, Denken, Wollen, Tun) und Objekt (Gegebenheit) zustande kommt. In dieser Perspektive kann die Seinsfrage nicht schon am Anfang, sondern erst am Ende des philosophischen Diskurses gestellt werden. Sie zeigt sich dann als die Frage, ob ein absolutes, übermenschliches Subjekt angenommen werden kann, das es erlaubt, jedem Phänomen als solchem Sein zuzusprechen. Blondel findet dieses absolute Subjekt im menschgewordenen, menschlich erfahrenden, wirkenden und leidenden Gottessohn und stellt so die Seinsphilosophie auf ihre christologische Spitze. Diese christologische Ausweitung der Philosophie wird heute vor allem von Xavier Tilliette weiter verfolgt und historisch unterbaut[28].

Diese Kühnheit und Radikalität des blondelschen Denkens macht die kirchliche Zurückhaltung ihm gegenüber verständlich. Zwar wurde Blondels Werk von den Päpsten mehrfach belobigt[29]; doch in kirchlichen Kreisen blieb die Meinung verbreitet, sein Denken falle mindestens zum Teil unter die Verurteilungen der Enzykliken *Pascendi* und *Humani generis*. Die Enzyklika *Fides et ratio* hat sich dann zwar manche Gedanken Blondels zu eigen gemacht, die Nennung seines Namens jedoch vermieden[30]. Dabei könnte die aus tiefer Glaubensgewissheit erwachsene, nicht »monophoristische« Denkweise Blondels auch heute noch zu einer ausgewogenen Auslegung und Weiterführung des II. Vatikanischen Konzils beitragen, jenseits aller Spannungen zwischen konservativ und progressiv. Doch trotz seines weitreichenden Einflusses auf die katholische Theologie und trotz seines vorbildlichen christlichen Lebens (und trotz der Kardinäle, die hier zu erwähnen wären) wird Blondel nicht so bald als Kirchenlehrer oder auch nur als maßgeblicher katholischer Philosoph anerkannt werden.

---

[28] Tilliette, Xavier: Philosophische Christologie. Eine Hinführung, übers. von J. Disse. Einsiedeln-Freiburg 1998.

[29] Neben den mündlich überlieferten Belobigungen durch Leo XIII., Pius X. und Pius XI. (Der philosophische Weg, S. 63–65): Lettre de la Secrétarie d'État à M. Maurice Blondel, 2. Dez.1944, Prot.no. 87.669; Brief Papst Johannes Pauls II. an Monseigneur Bernard Panafieu, Archévêque d'Aix, 19. février 1993; Message de S.S. le Pape Jean-Paul adressé aux participants du Colloque international sur les »écrits intermédiaires« de Maurice Blondel, Rom 16–18 nov. 2000.

[30] Vgl. dazu meinen Aufsatz: L'Innomé. Maurice Blondel dans l'Encyclique *Fides et ratio*«, in: Revue Catholique Internationale Communio 25,6 (2000) 53–66.

STEPHAN GRÄTZEL

Blondel in der Lehre
der Praktischen Philosophie heute

I. Blondel und die Handlungstheorie im heutigen Lehrbetrieb

Die Wirkmächtigkeit Maurice Blondels in der Theologie kann in Anbetracht seines Beitrags für die theologische Fundierung des Zweiten Vatikanischen Konzils (1962–1965) nicht hoch genug eingeschätzt werden. In der Philosophie ist eine vergleichbare Wirkung nicht zu erkennen, obwohl gerade in Deutschland schon früh die philosophische Bedeutung von *L'Action* (1893) erkannt wurde. Albert Raffelt hat diese Wirkungsgeschichte in der Einleitung zu seiner Übersetzung und Herausgabe dreier Aufsätze Blondels unter dem Titel *Der Ausgangspunkt des Philosophierens* (Hamburg 1992) herausgestellt. Hier weist Raffelt auf die frühe Rezension des bedeutenden und bis heute renommierten Hegelforschers Adolf Lasson hin, der Blondels Originalität auf Augenhöhe mit Fichte und Hegel sieht. Dem Werk Blondels wird von Lasson bescheinigt, dass es die große Tradition der deutschen Philosophie fortsetzt, wogegen in Deutschland dergleichen nicht zu finden sei. In dem Text von Raffelt ist auch zu lesen, dass Blondel auf Heidegger einen maßgeblichen Einfluss ausgeübt hat. Da Heidegger seine wahren Quellen gewöhnlich nicht genannt hat, dürfte dieser Hinweis besonders wertvoll sein.

Solche Vergleiche stellen Blondel in die erste Reihe der großen Philosophen. Trotzdem scheint er aus dem Blickfeld der gegenwärtig gelehrten Philosophie in Frankreich und Deutschland verschwunden zu sein. Der Grund liegt in den bis heute in der Philosophie vorherrschenden, maßgeblich von der analytischen Schule bestimmten und definierten Verständnissen von Handlung, Handeln und Tat. Diese Einseitigkeit eines ausschließlich analytischen Handlungsbegriffes zeigt bereits ein Blick in die dazu erschienenen Grundwerke und Handbücher. Selbst Edmund Runggaldier, der als Jesuit sicherlich mit Blondel in Berührung gekommen sein dürfte, erwähnt ihn in seinen einschlägigen Werken überhaupt nicht. Weder in seiner Auseinandersetzung mit dem Naturalismus unter dem Titel: *Was sind Handlungen*, Stuttgart 1996, noch in dem gerade erschienenen Eintrag *Hand-*

lung[1] findet sich Blondels Name, geschweige denn sein Werk. Die heute herrschende Lehre, von der stattdessen die Rede ist, sei hier kurz skizziert:

Als hätte es Blondel nicht gegeben, sind nach der Meinung des führenden amerikanischen Autors und ›Klassikers‹ Donald Davidson für die Analyse von Handlungen nur die Körperbewegungen, die als »basic actions« bezeichnet werden, zuständig. Eine Handlung im strengen Sinn ist demnach ausschließlich der an einer Körperbewegung sichtbare und vor allem messbar gewordene Teil der Handlung. Zwar wird diese Ansicht auch in der analytischen Philosophie keineswegs einhellig vertreten, sie erfährt, zum Beispiel bei Runggaldier, sogar erhebliche Kritik etwa durch die kausalen Handlungstheorien, die sich den Bedingungen für Handlungen zuwenden und Handlungen von Absichten und Plänen her zu bestimmen versuchen. Dabei werden die Voraussetzungen und Auslöser der Handlung zentral in die Beurteilung einer Handlung einbezogen. Ein solches Verfahren ist von der Rechtsprechung her bekannt, die ja etwa im Strafrecht die Schwere der Verfehlung von dem willentlichen oder absichtlichen Anteil her bewertet. Aber auch dabei bleiben physikalische oder quasi-physikalische Vorgänge die Basis der Handlungen, soweit die Absichten als Vorgänge im Kopf gesehen werden. Solche zur Entschuldung einer Handlung herangezogenen neurologischen Bewertungen sollen dazu dienen, die Schuld einer Tat auf physikalische Vorgänge zurückzuführen und damit zu reduzieren. Diese in der Rechtspraxis völlig übliche Suche nach der Zurechenbarkeit einer Handlung wird in den kausalen Handlungstheorien für die philosophische Bestimmung der Handlung maßgeblich herangezogen. Damit sehen auch die kausalen Handlungstheorien in den Handlungen Vorgänge der Natur, die in erster Linie naturwissenschaftlich dargestellt werden können und müssen. Auch dann also, wenn Handlungen nicht auf reine Köperbewegungen reduziert werden, sondern von der willentlichen Disposition der Absicht, des Vorsatzes oder der Fahrlässigkeit her behandelt werden, wie es im Strafrecht der Fall ist, bleiben sie für diese Betrachtungsweise ein physikalischer Vorgang. Dies belegen die aktuellen Diskussionen zur Frage der Schuldfähigkeit, in denen die menschliche Freiheit widerlegt wird und Handlungen von neuronalen Vorgängen her erklärt werden. Mag diese Diskussion auch an der Rechts-

---

[1] Neues Handbuch philosophischer Grundbegriffe, 3 Bde. Freiburg (Alber) 2011.

praxis vorbeigehen, so zeigt sie immerhin, dass in herrschenden Lehren der Philosophie die menschliche Handlung ein neuronaler Vorgang ist, der analytisch im Labor feststellbar sein soll.

Die philosophische Diskussion um Handlung ist damit einerseits ein Bildungsproblem analytisch geschulter Philosophen und ihrer Unkenntnis oder Ignoranz, andererseits aber auch ein Lehrbetrieb an französischen und deutschen Universitäten und Schulen, die sich dieser Ignoranz anschließen. Um hier etwas zu ändern, muss Blondels Handlungsbegriff stärker in den Lehrbetrieb eingeführt werden.

Wenn wir uns nun mit dieser Frage an Maurice Blondel wenden, dann bekommen wir ein stärkeres Argument gegen den Naturalismus, als wir es bei Runggaldier nachlesen können. Wir erfahren nämlich den Grund, warum Freiheit nicht nachweisbar oder gar beweisbar ist und warum deshalb die Handlung in der philosophischen und wissenschaftlichen Betrachtung als bloßer Vorgang in der Natur und der Natur verstanden wird: Der Grund liegt darin, dass das *Sein* die Grundlage für die *Handlung* ist. Ist diese Reihenfolge von Sein und Handlung paradigmatisch festgelegt, dann kann die menschliche Handlung nicht mehr in ihrer Eigenständigkeit erfasst werden. Die Grundlage für die Handlung kann also nur das Handeln selbst sein.

Wie Anton van Hooff in seinen Forschungen immer wieder, in explizierter Weise aber in einem Aufsatz mit dem Titel: *Die Wende vom Sein zum Handeln. Philosophieren im Labor des Lebens* (in der Sammlung *Querdenker*, Darmstadt 2005; vgl. Lehmann, S. 14 Anm. 4) herausgestellt hat, finden wir bei Maurice Blondel den Wechsel eines seit Aristoteles vorherrschenden Paradigmas in der »tiefgehenden Wende vom Sein zum Handeln«. Für Blondel ist erstmals in der Geschichte der abendländischen Philosophie das Sein nicht die Grundlage für das Handeln. Vielmehr wird umgekehrt das Handeln zur Grundlage für das Sein.

Diese Wende erfordert ein völliges Umdenken. Wenn das Sein zugrunde gelegt wird, dann sind zunächst die Dinge in der Welt da, bevor mit ihnen handelnd umgegangen wird. Das Handeln bleibt dabei nicht nur nachgeordnet, es wird als solches gar nicht thematisiert, da es aus Vorgängen innerhalb des Seins abgeleitet wird. Die Eigentümlichkeit des Handelns und der Handlung erschließt sich erst dann, wenn Handeln nicht mehr Teil eines physikalischen Weltverständnisses ist. Die damit verbundenen Schwierigkeiten sind für das Denken erheblich, weil wir nicht nur wissenschaftlich auf Seinsaussagen auf-

bauen und von ihnen her argumentieren, sondern weil auch dem alltäglichen Denken ein gewisser Physikalismus zugrunde liegt. Diese
Vorurteile und Voreinstellungen gilt es zu überwinden, soll die
menschliche Handlung als solche – und nicht als physikalischer oder
biologischer Vorgang – begriffen werden. Der Gewinn für ein solches
nicht-physikalisches Verständnis von Handlung liegt darin, nicht nur
Abfolgen zu erkennen, sondern die Dramaturgie einer Handlung
mitsamt ihrer Verstrickung in Geschichten.

Um diese Eigenheit der Handlung herauszustellen, ist eine andere
und vielleicht noch gründlichere »Enthaltung« vonnöten als die von
Husserl eingeführte philosophische Methode der *epoché*. Die *epoché*
ist das Außer-Kraft-Setzen eines Bewusstseins, das für den Glauben
verantwortlich ist, nach dem wir an die Welt und die Dinge der Welt
glauben. Mit dieser Enthaltung wird die natürliche Welt in eine phänomenologische verwandelt. Die phänomenologische Welt ist dann
auch nicht mehr die Welt des *Seins*, sondern die Welt der *Erscheinung*.
Damit macht Husserl indirekt deutlich, dass eine Erscheinung immer
schon durch die *epoché* hindurchgegangen sein muss, wenn sie als solche, als Erscheinung und nicht als Sein, erkannt wird. Von einer Welt
der Erscheinung kann nicht mehr naiv gesprochen werden. Mit der
Welt als Erscheinung ist der naive Seinsglaube gebrochen, weil die Erscheinung schon eine durch die Enthaltung hindurchgegangene Sicht
auf die Welt fordert. Ohne die Enthaltung bleibt der naive Seinsglaube aktiv.

Für die Wende vom Sein zur Handlung gilt es nicht nur, unseren nai-
ven Seinsglauben, dass die Welt so ist, wie sie ist, zu überwinden und
sie als Erscheinung zu verstehen, es gilt darüber hinaus, die Handlung
als gründenden Faktor des In-Erscheinung-Tretens zu erfassen. Die
Enthaltung betrifft damit den gleichsam innewohnenden Reflex des
Denkens, die Welt und die Dinge der Welt als faktisch gegeben zu
verstehen. Hier ist auch die Nähe zu Blondels Philosophie zur Phänomenologie zu sehen. Statt von einer faktischen Gegebenheit auszugehen, sucht die Handlungstheorie von Blondel auch in der faktisch
gegebenen Welt die Spuren, um das In-Erscheinung-Treten des Faktums als Handlung zu erfassen.

II. Kernaussagen Blondels zur Handlung und zu ihrer Bedeutung

Maurice Blondel ist damit nun nicht nur der Vordenker einer Wende vom Sein zum Handeln, er ist auch der Pädagoge, der uns in dieser neuen und ungewohnten Denkhaltung zu erziehen in der Lage ist. Sein hierfür maßgebliches Werk *L'Action* (1893) muss dafür in besonderer Weise gelesen werden, vor allem, wenn es im heutigen Lehrbetrieb seine gebührende Stellung einnehmen soll. Der Grund dafür liegt nicht nur in der erwähnten Vorherrschaft eines tief sitzenden Physikalismus auch und gerade in den Geisteswissenschaften, der Grund liegt ferner in der erhöhten Schnelligkeit und Geschwindigkeit des Lehrbetriebes, sogar in der Philosophie. Ein jahrelanges Umgehen und Ausharren bei einem Autor oder gar bei einem Werk ist heute kaum noch möglich. Deshalb werden Abstracts und Kernaussagen zu wichtigen und manchmal einzigen Begegnungen mit einem Werk. Soll also Blondel für den Lehrbetrieb erhalten bleiben, dann muss sein Werk an solchen Kernaussagen darstellbar gemacht werden.

Im Folgenden soll nun eine Reihe von solchen Aussagen kurz behandelt werden. Es handelt sich um Sätze, die sich auch schon im Lehrbetrieb bewährt haben. Ein wesentlicher Grund ihrer Bewährung liegt auch in der Anordnung der Sätze. Sie geben eine Lesart vor, bei der Blondels Werk von hinten aufgerollt wird. Dafür ist nicht der Ansatz, vom Resultat auszugehen, wegweisend, sondern die Schwierigkeit des Verständnisses von Blondels Werk, die am Anfang wesentlich höher ist als am Ende. So empfehlen sich ein Einstieg vom Ende her und ein Durchgang zum Anfang des Werkes. Beginnen wir aber mit einer methodischen Überlegung Blondels zur Bestimmung der Handlung. Wichtig ist hierbei die Differenzierung zwischen dem konkreten Handeln der Tat und der Handlung überhaupt, die von der Initiative weg zur Verkörperung und Inkarnation führt:

Das Handeln (l'acte) ist eher [...] die erste Initiative des inneren Strebens. [...] Das Wort Handlung (action) zeigt eher den Übergang von der Intention zur Erfüllung, die sie verkörpert, und demzufolge oft das Ergebnis oder das Werk selbst dieser transitiven Tätigkeit (A (116) 150/143).

Die Stelle soll nicht nur die Unterscheidung zwischen Handeln und Handlung aufzeigen, sie zeigt auch, dass die Handlung zu einer Verkörperung führt. Demnach ist es nicht so, dass ein Körper ist und unter anderem auch handelt, sondern dass Körper und Verkörperung von den Handlungen her begriffen werden müssen. Diese Aussage macht schon eine grundsätzliche Änderung in der Denkabfolge sichtbar, die Blondel uns abverlangt. Aber kommen wir zunächst zu einer grundsätzlichen Aussage gegen Ende des Werkes:

Wir wollen uns selbst genügen: wir können es nicht. [...] Der Wille scheint sich nicht selbst gewollt zu haben (A (325f.) 359f./351).

Hier stellt Blondel die Unverfügbarkeit des Willens heraus. Sie gibt sich gerade darin zu erkennen, dass der Mensch ganz selbst sein will. In dem Bedürfnis, ganz selbst sein zu wollen, also in der Radikalität dieser Intention, scheint die Einsicht auf, dass der Wille sich nicht selbst wollen kann. Dieser Satz hat nicht nur eine Nähe zu Kierkegaards Philosophie des Selbst, wie er sie etwa in der Schrift *Die Krankheit zum Tode* von 1849 entwickelt hat, sie steht auch in unmittelbarer Nähe der Aussage bei Heidegger in *Sein und Zeit* von 1927, dass der Mensch sich nicht selbst begründen kann und von daher sich als ›geworfen‹ weiß. Für Heidegger ergibt sich daraus eine Offenheit zur Vergangenheit hin, die durch diese Lücke einbricht oder einbrechen kann. In Blondels Satz kommt noch ein anderer Aspekt zum Tragen. Der Wille, der sich nicht selbst wollen kann, empfängt sich und erfährt in dieser Einsicht sein Gewollt-Sein. Wille ist damit nicht nur eine Intentionalität, eine Begierde und ein bloßes Wollen, sondern zugleich auch ein Gewollt-Sein. Damit wird eine Dimension sichtbar, die über die ohnmächtige Passivität einer Geworfenheit hinausgeht. Dies kommt auch im nächsten Satz zum Ausdruck:

Der wahre Wille des Menschen ist der göttliche Wille. Sich seine tiefste Passivität einzugestehen, ist für den Menschen die höchste Aktivität (A (387) 421/411).

Blondels Anliegen ist es, die im Wollen liegende Passivität zu erkennen und zu akzeptieren. Mit dieser Wende zur Passivität im Willen wird das rein aktive Verständnis des Willens ergänzt durch die schon angesprochene Erkenntnis des Gewollt-Seins, die im Willen selbst liegt. Somit hat die bloße Intention eine niedrigere Aktivität als das Eingeständnis des *Gewollt-Seins*, das die höchste Aktivität ausmacht.

Mit diesem Erkennen wird aber auch die innere Spaltung im menschlichen Wollen offenbar, die sich schon im Nicht-Genügen gezeigt hat und die weder zu beseitigen noch zu überwinden ist. Dies zeigt sich auch in dem nächsten Satz, der zu den bekannt gewordenen Aussagen Blondels gehört:

Alle Vollendungsversuche menschlichen Handelns scheitern; und doch ist es unmöglich, dass das Handeln sich nicht zu vollenden und zu genügen suche. Es braucht es und kann es nicht (A (321) 355/344).

Der innere Widerspruch im Wollen kommt für Blondel von der Liebe her, die den Kern der Intention des Willens ausmacht. Der menschliche Wille strebt in seiner letzten Intention immer nach Liebe, die ja immer auch eine gebende und eine nehmende Seite hat. Das Bedürfnis nach Liebe ist auch dafür verantwortlich, dass der Mensch nach Einheit, Vereinheitlichung und Totalität strebt, wie Blondel im folgenden Satz sagt:

Gerade weil der Wille ein unermessliches Bedürfnis nach Liebe hat, strebt er nach Einheit, nach Totalität, nach Einigkeit des Bandes, das er von einem zum anderen knüpft [...] (A (257) 291/283).

In diesem Satz vergleicht er diese Intention mit einem Band. Indem wir von hinten nach vorne lesen, sehen wir, dass dieses Band die Handlung ist. Blondel bezeichnet es auch als den Zement des organischen Lebens, eine ungeheuer moderne und aktuelle Bezeichnung:

Die Handlung ist der Zement des organischen Lebens und das Band individuellen Bewusstseins. Im konkreten Handeln liegt mehr als das Handeln selbst; es ist darin die Einheit der Wirkkraft, die systematische Aussöhnung ihrer Kräfte, der Zusammenhalt ihrer Strebungen (A (180) 214/206).

Die Liebe als leitende Kraft allen Handelns lässt aber nicht nur die Dynamik und die Struktur der Handlung deutlich werden. Es wird auch der dramaturgische Grundakt der Handlung erkennbar, der darin liegt, ein Ich zu rufen:

Die Handlung ist eine soziale Funktion im besonderen Maß Sinne. [...] Handeln heißt, andere Kräfte herauf zu rufen, heißt, andere Ichs zu rufen (A (239) 273/265).

Blondel nimmt hier die Erkenntnis der Dialogischen Philosophie, wie wir sie später bei Rosenstock-Huessy, Rosenzweig und Buber finden, vorweg. Diese Passage kann in ihrer Bedeutung nicht überschätzt werden. Hier wird nicht die handlungstheoretische Begründung durch eine sprachtheoretisch-dialogische begleitet. Die eigentliche Kraft des Handelns liegt im Anruf des anderen Ichs. Nimmt man den vorhergehenden Satz hinzu, dann ist der Grundakt der Handlung nicht nur Anruf des menschlichen Lebens und des anderen Ichs, sondern gilt für das organische Leben überhaupt.

Deshalb ist es für ein grundsätzliches Verständnis auch entscheidend, das Faktum nicht als gegeben oder selbstgegeben, sondern – wie es im ersten Satz ausgedrückt ist, als aus einer Handlung hervorgegangen zu verstehen. Blondels besondere philosophische Leistung liegt deshalb in seiner Rückführung des Faktums auf Handlungen, wie es im folgenden Satz ausgedrückt ist. Dieser Satz kann auch als Beleg der oben angesprochenen Wende vom Sein zur Handlung verstanden werden:

Das Faktum kommt nur durch die eine Handlung zustande [...]. Man werfe der subjektiven Wissenschaft nicht mehr vor, eine vergebliche und völlig wahnhafte Spekulation zu sein, als ob alles Wesentliche der inneren Phänomene von der Physiologie des Gehirns käme oder als ob das wirkliche Äquivalent des Denkens die Funktion der Nerven sei (A (102) 136/128 f.).

Damit verbunden ist auch die Einschätzung, Bewertung und Einstufung der Handlung:

In diesem Sinn hat die geringste Tätigkeit eine Realität, eine Bedeutung und eine Würde, die, wie man sagen kann, unendlich viel höher ist als die Tatsache des gesamten Universums (A (99) 133/125).

Einzelne Tatsachen können also nur aus dem Ganzen heraus verstanden werden, das durch das Band ermöglicht wird. Dieses Band ist Zement, der die Tatsachen zu einem festen Zusammenhang verbindet.

Blondel hat dieses Band auch mit einem anderen Grundbegriff seiner Philosophie beschrieben, dem Begriff des *vinculum*:

Das vinculum *ist von intelligibler Natur und genau genommen* subjektiv (A (89) 123/114).

III. Ergebnis

Blondels philosophische Bedeutung, die zu seiner Zeit nicht nur von der Theologie, sondern auch von der Philosophie, insbesondere in Deutschland, erkannt wurde, liegt in der paradigmatischen Wende vom Sein zur Handlung. Damit verbunden ist eine Erweiterung des für seine Zeit maßgeblichen Horizontes philosophischer Einsichten in Wille, Intention und Dialog. Seine Innovation muss vor allem darin gesehen werden, die Liebe als das verbindende und einigende Band aller Handlungen zu erkennen und sie auch zu dem Zement des organischen Lebens und der Tatsachen werden zu lassen. Mag er diese Liebe persönlich als christliche Nächstenliebe verstanden und erlebt haben, so ist es ihm doch gelungen, diese persönliche Erfahrung in einem philosophischen und wissenschaftlichen Zusammenhang wiederzufinden und dort zu belegen. Insofern ist es nicht einseitig, in Blondel einen christlichen Denker zu sehen, allerdings ist die Ausführung seines Denkens nicht von daher bestimmt, sondern zeigt vielmehr einen bisher einzigartigen Versuch, die Tatsachen der Welt aus Handlungen und diese aus einer Ordnung der Liebe heraus zu verstehen.

PETER REIFENBERG

Praktische Lebensnähe als intellektuelle Grundhaltung

Maurice Blondel und die »science de la pratique« –
Eine Einführung in die Grundgedanken

»Es ist unmöglich, dass der tatsächliche Fortschritt unserer Erkenntnis des Seins von der Kopfarbeit abhinge, ohne dass zuvor, gleichzeitig und danach eine Umwandlung unseres ganzen Seins stattfände ... Je nachdem wie man gelebt, gehandelt, gewollt, geliebt hat, ist man anders, erkennt man anders, besitzt man die Wirklichkeit anders, hat man von den Dingen ein anderes Gespür, dringt man anders in sie ein und genießt man sie anders« (Illusion (213) 117f./63).

I. Fragestellung und Ansatz

Er fasziniert immer noch, auch und gerade in der »Nach-Postmoderne« durch seine gedankliche Kraft und Kühnheit, durch seine literarische und zugleich präzise philosophische Formulierungsgabe, durch die Radikalität seines Fragens nach Sinn und Bestimmung des menschlichen Lebens, durch die Entschiedenheit seiner philosophischen Antwort als gläubiger Katholik:
Der Blick des wirkmächtigen französischen Philosophen *Maurice Blondel* (1861–1949) richtet sich auf *Wirklichkeit* durch ein Anschauen, Sehen und Leben, das im Sein durch das Wirken vorankommen will (Illusion (213) 117/62), aber gerade dadurch, dass der Sprung über die durch den Intellekt gefundenen »Rechtfertigungen« hinaus gewagt werden muss. Der Einfluss seines Denkens auf Philosophie und Theologie ist noch längst nicht durchmessen. »*Immanenzapologetik*« heißt das lose Etikett, das ihm seit einer messerscharfen Rezension seines Hauptwerkes »*L'Action. Essai d'une critique de la vie et d'une science de la pratique*« (1893) anhaftet.
Blondel litt zeitlebens unter der Ankündigung des »idealistischen Positivisten« und »Philosophen des Urteils«, *Léon Brunschvicg*[1], im Na-

---

[1] Zur Kurzcharakteristik des Denkens von Léon Brunschvicg (1869–1944) vgl. man: Deschoux, Marcel: Art. Léon Brunschvicg, in: Huisman, Denis (Hg.): Dictionnaire

men der Immanenz, der Vernunft und des Intellekts, welche das moderne Denken fundieren, höfliche, aber entschiedene Gegner zu finden, weil er in ihr die mangelnde Anerkennung seiner Zunft befürchtete[2]. Ist Brunschvicgs Einwand gegen eine Philosophie der Transzendenz nicht berechtigt, trägt Blondels Denken tatsächlich insgesamt antiintellektualistische Züge?

Die Kritik wurde ihm zur Lebensherausforderung, gerade gegenüber dem neuzeitlichen Denken in seinen realistischen und idealistischen Zerrbildern eine gültige Lösung zu finden und durch einen christlich geprägten »réalisme supérieur« (vgl. Untertitel von Énigme (1930) Vinculo 33/601) durch eine »philosophie de l'action« nach einer Antwort auf die Frage nach der menschlichen Bestimmung in einer christlich geprägten Anthropologie entgegensetzen zu können. Doch selbst im *Itinéraire philosophique* (1928) verklärt er die Absage der Schulphilosophie, die eine handfeste »fin de non-recevoir« bedeutete, als Aufnahme und Anerkennung derselben in den Kreis ernstzunehmender Philosophen[3].

Und dabei kommt alles auf den *Anfang* und den *Ansatz* an: Beginn und Ziel des Denkens ist das Tun selbst, das sich gerade im menschlichen Daseinsvollzug verwirklicht. Die Wende im Ansatz gleicht einer kopernikanischen Tat: Das gesamte Denken und alle Lebensäußerungen werden aus einem statischen Seinsbegriff in die dynamische Wirklichkeit der ›action‹ hineinverlegt, da sich in ihrem synthetischen Gefüge die Mitte des Lebens finden lässt (A (XXIII) 31/21).

---

des Philosophes, I. Paris (PUF) 1993. 445–450. Heidelberger, Michael: Art. Brunschvicg, Léon, in: Bedorf, Thomas/Röttgers, Kurt (Hg.): Die französische Philosophie im 20. Jahrhundert. Ein Autorenhandbuch. Darmstadt (wb) 2009. 80–82; vgl. zur Auseinandersetzung Blondel – Brunschvicg: Reifenberg, Peter: Verantwortung aus der Letztbestimmung: Maurice Blondels Ansatz einer Logik des sittlichen Lebens. Freiburg (Herder) 2002 (= Reifenberg, Verantwortung (2002), 169, Anm. 494 (dt. Text). Vgl. auch die schöne Einleitung in die neue deutsche Übersetzung von Maurice Blondel »Geschichte und Dogma« von Albert Raffelt (übersetzt und kommentiert von Hansjürgen Verweyen). Regensburg (Pustet) 2011. 9–23, hier 10.

[2] Vgl. Compte rendu de L. Brunschvicg sur L'Action, in: Œuvres II, 49.

[3] Vgl. L'Itinéraire philosophique de Maurice Blondel. Propos receuillis par Frédéric Lefèvre. Paris (Spes) 1928. Neuaufl. Paris (Aubier-Montaigne) 1966. Blondel, Maurice: Der philosophische Weg. Gesammelte Betrachtungen, hrsg. von Frédéric Lefèvre. Eingeleitet und übersetzt von Patricia Rehm. Mit einem Nachwort von Peter Reifenberg. Freiburg/München (Alber) 2010, hier: 87f./50 (= Itinéraire). (Zitation: Erstauflage, Neuauflage, dt. Übersetzung.)

Philosophieren findet im »Labor des Lebens«[4] statt.
Jede sich ereignende ›action‹ faltet komplikativ die gesamte Wirklichkeit in sich zu einer konkreten Gestalt mit universellem und zugleich konkretem Charakter ein, wobei mit ihrer *Faktizität* auch die *Realität* all ihrer Bedingungen gegeben ist. Die gesamte Wirklichkeit wohnt ihr als bereits eingelöste Möglichkeitsbedingung inne. Die ›action‹ ist Synthese von Gott, Mensch und Welt. Im reflexiven Akt der impliziten Wirklichkeit enthüllt sich der Sollensanspruch von allem Wirklichen. In der Dynamik des Denkens wohnt die Dynamik des Handelns ein, das es vollendet[5].
Hierin findet die *Immanenzmethode* Blondels ihren Sinn (vgl. Reifenberg, Verantwortung (2002) 182–197). Die Methode, die zugleich auch Inhalt ist, spürt der in der Immanenz des Handelns verborgenen Gegenwart des den Menschen uneinholbar Transzendierenden durch den »appétit du surnaturel« nach, das Äußere ist nur durch das Innere erreichbar (vgl. Point 558/111). Die Methode beschränkt sich darauf, alle Aspekte der inneren Einheit des Phänomen-Gefüges – die Wirklichkeit gewinnt durch die philosophische Reflexion allein keinen objektiven Charakter – durch eine *phänomenologische* Untersuchung darzustellen und sich zunächst einer vorschnellen ontologisierenden Problemlösung zu enthalten. Durch den strengen methodologischen Vorentscheid Blondels wird das großangelegte Tun in der Philosophie, die sich als »*science de la pratique*« zeigt, theoretisch auf die Weise des »*phénomène de l'action*« so beschrieben, wie es im Bewusstsein erscheint. In diesem Stadium der phänomenologischen Untersuchung wird ein intellektuelles Seinsurteil zurückgewiesen.
Die Arbeit des Philosophen zeigt die Denkinhalte an und inventarisiert die solidarischen Begriffe und Ideen: Die Phänomene des inne-

---

[4] Vgl. die dichten und konzisen Einführungen in das Denken Blondels von van Hooff, Anton: Die Wende vom Sein zum Handeln. Philosophieren im Labor des Lebens, in: Knapp, Markus/Kobusch, Theo: Querdenker. Visionäre und Außenseiter in Philosophie und Theologie. Darmstadt (WB) 2005. 257–266, hier 257.261 (Hooff, Wende (2005); ders.: Blondel, Maurice, in: Bedorf, Thomas/Röttgers, Kurt (Hg.): Die französische Philosophie im 20. Jahrhundert. Ein Autorenhandbuch. Darmstadt (WB) 2009. 66–69 (= Hooff, Blondel (2009). Eine Gesamtdarstellung versucht mit hoher Detailkenntnis, allerdings ohne spekulativen Anspruch, der amerikanische Übersetzer der Werke Blondels Oliva Blanchette: Maurice Blondel. A philosophical life. Cambridge 2010.
[5] (= Reifenberg, Verantwortung (2002)). Hier: 160. Vgl. auch Hooff, Blondel (2009) 67.

ren Lebens werden aufgespürt, der Kritik unterzogen, aufeinander abgestimmt, um den »déterminisme intégral« entfalten zu können. In der Lebenspraxis selbst liegt die innere Norm des Handelns. »Indem wir handeln, erkennen wir, was wir zu tun haben« (A (142) 176/168). Durch die aposteriorische Einholung im Handeln ist die mögliche Vollendungsgestalt von ›action‹, die apriori bereits in ihren Möglichkeitsbedingungen vorgegeben ist, deutlich ablesbar (ebd. 163). Mensch und Wirklichkeit sind durch und in der je neuen Synthese der ›action‹ aufs engste miteinander verbunden: »Die Wirklichkeit, die sich zu erkennen gibt, befindet sich … nicht in einem künstlich getrennten Bereich, sondern sie ist in der ›action‹ und als ›seine‹ action dem Menschen je schon gegenwärtig« (Hooff, Ziel (2007) 197). Die Frage nach Sinn und Bestimmung der ›action‹ ist in der Praxis und von den Praktikern je schon gelöst.

Im großen *dritten* Teil von L'Action (1893) werden alle Dimensionen des Handelns durchleuchtet: Die gesamte Erfahrungswelt, die Erfahrung des Selbst, die interpersonalen Beziehungen, die sozialen Bezüge, die Sitte wie die Sittlichkeit (Moral) und die Metaphysik: Bis zur Grundoption (»option fondamentale«) des *vierten* Teils, welcher die transzendentale Frage nach der Einheit und dem Ermöglichungsgrund der Handlung stellt, verbleibt der theoretische Ansatz der Problemlösung auf der Erkenntnisebene des Phänomens[6]. Sie wird erst nach dem denkenden und handelnden Durchschreiten der gesamten Reihe der Möglichkeitsbedingungen in der verwirklichten Grundentscheidung zum Sein hin aufgebrochen. Damit wird die »Frage nach der Seinswirklichkeit des sinnlich wahrgenommenen Einzelnen« beantwortet (vgl. Henrici, TheolPhil (2009) 290).

Die transzendental-phänomenologische Analyse führt mit der Frage nach der inneren Norm des Tuns und seinen Vollendungsbedingungen bis hin zum »Eingeständnis« des Unerreichbar-Einen Notwendigen, Übernatürlichen für den Menschen (vgl. A (388) 422/412). Mit der Grundentscheidung für oder gegen die Anerkenntnis der radikalen Abhängigkeit des Handelns und der heteronomen Bestimmtheit des Willens geht es nicht mehr um ein wählbares oder nichtwählbares Phänomen, sondern um alles oder nichts, um Sein oder Nichtsein, um

---

6 So auch zu finden bei: Henrici, Peter: Maurice Blondels theologische Philosophie des Sinnlich-Konkreten, in: Becht, Michael/Walter, Peter (Hg.): Zusammenklang. FS f. Albert Raffelt. Freiburg (Herder) 2009, hier: 288 (= Henrici, TheolPhil (2009)).

Besitz des Seins und Vollendung des Menschen oder um das Verlorensein desselben. Die ›action‹ (Tat, Wirken) ist synonym mit »la vie« (Leben) zu lesen, dieses wiederum mit der ›pratique de la vie‹ (Lebenspraxis) identisch zu setzen[7]. Das die ganze Wirklichkeit einigende Band, das »*vinculum substantiale*«, ereignet sich als ›action‹. Die »critique de la vie« wird damit zu einer inneren, die drei großen Kritiken Kants zwar anerkennenden, doch zugleich weiterführenden Kritik der Metaphysik als Wissenschaft.

Die Philosophie als Reflexionswissenschaft steht damit selbst auf dem Spiel, wenn sie »philosophie ouverte« auf Transzendenz hin wird. Sie steht auf dem Spiel, wenn sie »science de la pratique« und auf die Weise der »science pratique« praktische Lebensnähe gewinnt.

Ob dieser Weg wohl *philosophisch* gelingen kann? Wir fragen mit Blondel nach dem Sinn und den Aufgaben einer Philosophie, die sich der »praktischen Lebensnähe« als intellektuelle Grundhaltung verschrieben hat. Damit fragen wir nicht nur nach dem Punkt, von dem die Philosophie in ihrem ersten Urteil ausgeht, also nach dem *Ausgangspunkt* des Philosophierens, sondern zugleich auch nach dem *Ziel* von Philosophie und insbesondere nach der *Möglichkeit* und dem *Selbstverständnis* des *philosophierenden Subjekts,* der philosophischen als intellektueller Existenz. Wir stellen damit die Philosophie und den Philosophen auf den Prüfstand:

Widersprechen sich praktische Lebensnähe und intellektuelle Grundhaltung nicht von der Wurzel her? Ist eine philosophische Sehweise auf Wirklichkeit und damit eine Existenz als »praxisnaher Philosoph« überhaupt möglich? Auf das Denken Blondels hin gesehen: Weicht man mit den schließlich nicht ganz zutreffenden Umschreibungen »praktische Lebensnähe« und »intellektuelle Grundhaltung« die dicht metaphysisch besetzten Begriffe wie »action«, »pratique de la vie« nicht vorschnell auf?

II. (Auto-)Biographisches Philosophieren aus der konkreten Lebenssituation

Die Frage nach einer möglichen intellektuellen Grundhaltung hat in unseren Tagen auf die Weise einer *Typologie des katholischen Intel-*

---

[7] Vgl. Hooff, Wende (2005), 258.

lektuellen Hochkonjunktur[8]. In seiner vielgelesenen Pascal-Biogra-
phie bezeichnet *J. Attali* die Intellektualität als »typisch französische
Haltung«, Pascal als den ersten Intellektuellen »im heutigen Sinne des
Wortes«, der von ihm vorab als Wachender und »Späher« gesehen
wird: »Der Intellektuelle ist der Suchende, Verfolgende, Entmystifi-
zierende und einer, der die versteckten Ursachen aufspürt (Attali,
Pascal (2006) 413)«.

Das Problem der Intellektualität und des Intellektualismus ist insbesondere ein Kind des ausgehenden 19. Jahrhunderts. Auch das Leben
des 1861 in Dijon, Burgund, geborenen und 1949 in Aix-en-Provence verstorbenen Denkers *Maurice Blondel* zeigt sich von ihm geprägt.
Seine Selbstzweifel, die Frage nach der Berufswahl, nach der Möglichkeit, nicht durch eine priesterliche, sondern durch eine laikale
Apologie den säkularen ideengeschichtlichen Strömungen trotzen zu
können, bestimmen den Fortgang des jungen Blondel. Zwischen po-
sitivistisch-pragmatistischer Universitätsphilosophie, ästhetisieren-
dem Dilettantismus und rigoroser, zementfester rationalistischer
Neuscholastik, die sich in einem ehernen Gebäude einer eisernen
Apologetik einschließt, sucht Blondel nach seiner »philosophischen
Mission«, wie er sie im *Mémoire* an den Sulpizianer Mons. Bieil minutiös beschreibt. Diese persönlich gehaltene *Selbstauskunft* gleicht
einer frühen philosophischen Standortbestimmung und dokumen-
tiert, wie lebensnah er sich mit diesen auseinandersetzte, wie sensibel
er »mit einem deutlich umrissenen Plan« auf die Zeitströme reagierte.
Sie zeigt auch, wie sehr – im Unterschied zur deutschen Universitäts-

---

[8] Vgl. Schwab, Hans-Rüdiger: Kurzer Versuch über katholische Intellektuelle, in:
ders. (Hg.): Eigensinn und Bindung. Kevelaer 2009. 11–26 (= Schwab, Intellektuelle
(2009)). Vgl. auch den Beitrag: »Mit den Augen der Anderen«. Ein Gespräch mit
dem Philosophen Jean Greisch über Glaube und Intellektualität, in: HK (63) H. 11
November 2009. 556–561. Vgl. Attali, Jacques: Blaise Pascal. Biographie eines Ge-
nies. Stuttgart (Klett-Cotta) 2006. »Eine französische Haltung – der Intellektuelle«
413–416 (= Attali, Pascal (2006). Vgl. auch zu den beiden entgegengesetzten Kon-
zeptionen von »l'intelligence« der katholischen Intellektuellen Maritain und Blondel: Reifenberg, Peter: Der Streit um l'intelligence: Maritain und Blondel, in: Becht,
Michael/Walter, Peter (Hg.): Zusammenklang. FS f. A. Raffelt. Freiburg 2009. 345–
360 (Reifenberg, Streit (2009). Vorliegender Beitrag versteht sich als Weiterführung
des in: Reifenberg, Streit (2009) Angedeuteten. Zur Pascal-Sicht Maurice Blondels
vgl. man: Reifenberg, Peter: »Et – et?«: extrinsisch Jansenist – intrinsisch Antijansenist. Das Pascal-Bild von Maurice Blondel, in: Raffelt, Albert/Reifenberg, Peter:
Universalgenie Blaise Pascal. Eine Einführung in sein Denken. Würzburg (Echter)
2011. 133–167 (= Pascal-Bild (2011)).

philosophie – die philosophischen Fragestellungen in Frankreich mitten im Leben stehen. Bei Blondel heißt das: Positionierung gegen die Entwertung des Tuns, gegen die radikale Egozentrik, gegen die Entleerung christlicher Rituale und Formen, gegen den Hedonismus inmitten einer entchristlichten, säkularen, pluralistisch-laizistischen Universitätsphilosophie:

»... *Ich möchte im Namen der Vernunft selbst und im übernatürlichen Interesse der Seelen, auf Menschen einwirken, die denken und sich selbst nach ihren Ideen zu lenken trachten. Mein Ehrgeiz ist, zu erweisen, dass der Mensch, der seinen Wunsch nach Unabhängigkeit bis zum Ende treu bleibt, sich Gott unterwerfen muss, dass die höchste Anstrengung seiner Natur im Geständnis besteht, etwas, das ihn übersteigt, zu brauchen, und dass sein Eigenwille ihn hindert, zu seinem wahren Willen zu gelangen, ... hege aber den Wunsch, durch Belehrung ... mich an jene zu wenden, die, an den Quellpunkten der Ideenbewegungen stehend, dazu beitragen, die Strömungen der öffentlichen Meinung zu bilden: diesen zunächst wenig sichtbaren, wenig raschen, wenig ausgedehnten Einfluss möchte ich gerne gewinnen. ... Zu den Quellen muss man zurückgehen, um das in der Welt der modernen Weltanschauungen verbreitete Übel zu heilen*« (CI 550f./580f.; Mémoire 89).

Blondels *Zielgruppen* sind die *Intellektuellen*, sind die Philosophen als *intellektualistisch* und *rationalistisch* begrenzte Intellektuelle. Zur Kennzeichnung der von ihm bekämpften Geisteshaltung benutzt er die Bezeichnungen »faux intellectualisme« oder »philosophie séparée« und meint damit die Spielarten rationalistisch-idealistisch abstraktiven Denkens, die versuchen, das Problem der Praxis und die Frage nach der Sinn-Vollendung des Menschen logizistisch oder ontologistisch zu lösen (vgl. Reifenberg, Streit (2009) 347). Im Gegensatz dazu vertritt er die »philosophie ouverte« einer »science de la pratique«. Im Gegenbegriff zu seiner »philosophie concrète«, die sich dem Religiösen öffnet, bündeln sich in der »philosophie séparée«[9] all jene Ansätze, die den Versuch unternehmen, das Problem der Bestimmung unbezogen zum Glauben auf rein intellektualistischem und rationalistischem Wege zu lösen. Bestes Beispiel hierfür bietet

---

[9] Der Begriff durchzieht wie ein roter Faden das Werk Blondels. Vgl. zahlreiche Nachweise, in: Reifenberg, Verantwortung (2002) 142[411].

das Denken Descartes (Dialogues). Erst wenn die Einsicht erfolgt ist, dass die theoretische Erkenntnis sich einer umfassenden, liebenden öffnet, wird die Tiefe des Schauenkönnens erreicht, welche »die Zusammengehörigkeit der Dinge, das Geheimnis ihrer Herkunft, den Sinn unserer gegenwärtigen und ewigen Bestimmung« durchdringt (BV II, 309).

Die Blondel leitende Methode ist die der »schriftlichen Belehrung«, der laikalen Apologie in Form philosophischer Rede durch eine »philosophie de l'action«. Ziel seines Tuns ist ein *lebensnaher, geistiger* Heilungsprozess an den intellektualistischen, rationalistischen und idealistischen Anschauungen von Wirklichkeit, welche die Loslösung und Abwendung aller transzendenten Bezüge durch säkulare literarische wie philosophische Strömungen betreiben. Blondel richtet sich gegen die »Welt der modernen Weltanschauungen« aus der Kraft des katholischen Denkens durch eine christliche Philosophie (*Mémoire* 89f.!), tief inspiriert und durchdrungen vom Geiste des Evangeliums, besonders in der Gestalt der paulinischen Theologie. Dadurch will er die Plausibilität der »Idee der Offenbarung und des christlich Übernatürlichen in dem dunklen und begrenzten Feld, wo die philosophischen Strömungen sich bilden, zu neuem Ansehen verhelfen« (CI 551f./581) (*Mémoire* 90).

Diese Philosophie aus der unmittelbaren Lebens-Situation und durch eine direkte (quasi-mystische) Gottes-Beauftragung[10] entspricht der Analyse der geistigen Situation der Zeit, wie sie Blondel zur Festigung des eigenen Ausgangspunktes in einer Art innerer Kritik der am schärfsten entgegengesetzten Position zu sichern[11] in den ersten beiden Teilen von L'Action (1893) anstellt und hier vorab die relativistisch-ästhetischen Modepositionen des »fin de siècle« findet. Philosophie geschieht aus einer laikalen Berufung heraus, methodisch wird die Vernunftposition eingenommen, um einer höheren Sinnebene der Praxis, um der Glaubenserfahrung gerecht zu werden. Als »Laie und

---

[10] Was die »Carnets intimes« (auch die Übersetzung Balthasars) auslassen, lässt sich nun in *Mémoire* vollständig nachlesen, und zwar mit allen literarischen Motiven einer »mystischen Erfahrung«: J'ai tremblé, il est vrai, à la seule pensée de ce grand dessein. Et un soir que je le méditais comme en face de la haute mer, j'ai demandé à Dieu de m'éclairer, de me donner une parole; j'ai ouvert l'Evangile et mes yeux sont tombés d'abord sur ces mots: *Duc in altum*« (Mémoire 90).

[11] Vgl. Raffelt, Albert: Opfer und Selbstbejahung. Implikationen der »Immanenzapologetik« Maurice Blondels, in: Communio 7 (1978) 323–339, hier: 327f (= Raffelt, Opfer (1978)).

Mann der Universität« argumentiert er »außerhalb des Heiligtums« »auf Seiten der Natur«, um die Vorurteile der gebildetsten Geister zu studieren« (CI 547/577; *Mémoire* 81).

Den *Mutterboden seines Denkens* bilden – gleichsam *zweiter* wichtiger Beleg seiner autobiographischen Philosophie – die *Tagebücher* mit ihrer tiefen Erörterung der Willensthematik, wie Blondel sie schon im ersten Eintrag unmissverständlich anklingen lässt:

»Mein ganzes Leben antworte und künde: Ich will. Ich will mit Gott wollen, was Gott will, wie Gott es von mir will; ich weiß nicht, was das ist, aber mit Ihm kann ich alles, was ich aus mir nicht kann. Vor Gott will ich ein Werkzeug sein, damit ich … vor menschlichen Augen jemand sei. Ich will, heute will ich, um morgen zu sagen: Wir wollen, um sterbend zu sagen: Er will« (CI I, 17/33; 24.11.1883).

Dieser sehr persönliche geistliche Text, der zunächst – unphilosophisch anmutend – in der direkten Glaubenserfahrung seinen Ort findet, steht paradigmatisch für den anspruchsvollen literarischen Charakter der Eintragungen; er gibt im Zusammenhang mit der Grundhaltung der »pratique littérale«, der »mortification naturelle« und dem Tod als dem Ziel der Philosophie zu denken. Er zeigt: In den Carnets intimes liegt die Hauptquelle von L'Action (1893) und eine philosophische Hermeneutik seiner persönlichen Lebenserfahrung, gelebte christliche Spiritualität als Weltanschauung eingeborgen: »Nicht nur was er erfährt, sondern sein Erfahren selbst; nicht nur das Erlebte, sondern sein Leben als konkret sich vollziehende Ganzheit wird Anfang und Grundwahrheit seines Philosophierens … – Objektivation dessen, was er mit allen Fasern seines Wesens *lebt*«[12].

Die gelebte Glaubenspraxis als Lebensweise und »Weltanschauung« in der konkreten Daseinsverwirklichung philosophisch zu ergründen und dabei die »humane Dignität philosophisch zu rechtfertigen« (vgl. Hooff, Wende (2005) 259), darin liegt die eigentliche Intention Blondels. Seine Erarbeitung der Willensthematik richtet sich auf die »Erfahrung der Souveränität des Willens, seine Superiorität über die verschiedenen Strebungen; aber auch die Mühe, das Imperium des Wil-

---

[12] Henrici, Peter: Glaubensleben und kritische Vernunft als Grundkräfte der Metaphysik des jungen Blondel, in: Gregorianum 45 (1964) 689–738. Hier 692f. (= Henrici, Glaubensleben (1964)).

lens in Selbstdisziplin und Askese auszubauen; das Festigen der Intention in der konkreten Tat, aber auch das Entgleiten des Tuns«[13]. Die Eintragungen in die Carnets erwuchsen einer tiefen *geistlichen Erfahrung*, die Blondels Philosophie überwiegend als Hermeneutik seiner praktischen Glaubenserfahrung deuten lassen:

»Indem ich das Christsein lebe, forsche ich nach dem, wie ich als Philosoph zu denken habe«[14].

Die jetzt in deutscher Übersetzung vorliegende philosophische Autobiographie Blondels, *L'Itinéraire philosophique* von 1928, bildet als Ganzes genommen den *dritten* Beleg einer Intellektualität, die biographisch und praxisnah argumentiert und dabei eine kulturelle Weite verrät, die den Philosophen inmitten seiner Zeit stehen sehen lässt. Blondel löst die Peinlichkeit einer Selbstrechtfertigung, die jeder Autobiographie innewohnt, durch einen literarischen Trick, indem er zwar jede Zeile selbst redigiert, er den Text jedoch als fingiertes Interview mit dem Chefredakteur der »Nouvelle litérature«, Frédéric Lefèvre, erscheinen lässt und sich auf diese Weise einerseits vom Genre distanzieren kann, andererseits bis in die Formulierung der Fragen hinein die ihm eigene Sehweise lanciert (vgl. Itinéraire).

Das *vierte* Beispiel stammt ebenfalls aus dem Ende der mittleren Phase seines Denkens, in der er bereits durch sein Augenleiden so schwer behindert war, dass er weder seinen Dienst an der Universität ausüben noch eigenständig lesen und schreiben konnte (vgl. Dialogues 173.223). Der Text deckt sich inhaltlich mit dem, was er schon im *Mémoire* als Selbstaufgabe und Urintuition formulierte. Es handelt sich um einen philosophisch-autobiographischen Rückblick auf die Stoßrichtung seiner philosophischen Bemühungen, die Blondel als »*Projet de Préface pour l'Action* zwischen 1927 und 1929 diktierte:

»Mein Wunsch war es, die intellektuelle Haltung des gläubigen und praktizierenden Katholiken in einem durch Idealismus, Rationalismus oder Dilettantismus durchsetzten Milieu zu rechtfertigen: Die action

---

[13] Raffelt, Opfer (1978) 324.
[14] Maurice Blondel, in: Archambault, Paul: Vers réalisme intégral. L'œuvre Philosopique de Maurice Blondel. Paris (Bloud) 1928. 40. Anm 2.

stellte für mich das Gegengift zum Ästhetizismus Renans, zum kanti-schen Formalismus und zum neochristlichen Symbolismus dar. Dies alles bedeutete die Rehabilitation der dogmatischen Genauigkeit, des Buchstabendienstes, der sakramentalen Treue, der intellektuellen, moralischen, sozialen, religiösen Disziplin; die action ist das Gegenteil von Träumerei und vom Wortschwall. Sie bedeutet den Gesamtaus-druck des Menschlichen, das Pfund der vollständigen und couragier-ten Aufrichtigkeit, das Bindemittel des sozialen Lebens, die Bedin-gung der nationalen Gemeinschaft, die Schule, an welcher die Lektio-nen der universellen Wirklichkeit gelehrt werden, die Bundeslade, in der die Tradition, die Offenbarung und das geistliche Lehramt die göttliche Unterweisung hinterlegen, die lebendige Zelle der Glieder, welche die Kirche belebt« (EtBL I. Paris (PUF) 1951.7–15, hier: 7f.).

Die autobiographische Weise des Philosophierens denkt unmittelbar aus der gläubigen Lebenspraxis, aus der konkreten Situation anlass-bezogen, denkt aus der gelebten Subjektivität persönlich und authen-tisch; doch schützt sie ihn trotzdem vor Selbstrechtfertigungen nicht.

III. Leben vor dem Philosophieren

Praktische Lebensnähe bleibt im Alltag erstes Kriterium eines praxis-orientierten Denkens und pragmatisch-gelingenden Tuns. Für die Re-flexionsphilosophie scheint da wenig Platz noch Nutzen, wie bereits die elfte Marx' Feuerbachthese lapidar mahnt: »Die Philosophen ha-ben die Welt nur verschieden interpretiert, es kommt darauf an, sie zu verändern«[15].

Für die Philosophie *Martin Heideggers* ist die Erfahrung der *Nähe* der Schlüssel zu einem gültigen Seinsverstehen und beschreibt zielge-nau das Unterwegssein im Denken[16]. Die Nähe zwischen Mensch und Wirklichkeit wird nicht erst nachträglich im Denken hergestellt, son-dern liegt jedem Machen als dem Sein selber voraus (Kettering, Nähe

---

[15] Vgl. Henrici, Peter: Eine Christliche Philosophie der Praxis, in: Aufbrüche christli-chen Denkens. Einsiedeln 1978. 59–77, hier: 59.

[16] Vgl. Kettering, Emil: Nähe. Das Denken Martin Heideggers. Pfullingen (Neske) 1987; ders.: Nähe im Denken Martin Heideggers, in: Wisser, Richard (Hg.): Martin Heidegger – Unterwegs im Denken. Symposion im 10. Todesjahr. Freiburg/Mün-chen 1987. 111–131, hier: 115 (= Kettering, Nähe (1987)).

(1987), 120). Die Spur Heideggers führt zu Blondel zurück, der die Struktur der ›action‹ auf ähnliche Weise beschreibt. Das von ihm in Point gültig befundene Diktum »*primum vivere deinde philosophari*« (Point, 561/115) unterstreicht zunächst das Primat des handelnden Lebens vor allem Denken, die Praxis vor der Theorie (Point 561/115): Das Tun geht dem Denken voraus. Eigenartig hartnäckige und im Kontext zunächst befremdliche Bestätigung findet dieses Wort in einem L'Action (1893) von Anfang an prägenden und durchlaufend bestimmenden Gedanken[17], der den sich durch den schwierigen Text hindurcharbeitenden Intellektuellen stutzig werden, ja am Autor und an sich selbst zweifeln lässt:

»*Die Logik der ›action‹ sucht einzig einen Weg zu entdecken, die es dem Verstand der Gebildeten erlaubt, langsam und sicher die Höhen der Demütigen und Kleinen zu erreichen. Sie führt sie zu einem Ausgangspunkt. Aber das Licht, mit der sie (abstrakte Logik) die Wegstrecke erleuchtet, befreit niemanden von der Anstrengung, die notwendig bleibt, dorthin aufzusteigen*« (A (474) 499/508).

Lohnt die Mühe des »indirekten« Weges der Reflexion etwa nicht? Sind die Intellektuellen sogar durch die Gaben des vertieften Anschauens, des Fragens, des diskursiven Denkens und der Kritik im *Lebens-Nachteil*? Zumindest mutet das Wort biblisch an; die Armen im Geiste sind offensichtlich die Reichen des Lebens. Der Mut zur Weite der Vernunft des »indirekten Weges« der Philosophie erweist sich anstrengend, notwendig und offenbar nicht schneller als der »direkte Weg« der schlichten Tat, der präziser und zielführender zu sein scheint[18], wenn es darum geht, das Problem des Lebens durch das praktische Leben selbst zu lösen. Denn »man löst das Problem des Lebens nicht, ohne zu leben« (A (463) 497/489). Der »Logik der action« entspricht der »*indirekte Weg*« (»voie indirecte«) der Reflexion und damit die »*science de la pratique*«, wie sie die Philosophie als »Kritik des Lebens« vornimmt.

---

[17] Vgl. die Wiederholung des Gedankens: A (XI) 19/12; (XIV) 22/15; (XVI) 24/16; (85) 119/110f.; (409) 443/435. Vgl. Pascal-Bild (2011) 159 Anm. 21.

[18] A (476) 510/501: »Ainsi il y a une voie directe qui part du point où la méthode indirecte de la science a pour résultat de nous amener« (So gibt es einen direkten Weg, der von dem Punkt ausgeht, zu dem die indirekte Methode der Wissenschaft uns hinführen will).

Auf der anderen Seite entspricht der »*direkte Weg*« (»voie directe«) dem des schlichten lebensnahen Tuns als »science pratique«. Das praktische Leben geht dem Denken voraus und faltet es zugleich überhöhend ein. Die Wissenschaft der Praxis erweist, dass man die Praxis nicht ersetzen kann« (A (463) 497/489). Die Dialektik zwischen Theorie und Praxis ist zugunsten Letzterer entschieden, ja Ursprung und Sinn der philosophischen Theorie liegen in der Lebenspraxis eingeborgen[19].

Dieser Gedanke zielt keineswegs auf einen pastoralen Abgesang von L'Action (1893) noch auf eine Relativierung der Möglichkeit des Denkens und damit der Philosophie überhaupt[20]. Mutet er zunächst antiintellektualistisch an, so müssen möglichst alle Kontexte hergestellt und bedacht werden, um zu sehen, dass er auf das zentrale Anliegen der Hermeneutik der ›action‹ hinführt.

3.1 Zur Aufgabe der Philosophie

Die Aufgabe der Philosophie erwächst aus der praktischen Lebensnähe. Sie führt zum vielfach geäußerten Desiderat Blondels, das Alltagsleben und die Philosophie in eine Art Deckungsgleichheit bringen zu wollen. Blondel fordert den Mut zur Weite der Vernunft, die bereit ist, notwendigerweise im Erkenntnisaufstieg die Dreistämmigkeit des Erkennens über die Grenzen der Transzendenz (»Mauer des Paradieses«) auf Sinnebene der Glaubenspraxis hin zu weiten. Deshalb kommt auch der Philosoph nicht umhin, am äußersten Begegnungspunkt zwischen »réflexion« und »prospection« den praktischen Lösungsweg der Sinn- und Bestimmungsfrage anzugehen[21]. Es ist dies der Ausgangs- und zugleich Zielpunkt des Philosophierens.

»Die Wirksamkeit von Idee und Wirklichkeit, von Gedanken und Leben ist nur gegeben, wenn eine so vollständige Harmonie als nur möglich« zwischen beiden herzustellen ist (vgl. *Mémoire* 93 (CI I, 583/

---

[19] »La théorie complète de l'action avait conclu à la pratique (A (477) 511/502). (Die komplette Theorie der action hatte die Praxis als Schlussfolgerung).

[20] Vgl. van Hooff, Anton: Welches Ziel verfolgt die Philosophie?, in: Grätzel, Stephan/Reifenberg, Peter (Hg.): Ausgangspunkt und Ziel des Philosophierens. London (Turnshare) 2007. 191–202. hier, 191 (= Hooff, Ziel (2007)).

[21] Vgl. zur gesamten Erkenntnisproblematik bei Blondel: Reifenberg, Peter: Die Moral als Wissenschaft der Praxis, oder: Der Ausgangspunkt des Philosophierens nach Maurice Blondel, in: ThGl 92 (2002) 209–234 (= Reifenberg, Moral (2002)); ders.: Verantwortung (2002) 164ff.

553): »… entre ma pensée et ma vie je me sens porté à établir un accord aussi complet que possible«. Diese Forderung wird Blondel nicht müde in vielfältiger Weise zu wiederholen, denn erst in der »Einheit von Wissenschaft (Philosophie) und Leben« liegt der Sinn der »Wissenschaft vom Leben« (Illusion (216) 121/66). Am deutlichsten formuliert Blondel diese Aufgabenstellung als zentrale Fragestellung zu Beginn von »Point de départ« (1906):

»Kann man nicht … eine Lehre entwerfen oder besser realisieren, in der die menschliche oder sogar universale Materie und die spezifische Form der Philosophie sich derart entsprächen, dass das Philosophieren – durch seine Methode ganz technisch und von seinem Ausgangspunkt an durch eine absolut klare Demarkationslinie von jeder anderen Art der Erkenntnis getrennt – in vollkommener Kontinuität mit der natürlichen Bewegung des Lebens verliefe, ja sogar dieses Leben selbst wäre, insofern es sich mit Licht und Wirklichkeit füllt und sich ausdrücklich den Bedingungen unterwirft, von denen die wirkliche Lösung des Problems unserer Bestimmung abhängt?« (Point, 530/71[22]).

Was heißt es konkret, das Denken und das Wirkliche im Leben zusammenzuführen?
Kann der Philosoph tatsächlich zum Praktiker werden, umgekehrt, ist der Praktiker je schon Philosoph? Blondel beantwortet die Frage in unübertrefflicher Klarheit am Ende von »Illusion idéaliste« (Illusion (216) 121/67):

»Es heißt, dem Besonderen, Individuellen, der Person besser Rechnung zu tragen; die Würde des inneren Lebens höher einzuschätzen; den Vorrang der Liebe und des Handelns vor der Theorie anzuerkennen; die irreduzierbare Ursprünglichkeit der Praxis aufzuzeigen«.

Und trotzdem – tröstlich: Das philosophische Leben ist kein sinnloses Unterfangen, das Denken bei Blondel nicht gedemütigt. Seine Antwort liegt – in gut katholischer Tradition – im »et-et«[23]: Denn die lebensnahe Praxis erfordert zugleich die Sicherstellung der souveränen »Freiheit des Denkens« durch Verstand und Vernunft, auch

---

[22] Vgl. den sich wiederholenden Gedanken in: Point 536/79; 547/96; 549f./99; 560/114.
[23] Vgl. insgesamt hierzu Pascal-Bild (2011).

durch die Abstraktion der Begriffe, da es »keine Sicherheit ohne Licht« gibt (Illusion (216) 121/67).
Doch zunächst muss der Ausgangspunkt noch deutlicher bestimmt und die Philosophie auf ihre Aufgaben hin näher befragt werden.

3.2 Vom Selbstverstehen der Philosophie

Die Philosophie versteht sich selbst durch den Philosophierenden als konkreter Lebensvollzug mit eigener Dignität, eingereiht unter allen anderen hierarchisch gestuften Lebensvollzügen (actions) innerhalb des Determinismus der ›action‹. Da L'Action (1893) methodisch streng phänomenologisch aufgebaut ist, bezeichnet der »*déterminisme*« den unverbrüchlichen, notwendigen Zusammenhang der Phänomenketten untereinander. Erst *im* und durch das philosophierende Subjekt finden die Phänomene zur Einheit zusammen[24]. Auf die Weise der transzendentalen Phänomenologie hat die Philosophie die Aufgabe und die Fähigkeit, das *Ganze der Wirklichkeit zu überblicken* (vgl. Point, 550/99), und ist damit auf die universale Realität gerichtet (vgl. Point 558/110), was zur Folge hat, dass sie gleichzeitig ein zweites Problem, nämlich das der inneren Angleichung des Subjekts an sich selbst – durch die Suche nach Sinn und Bestimmung –, zu leisten hat. Allerdings hat dies der Philosoph in methodischer Genauigkeit zu tun, ohne feste Behauptung oder Urteil, die Analyse einer »aufschiebenden Reserve« (Point, 551/101) zu unterwerfen, bevor man nicht die Gesamtheit der Phänomenkette in der Erkenntnis durchschritten hat. Mit der philosophischen »réflexion« hat die Wirklichkeit zunächst keinen objektiven Charakter, sondern über das Sein oder Nichtsein wird erst entschieden, wenn »die gesamte Reihe der Möglichkeitsbedingungen denkend und handelnd durchschritten ist« (Hooff, Blondel (2009) 68).
Die Philosophie hat schließlich »*autoontologischen Charakter*«, da sich erst nach dem letzten Schritt der Phänomenologie – durch die *Entscheidung* – der seinshafte Charakter von Wirklichkeit zeigt. Weil die Philosophie diese Doppelaufgabe zu bewältigen hat und in das Geschick des Einzelnen verwickelt ist, um dem »Bedürfnis nach Sein, Ewigkeit und Glück« (Point 558/110) entsprechen zu können, überschreitet sie sich in der *Tat* selbst zum Unendlichen hin, setzt das

---

[24] Vgl. Henrici, TheolPhil (2009) 289.287.

Universum und Gott. Dieses Übersteigen geschieht im Akt des Philosophierens aus der Immanenz des Lebens, in dem dieses an der ihn einfaltenden ›action‹ des Ganzen teilhat. Das von ihm inhaltlich zu ergründende Geheimnis ist ihr bereits im Lebensvollzug immer schon gegenwärtig. Er transzendiert im philosophierenden Geschehnis die Philosophie als Gedachtes, denn alles Denken ist ›action‹ und Erkenntnis zugleich[25]. In dieser Dialektik zwischen Immanenz und Transzendenz verbleibt ein Restbestand, eine aufzudeckende Unterscheidung und Differenz, »die der Beziehung zwischen dem Gedanken und dem Gedachten, zwischen der Erkenntnis und dem Erkannten innewohnt« (Hooff, Ziel (2007) 193) und die zugleich die Philosophie in einer dauernden Bewegung hält:
»Die Philosophie zielt von ihrem Ausgangspunkt an auf die ständige Bewegung und sucht Festigkeit nur in der Ausrichtung ihres Ganges« (Point 555/106).
Ihre Aufgabe liegt in der Justierung der Bewegung, die aus den Erfahrungen und den Reflexionen heraus prospektiv geschieht (vgl. Point 550/100) und in der Inventarisierung des im Wollen bereits Verwirklichten oder noch zu Verwirklichenden. Sie sollte jedoch darauf achten, sich stets *in fieri* und nicht lediglich *in esse* zu befinden.

3.2.1 Die »Fehler« ideologisierender Philosophen

Und dennoch widersteht die Philosophie den Versuchungen abstrakter Ideologien nicht, und, indem sie die Dialektik (Heterogenität bei gleichzeitiger Solidarität) zwischen der *analytischen réflexion* und der *synthetischen prospection* missachtet und sich in Zerrbildern abstrakter Ideologien verflüchtigt, verpasst sie den rechten Ausgangspunkt (vgl. Point 530/71). Denn die praktische Erkenntnis kann man nicht von der spekulativen isolieren noch beide einander entgegensetzen (vgl. Point (345)/93) noch sind sie aufeinander rückführbar.
Allen ideologischen Ansätzen ist gemein, dass sie letztlich durch die einseitige Beschränkung auf die abstrakte ›réflexion‹ die Idee der ›action‹ bestimmen wollen, anstatt dieselbe auf die ›action‹ hin zu leben. Der Grundfehler besteht immer wieder darin, das Handeln mit der Idee des Handelns zu identifizieren, die »praktische Erkenntnis mit

---

[25] Illusion (211) 115/60: »Wenn auch die Erkenntnis der Extrakt und der Restbestand des Lebens ist, das sich darin konzentriert und sich projizierend darstellt, so übersteigt der Erkenntnisakt selbst, der diese Synthese bewerkstelligt, die abstrakte Repräsentation, die vom Leben zurückbleibt.«

dem Bewusstsein, das man von ihr hat«, zu verwechseln und damit das Denken vom Leben zu trennen (vgl. Point 536/80). Dann aber würde die dynamische ›action‹, der acte, in ein durch ein bloßes analytisches Verfahren losgelöstes »fait« reduziert, die Wirklichkeit in Einzelstücke zerteilt (vgl. Point 538/82).

Wenn in der indirekten Retrospektion nur gehandelt wird, um zu erkennen, dann wird die dynamische Einheit des Lebensvollzugs künstlich fixiert, verglichen und durch Abstraktion generalisiert (vgl. Point 533/76. 535/78). Die Prospection bleibt hingegen jeweils handlungsleitend, während die Retrospektion das Geschehene in den Blick nimmt.

Erstens nimmt Blondel die Subjekt-Objekt-Spaltung des reinen Objektdenkens in der *Neuscholastik*, dann, *zweitens*, das Opfern des Objekts zugunsten des reinen Subjekts in der *Transzendentalphilosophie* mit der Bildung eines Systems idealer und formaler Zwecke des Handelns, *drittens* die Überbetonung der Prospection im »*Prospectianismus*« seines Rivalen *Henri Bergson* und schließlich *viertens* auch dessen Psychologisierung und damit Verabsolutierung der Intuition in Gestalt des *Intuitionismus* kritisch ins Visier[26].

Die Objekte sind weder bloße Abziehbilder des Seins, noch lassen sie sich im Erkennen reproduzieren, wie es das reine Objektdenken vorsieht (vgl. Point 539/84 mit Point 561/116).

Alle Zerrbilder ideologisierenden Philosophierens verfallen durch die Überbetonung der Retrospektion und damit der Abstraktion der Gefahr des Intellektualismus. Ein methodischer Irrtum schleicht sich dann ein, wenn die im Erkennen erkannte Wirklichkeit zu früh die phänomenale Ebene verlässt und ontologisiert wird und damit dem ontologischen Vorurteil zum Opfer fällt, wovor Blondel bereits in L'Action (1893) eindringlich warnt (vgl. Point 540/85; A (42) 76/66).

Durch diesen methodischen Fehlgriff einer »*gymnastique de la pensée pure*« (Point 543/90) aus der reinen Abstraktion – Blondel wendet sich vor allem gegen Bergson – wird die Wirklichkeit zerstückelt: Sowohl das den Menschen mit der Wirklichkeit verbindende »solidarische« Band als auch das der konkreten Dinge mit dem Ganzen alles Wirklichen (vgl. Point 558/111) werden auseinandergerissen.

---

[26] Vgl. Reifenberg, Moral (2002) 217f. mit den entsprechenden Nachweisen aus Point (1906).

3.2.2 Einheit und Differenz

Blondel hält die Zusammengehörigkeit von Mensch und Wirklichkeit, von Idee und zu erkennender Wirklichkeit, von Denken und Handeln in der zu verwirklichenden ›action‹ dagegen:
Diese inneren Inkongruenzen sind von der Erkenntnis selbst nicht auszugleichen, d. h: »*Die erkenntnismäßige Erfassung der Lebenswirklichkeit bildet keinen Ersatz für das Leben selbst*«[27]. Die Differenz, ihre *Verschiedenhaftigkeit* ist in ihrer *Zusammengehörigkeit* begründet, die sich in der Verwirklichung der ›action‹ ergibt; der Determinismus der Phänomenkette stellt sich »*hétérogène, mais solidaire*«, unterschieden, aber stets miteinander eng verflochten, dar. Die Verschiedenhaftigkeit gründet in ihrer Zusammengehörigkeit[28] und diese ereignet sich auf die Weise der lebensverwirklichenden apriorischen ›action‹, die a posteriorisch durch die Lebenspraxis jeweils einzuholen ist. Die Frage nach Sinn und Bestimmung des menschlichen Lebens kann allein durch das gelebte Leben selbst gelöst werden. In der vollendenden Zusammengehörigkeit alles Wirklichen liegt der Schlüssel zur Erkenntnis des Seins des Konkreten eingeborgen, das sich theoretisch-abstrakt und praktisch-verwirklichend darlebt. Der Erkenntnis als réflexion eignet dann aber eine »angeborene Ungenügsamkeit« (»insuffisance congénitale« Point 561/115). Die Anerkenntnis dieser Schwäche lässt sie klarer die Notwendigkeit ihrer Aufgabe sehen, sich selbst auf Wirklichkeit und Transzendenz hin zu überschreiten[29].
Der Intellektuelle arbeitet also mit einem kontingent-defizienten Instrument. Deshalb sollte gerade die *Logik* immer wieder überprüft, die Logik der Moral zu einer umfassenden nahen *Lebenspraxis* erweitert werden:

---

[27] Vgl. Hooff, Wende (2005) 260.

[28] Vgl. hierzu auch van Hooff, Ziel (2007) 194. Der Philosoph fragt, »ob und wie das Ganze … sich überhaupt in den Blick nehmen lässt, dass alles, was den Menschen auszeichnet, dabei Endgültigkeit erlangt; sein Wirklichkeitsbezug, sein Handeln, sein Denken, seine Einmaligkeit, seine Freiheit, seine Entscheidungsfähigkeit, sein Gott, sein Tod« (ebd.).

[29] »Die wesentliche Aufgabe der Philosophie ist, uns gar nicht der Philosophie zu überlassen, als ob die Philosophie hinsichtlich allem, was in uns ist, ein Monopol besäße. Vielmehr ist es ihre Aufgabe, uns dazu aufzufordern, den Schritt hinaus zu tun, uns über diesen Übergang aufzuklären und auf alles hinzuweisen …, was versucht werden muß, um den Übergang zu überqueren« (Tâche, 58).

Vor allem in »*Principe élémentaire d'une logique de la vie morale (1900/1903)*« setzt er sich intensiv und äußerst kritisch mit der formalen Logik des Stagiriten auseinander und stellt ihr die geschmeidige »*logique de la vie*« entgegen, da durch Erstere die tote Logik einer sterbenden Sprache die Wirklichkeit lediglich durch eine »Logologie« künstlich ersetzt, was auf der Isolierung der Idee gegenüber der ›action‹, des konzeptuellen Denkens (»*pensée-pensée*«) gegenüber dem wirklichkeitsbezogenen Denken (»*pensée-pensante*«) und der Superiorität der Analyse über die Synthese beruht[30].

Mit der Frage, woher die Idee der Kontradiktion kommt, schlägt er eine »*doppelte Reallogik von Inklusion/Exklusion*«, eine *Logik des zugelassenen Dritten* vor, die *theologisch* der »Logik des Evangeliums« entspricht. Sie operiert jenseits der reinen Logik der bloßen Begriffe und der einfachen Affirmation oder Negation.

Die Logik der Exklusion verschließt sich der Pluriformität der Wirklichkeit, wobei das Seiende als unzerbrechliche Totalität verstanden wird, in der sich die Diversität des Phänomens verflüchtigt. Die Theorie stellt sich vor die Praxis, die ›action‹, deren multiformen Elemente sich den rein abstrakten Bestimmungen der formalen Logik entziehen, bleibt außerhalb der exklusiven Logik, die im Vorfeld ausschließt, was sich nicht in die Einheit und Identität des Seienden einpasst. Dann aber stehen wir an der »Vorhölle des formalen Denkens«, dann sind Zeit, Ort, Ursprung, die gesamte Wirklichkeit auf »trockene Umrisse« reduziert (Pe (65/133) 375/11).

Die Phänomene sind in einer »*science complète*« als das zu nehmen, wie sie sich zeigen, »autres et simultanées et solidaires et hétérogènes dans l'homogénité de leur déterminisme« (Archives, I (XXX/14) 17339). Erst die *autoontologische Entscheidung* der im Grunde *religiösen* »*option fondamentale*« richtet über den Seinscharakter, die Wirklichkeit und den Sitz im Leben des Widerspruchs, der nicht in der Logik, sondern *mitten im Leben* Heimat findet. Ihr Instrument ist die doppelte Reallogik von Inklusion/Exklusion. Die »*steraesis*« ist nicht nur Leere, Nichts oder Indifferenz und Negation, sondern *Sprungbrett* zur Verwirklichung der Bestimmung. Sie ist der positive Ausschluss von etwas, das eingeschlossen bleibt, nämlich vom Sein des Phänomens. Auf dieser ontologischen Entscheidungsebene spielt

---

[30] Vgl. die Übersetzung und Kommentierung von Principe, in: Reifenberg, Verantwortung (2002) 521–641.

die »*steraesis positive*« die alles entscheidende Rolle, denn sie macht die unmögliche Zurückweisung des Einzig Notwendigen zur Vollendung des Menschen offenbar.

Mit diesem Lebensansatz erweist sich Blondel als Anwalt der praktischen Lebens-Erfahrung durch das Experiment des Tuns der ›action‹. Auch deshalb muss sich die Philosophie material und formal in den »Rhythmus des Lebens«[31] einbringen. Die ›action‹ vermittelt dem Denken in ihrer Dynamik das in ihr noch Unausgeschöpfte, zu Erkennende und hilft somit dem defizienten Erkennen, indem sie die vom Denken zu assimilierende Wirklichkeit unaufhörlich realisiert. Dieser *Schöpfungsprozess* befördert zugleich die Selbstverwirklichung des Menschen. Zur Demonstration der »propulsion alternative« (Point 562/116) gebraucht Blondel für die tätige Dialektik von réflexion und prospection, für den Lebensprozess zwischen Denken und Handeln das Bild des *Rades*, wie im Vocabulaire Lalande noch deutlicher ausgeführt wurde[32]:

Das sich nach vorne bewegende *Rad* steht für den *Dynamismus der ›action‹*. Das Denken in reflexivem Denkvollzug (pensée) und prospektiver Handlung (action) ist wie die Speichen an diesem Rad, die bald vor, bald hinter der Radnabe liegen, bald über ihr, bald unter ihr. Genau dieser Wechsel ist die Bedingung dafür, dass das ganze System sich vorwärtsbewegt.

Das Bild vom Rade lässt schlussfolgern, dass das Handeln dem Denken vorausginge, was nicht heißen kann, der Mensch handele ohne zu denken. Vielmehr bahnt das Handeln dem Denken den Weg, indem es ihm vorausleuchtet. Die ›action‹ vollendet verwirklichend das in sie eingewobene Denken:

»*… on cherche … à voir la pensée enveloppée dans l'action qui la prépare, la produit, la réalise et la prolonge*« (Philosophie de l'action, 251).

Aus diesem Bilde schlussfolgert Blondel nicht nur die Änderung der Blickrichtung hinsichtlich seines Wahrheitsverständnisses, sondern auch das Ziel der Philosophie:

Die *Wahrheit* entspricht der realen Lebenswirklichkeit des Handelns und Denkens und dechiffriert sie. In der Logik der praxisnahen ›action‹ übersteigt sie als »*adaequatio realis mentis et vitae*« um ein Viel-

---

[31] Point (235) 556/108; vgl. Reifenberg, Moral (2002) 224.
[32] Vgl. Lalande II, 1231; vgl. A (292) 326/318; Reifenberg, Verantwortung (2002) 161.

faches die bloß begriffliche Wahrheit einer »*adaequatio speculativa rei et intellectus*«[33]. Ziel der Philosophie ist nicht mehr nur, das Leben zu erklären, sondern es handelnd zu leben (vgl. Point 562/116), den *Augenblick* intuitiv-denkend zu umfassen und gültig auszulegen. Der Augenblick ist entscheidend. Die Philosophie schafft nicht nur ein Bild, einen Entwurf des Lebens als bloße »Welt-Anschauung«, sondern ist in den Lebensvollzug hineinverwickelt, denn sie ist wie das Leben selbst ›action‹ und ist damit Lösungsweg der Frage nach der Bestimmung, dem Vollzugsrahmen und dem Vollzugsorgan des Lebens. Die ureigenste Aufgabe der Philosophie ist es, *praxisnahe Lebensschule* zu sein, um die Reichtümer und Verantwortlichkeiten des Lebens ans Licht zu bringen (Point 568/125,126): Angleichung von Wirklichkeit an uns selbst, Selbstangleichung und Selbstfindung, Realisierung der Wirklichkeit in uns, Leben und Sterben, schließlich den Tod[34] zu erlernen:

»*Die Philosophie ist ein Erlernen des Todes, d.h. die Antizipation des wahren Lebens, des Lebens, das für uns untrennbar Erkennen und Tun ist*« (*Point (569) 127 in Verb. mit Philosophie de l'action, 234*).

Da es sich innerhalb des philosophischen Denkens um Probleme handelt, die alle Menschen angehen und von denen jeder Rechenschaft ablegen sollte, deshalb – so kommentiert Blondel ganz praktisch in einer Anfrage »*Comment doivent écrire les philosophes*« – muss sich der Philosoph in einer literarischen und gemein verständlichen Sprache ausdrücken[35]. Trotzdem ist die eine Systematik ausbildende Philosophie, von der auch ein methodischer Gebrauch zu erwarten ist, gehalten, ein präzises Begriffsinstrumentarium auszubilden, um ihre Analysen und Synthesen auf den Punkt zu bringen und um einen den intellektuellen Anforderungen entsprechenden Gesamtorganismus darzustellen (ebd. 55). Verständlich ist der Argwohn gegenüber willkürlichen oder leeren Philosophien, die esoterisch anmuten, mit Neologismen Banalitäten ausdrücken oder sich in gekünstelte Abstraktionen

---

[33] Point (235) 556/108; vgl. Reifenberg, Moral (2002) 224.
[34] Vgl. D'Agostino, Simone: La mort comme point de départ de la philosophie, in: Grätzel, Stephan/Reifenberg, Peter (Hg.): Ausgangspunkt und Ziel des Philosophierens, London (Turnshare) 2007. 103–119.
[35] Comment doivent écrire les philosophes? Ce que pense M. Blondel, in: Bourquin, Constant: Comment doivent écrire les philosophes?, Paris (éd. Monde nouveau) 1924 54–56 (= Rprt. Le monde nouveau, n. 4 (2/1923) 282–284.) mit 161 »Une lettre de Maurice Blondel«.

eines »jargon« verlieren. Obschon die Philosophen nicht durch äußere Zwänge Unierte sind, sollten sie sich um eine Einheitlichkeit bemühen, die durch gründliche ideengeschichtliche Abhandlungen und gemeinsame Anstrengungen, wie sie etwa im »Vocabulaire Lalande« zu finden sind, um eine möglichst universelle Sprache bemühen, die in eine seriös ausgearbeitete Begriffssprache mündet. Zur Erneuerung oder Ausweitung philosophischer Perspektiven und die »Reorganisation lebendiger Gedanken«, welche eine Leitidee passend zum Ausdruck bringen, ist dabei stets auch Platz für eine ausdrucksstarke Symbolik. Eine einheitliche philosophische Kodifizierung und damit eine Festlegung der philosophischen Sprache lehnt Blondel ab (ebd. 56).

IV. Intellektualität und Ergebenheit

Das philosophisch »dunkle« Schlusskapitel V. von L'Action (1893) gibt Auskunft darüber, wie Blondel katholische Intellektualität recht verstanden wissen will: Wenn das Eine Notwendige selbst kein wählbares Phänomen mehr ist, sondern das wählende Subjekt selbst bedingt[36], dann ist der Ausgang einer »Grundentscheidung« im eigentlichen Sinne bereits determiniert. Es fehlt nur noch am geeigneten Kontext, um eine Haltung ihm gegenüber dauerhaft zum Ausdruck zu bringen. Diese Haltung verlangt jedoch vom autonomen Intellektuellen das höchste Opfer, nämlich mit Hilfe einer »logique de la vie« die Aufgabe seiner Intellektualität zugunsten einer Ergebenheit in den Grund der Gnade vom Andern her.
Damit aber konterkariert Blondel die »französische Haltung« des Intellektuellen, wie sie Attali auch für Pascal beschreibt: »Er (gem. der Intellektuelle) darf keiner Methode gehorchen, keinerlei ›Bekenntnis‹ ablegen und nichts außer der Wahrheit des Denkens anerkennen. ›Durch den Raum umfasst mich das Universum und verschlingt mich wie einen Punkt: Durch das Denken umfasse ich es‹ (Frg. 113/348)« (Attali, Pascal (2006) 414).
Erst dann erfüllt nach Blondel der Intellektuelle die Anforderungen eigentlicher Intellektualität, wenn er aus einer »Philosophie ouverte«

---

[36] Vgl. Henrici, Theol. Phil. (2009) 288; vgl. ders.: Transzendent oder übernatürlich? Maurice Blondels Kritik des Religiösen, in: Raffelt, Albert: Weg und Weite. FS für Karl Lehmann. Freiburg (Herder) 2001 (269–279) (= Henrici, Kritik des Religiösen (2001) 278.

denkt, die praktische Lebensnähe sucht und sich von der ›action‹ umfasst weiß. Aus dieser Haltung kommt ihm *Weisheit* zu, die ihm durch die reine Abstraktion der reflektierenden Analyse versagt bleibt (vgl. PI, 271) und nur der liebenden »contemplation unitive« offensteht. Die Liebe erfüllt den Willen, getrieben von der »connaissance par amour.« Sie fasst die Wirklichkeit als Ganzes; die Übereinstimmung mit ihr und sich selbst führt ihn zur Erfüllungsruhe. Auf die Weise der *»Heiligkeit der Vernunft«*[37] ist es die Erkenntnis als liebendes Handeln durch »compassion«, die ihn das Sein in seinem tiefsten Wesen in der tätigen Liebe verspüren und durchdringen lässt (vgl. A (443) 477/469). Gegen eine Leben eröffnende Weisheit, »welche sieht, besitzt und verkostet« (PI, 270), verblassen die leblosen, abstrakten Konstruktionen einer rational geprägten Logik. Die synthetische, liebende Vernunft des Intellektuellen strebt auf Weisheit hin; doch letztlich sind sie auf die entgegenkommende Gnade angewiesen (vgl. PI, 273; Lalande II, 942).

Der Weg des Intellektuellen führt über die *»abnégation«*, über die Selbstverleugnung«, mit dem Ziel der eigentlichen Selbstgewinnung, von Blondel auch als *»metaphysisches Opfer«* apostrophiert (A (441) 475/467).

Deshalb schreibt er seinen Kollegen das zu Tuende ins Stammbuch und man kann sich nur vage vorstellen, wie dieser Selbstauftrag im Fach-Philosophenkreis aufgenommen wurde:

»Aufgabe des Philosophen ist es, zu erweisen, dass wir, unserem innersten Wunsch völlig konsequent bleibend, in unserem Tun bis zur buchstäblichen Treue gehen, die unvermeidlichen Erfordernisse des Denkens und gleichsam das natürliche Gebet des menschlichen Wollens zum Ausdruck zu bringen. Nichts mehr, aber auch nichts weniger« (A (407) 441/433).

Die höchste Selbstverwirklichung und die größtmögliche Angleichung des Subjekts an sich selbst und damit die Vollendungsgestalt des Menschseins geschehen in der *Öffnung zur heteronomen Bestimmung hin.* Der wahre Intellektuelle ist derjenige, der die Einsicht gewinnt, sich selbst nicht genügen zu können, seine Vollendungsbedin-

---

[37] »la véritable philosophie est la sainteté de la raison« (A (442) 476/468).

gungen nicht in sich selbst zu finden, sondern sich auf das Einzig Notwendige hin zu öffnen.

Der Kreis zur »autobiographischen« Philosophie des Willens schließt sich. Gelingt es dem Menschen, den eigenen Willen in den Gottes aufgehen zu lassen, indem er die Philosophie als Wissenschaft der Praxis in ein praxisnahes Leben überführt und dabei die innere Norm der Wirklichkeit, die ›action‹, als schlichten Lebensvollzug durch die äußere Befolgung der »pratique littérale« lebt, so lebt er zugleich auch seiner Bestimmung entgegen. Im Akt der buchstäblichen Treue, im Befolgen positiver kirchlicher Gebote sowie in der eucharistisch-sakramentalen Praxis ist dann die größtmögliche Freiheit des autonomen Subjekts verwirklicht (Vgl. A (418f.) 444f.), wenn ihm die Willensüberführung in die Heteronomie gelingt.

Denn uneitel und ergeben handeln die Kleinen und Demütigen. Im Verzicht liegt der größte Gewinn. Erst mit dieser Stufe ist die letzte Vollendungsbedingung der ›action‹ gültig verwirklicht. Die Ergebenheit führt zur Annahme. In dieser Art *philosophischer Abstinenz und gleichzeitiger ethischer Askese* findet der Intellektuelle »eine Hilfe wider sich selbst« (A (409) 375/435), er führt dadurch sein Leben praxisnah »mit mehr Sinn für die Wahrheit als alle Theosophen der Welt zusammen« (ebd.) seiner Vollendung entgegen. Tatsächlich mutet diese Passage aus L'Action (1893) wie eine Exegese der Seligpreisungen (besonders Mt 5,3) und des Magnifikats (Lk 1,46–56) an: In der Treue des Buchstabens zeigt sich das dichteste Zusammengehen zwischen göttlichem und menschlichem Tun (vgl. A (417) 451/443) und senkt sich »bis in die niedrigsten Funktionen des Organismus ein« (A (420f.) 454f/446f.). Der Philosoph lebt dann gleichsam in »*Naivität und Pietät*«[38], in intellektueller Ergebenheit. Der im eigentlichen Sinne Intellektuelle ist der *gläubige Christ als Demütiger und Kleiner vor dem unbekannten Gast* (vgl. A (340) 374/366), vor dem einzig zu vollziehenden Notwendigen. Denn in der Eucharistie zeigt sich ihm das »letztverbindliche vinculum der ganzen Erfahrungswelt«, dessen Seinsgehalt nur in der religiösen Grundentscheidung voll erfassbar und realisiert ist (Henrici, Theol. Phil. (2009) 294). Der christliche Glaube bewahrheitet sich nicht als intellektuelle Weltanschauung, sondern als praktische Lebensnähe. Blondel sucht wie schon vor ihm Newman nach einem Brückenschlag zwischen der ab-

---

[38] Vgl. Wust, Peter: Naivität und Pietät, GW II. Münster (1964), bes. 185–219.

strakten Syllogistik, die ihre den Verstand ordnende Funktion nicht verliert, und einer lebensnahen Erkenntnisweise, welche mitten in die Wirklichkeiten hineinführt:

Beide Große der Geistesgeschichte bemühen sich um eine Läuterung der theoretischen Blickverengung, um eine Vermittlung zwischen objektiv argumentierender Gewissheit (»certainity«) und subjektiv-personaler Gewissheit (»certitude«). Auffallende Übereinstimmung bei Blondel wie bei Newman herrscht auch im Verhalt, dass beide den »Volksgeist«, die Höhen der Logik der Einfachen und Kleinen gegenüber der Gelehrsamkeit der Gebildeten, hochloben, »dass eine Unze gesunden Menschenverstandes mehr tauge als ganze Wagenladungen von Logik«[39]. Entscheidend ist nicht die Intellektualität, sondern der intellektuelle und sittliche Lebensvollzug durch den Charakter der Person.

Dem kritischen Philosophen werden bei dieser Sicht der Intellektualität berechtigte Fragen bleiben. Dem Demütigen, Kleinen, dem Gläubigen wird die Einsicht geschenkt, dem Geheimnis seiner Bestimmung durch die »philosophie de l'action« nahegekommen zu sein.

---

[39] Vgl. John Henry Kardinal Newman: Entwurf einer Zustimmungslehre. Mainz 1961 (= Zustimmungslehre, 212) mit A (474) 508/499.

II.
Vergewisserung
aus dem Ursprung

HUBERTUS BUSCHE

Vinculum substantiale

Leibniz' Reformulierung seiner frühen Hypothese
im späten Briefwechsel mit des Bosses

Als Maurice Blondel der Leibniz'schen Theorie des »vinculum substantiale« 1879 auf dem Lyzeum begegnete[1] und ihr wenig später seine Doktorarbeit widmete[2], bewies er ein hervorragendes Gespür dafür, dass Leibniz ihm ein geistesverwandter Bundesgenosse bei der
Erarbeitung eines »höheren Realismus« war. Der »réalisme supérieur«, den Blondel in Leibniz' Vinculums-Theorie erhoffte und erkannte, sollte nach seiner Intention einerseits keine im Kantischen
Sinne dogmatisch-unkritische Metaphysik sein, sondern die Welt als
Inbegriff bloßer Phänomene verstehen, sollte andererseits jedoch die
bei Kant fehlende Vermittlung zwischen der phänomenalen und der
intelligiblen Welt zu denken erlauben, ja mehr noch, eine Metaphysik ermöglichen, die die christlichen Glaubensgeheimnisse zu bewahren vermag. Weil der frühe Blondel spürte, dass in Leibniz' Vinculums-Hypothese eine solche Synthese von Glauben und kritischer
Vernunft zumindest angedeutet war, wurde ihm das »vinculum substantiale« gleichsam »zum Mutterkristall, der die übersättigte Lösung seiner mehr erlebten als gedachten philosophischen Einsichten
zum Auskristallisieren brachte«[3]. Blondel wurde dessen gewahr, dass
sich mit dieser Leibniz'schen Theorie die »Trennung von Phaenomenon und Noumenon« und somit der »Riß zwischen Wissen und
Glauben« aufheben ließen, ohne dass ein Rückfall in vorkritische
Vernünftelei stattfinden musste[4].
Im Folgenden soll zu zeigen versucht werden, dass Blondels Intuition von Leibniz als dem Vorab-Überwinder eines bloßen Kritizismus

---

[1] Vgl. die Bemerkung in Blondel, Maurice: Une Énigme historique. Le »Vinculum
substantiale« d'après Leibniz et l'ébauche d'un réalisme supérieur, Paris 1930, VII.
[2] Blondel, Maurice: De vinculo substantiali et de Substantia composita apud Leibnitium, Diss. Paris 1893.
[3] Henrici, Peter: Glaubenslehren und kritische Vernunft als Grundkräfte der Metaphysik des jungen Blondel, in: Gregorianum 45 (1964) 689–738, hier 710.
[4] Scannone, Juan Carlos: Sein und Inkarnation. Zum ontologischen Hintergrund der
Frühschriften Maurice Blondels, Freiburg/München 1968, 59 f.

goldrichtig war und dass Leibniz' Hypothese vom »vinculum substantiale« in der Tat den Versuch darstellt, die Phänomenalität der Welt einerseits und die metaphysische Realität der Glaubensgeheimnisse andererseits, insbesondere der Eucharistie, zusammenzudenken. Mehr noch, es soll gezeigt werden, dass Leibniz sein metaphysisches Lehrstück des »vinculum substantiale« nur *scheinbar* ausschließlich in seinen letzten Lebensjahren und nur *scheinbar* lediglich im Briefwechsel mit dem Jesuitenpater Bartholomäus des Bosses formuliert hat. Das »vinculum substantiale« erweist sich vielmehr nur als ein neuer Terminus für eine biographisch frühe Theorie, die schon der junge Leibniz entwickelt hat und die er seitdem unter verschiedenen Bezeichnungen laufen lässt[5]. Leibniz' Vinculums-Theorie ist folglich keine randständige Ad-hoc-Hypothese des alternden Leibniz, sondern gehört ins Zentrum seiner genuinen Metaphysik. Um das nachzuweisen, sind vier Schritte einzuschlagen.

Erstens sind die *fünf unterschiedlichen Lehrmeinungen* heranzuziehen, die bislang in der Leibnizforschung bezüglich des »vinculum substantiale« vertreten werden. Zweitens soll die *Erklärungsfunktion* erläutert werden, die Leibniz mit seiner Hypothese des »vinculum substantiale« beansprucht. Drittens sollen die *Hauptmerkmale* des Leibniz'schen Konzepts vom »vinculum substantiale« herausgearbeitet werden. Und viertens schließlich ist die konzeptionelle Identität zwischen Leibniz' später, im Briefwechsel mit des Bosses manifestierter Vinculums-Hypothese einerseits und Leibniz' früher Hypothese vom göttlichen Lichtäther andererseits aufzuzeigen.

I. Fünf Forschungsmeinungen zum vinculum substantiale

Blickt man auf die Interpretationen, die Leibniz' Äußerungen über das *vinculum* in seiner fast zweihundertjährigen Deutungsgeschichte erfahren hat, so zeigt sich zweierlei: Erstens gibt es kaum eine andere Leibniz'sche Theorie, die den Auslegern derartig viel Kopfzerbrechen

---

[5] Eine erste kurze und grobe Skizze dieser Forschungsthese findet sich bei Busche, Hubertus: Vinculum substantiale – Versuch einer neuen Interpretation, in: Natur und Subjekt. IX. Internationaler Leibniz-Kongress, Hannover, 26. September bis 1. Oktober 2011. Vorträge 1. Teil, hg. v. H. Breger, J. Herbst u. S. Erdner, Hannover 2011, 141–150.

[6] Mathieu, Vittorio: Leibniz e Des Bosses (1706–1716), Turin 1960.

bereitet hat wie das *vinculum substantiale*. Und zweitens gibt es kaum eine andere Theorie, die von den Interpreten derartig kontrovers beurteilt wurde. In den nicht gerade zahlreichen Untersuchungen, die dem *vinculum* in der bisherigen Forschung gewidmet wurden, lassen sich – grob betrachtet – fünf unterschiedliche Beurteilungen dieses Lehrstücks unterscheiden. Diese lassen sich staffeln nach dem eingeschätzten Grad an Verbindlichkeit und Nähe, den das *vinculum substantiale* zum Zentrum der Leibniz'schen Metaphysik haben soll.

1. Inzwischen eher in der Minderzahl sind diejenigen Forscher, die im *vinculum substantiale* ein tragendes, wesentliches oder gar notwendiges Element der Leibniz'schen Metaphysik sehen. Zu ihnen zählen etwa Vittorio Mathieu[6], Christiane Frémont[7] oder Herbert Herring, dem das »vinculum« als »legitimer Bestandteil des Leibniz'schen Denkens« gilt. Seine »verhältnismäßig späte Einführung« verdanke sich dem Bedürfnis Leibnizens, seine Lehre gegenüber den Einwänden der Kritiker »zu klären und zu erklären«[8].

2. Schon größer ist die Anzahl derjenigen, die im *vinculum substantiale* ein durchaus entbehrliches Anhängsel sehen, das der Leibnizschen Metaphysik äußerlich bleibe und bloße Spezialinteressen verfolge. So hat schon Kuno Fischer im *vinculum* nur eine theologisch motivierte Hilfskonstruktion zur Verteidigung der Transsubstantiation sehen wollen[9]. Und noch jüngst gelangt etwa Michael-Thomas Liske zu der Einschätzung, die Lehre vom »vinculum« sei »kein notwendiger Bestandteil« von Leibniz' sonstigen »metaphysischen Grundannahmen«, sondern bilde »allenfalls eine mit ihnen konsistente Denkmöglichkeit« und gehöre somit zu den das System erweiternden »Zusatzannahmen«[10].

3. Einige Forscher vertreten sogar die noch stärkere These, dass Leibniz' Theorie des *vinculum substantiale* unvereinbar mit seiner Mona-

---

[7] Frémont, Christiane: L'être e la relation. Avec trente-sept lettres de Leibniz au R. P. Des Bosses, Paris ²1999.

[8] Herring, Herbert: Über die formes substantielles und das vinculum substantiale bei Leibniz, in: Akten des Vierten Internationalen Kant-Kongresses, Mainz, 6. bis 10. April 1974, Teil 2, 1: Sektionen, hg. v. G. Funke, Berlin/New York 1974, 22–29, hier 27.

[9] Fischer, Kuno: Gottfried Wilhelm Leibniz, Heidelberg ⁵1920, 373 f.

[10] Liske, Michael-Thomas: Gottfried Wilhelm Leibniz, München 2000, 107.

denmetaphysik sei. Sie sehen in Leibniz' später Hypothese ein unfreiwilliges Eingeständnis der Unzulänglichkeit seines ganzen Systems, das sich schließlich in unverbindlichen Hypothesen verliere. So schreibt etwa schon Berta Elsinger in ihrer Wiener Dissertation von 1918: »Das vinculum substantiale entspricht nicht den Grundsätzen der Monadenlehre, aber, wenn wir es weglassen, zeigt sich, dass der Fehler tiefer wurzelt: alle Widersprüche, die jene Theorie enthält, tauchen wieder auf, und wir stehen statt vor einer gewaltsamen Erklärung vor einer Anzahl von Hypothesen, deren keine befriedigt«[11].

4. Während den ersten drei Grundansichten immerhin gemeinsam ist, dass sie die Lehre vom *vinculum* für eine echte Überzeugung halten, die Leibniz aufrichtig vertrete, artikuliert eine vierte Fraktion gerade Zweifel hieran. Sie hält das *vinculum substantiale* eher für eine Art Ad-hoc-Hypothese oder ein Gedankenexperiment angesichts eigener Unzufriedenheit mit seiner Theorie[12], wenn nicht gar für eine bloß diplomatische oder strategische Akkomodation an den Standpunkt von des Bosses. Diese letztgenannte Deutung vertritt erstmals Guhrauer 1835, der das *vinculum* zu einer »hypothesis fere arbitraria« abwertet, mit der Leibniz lediglich den unbequemen Fragen des Jesuiten habe Genüge leisten wollen. Das *vinculum* sei derartig weit davon entfernt, eine echte »Erweiterung (augmentum)« oder »Ergänzung (complementum)« der Leibniz'schen Monadologie und Ontologie zu sein, dass es vielmehr ein »Hindernis (impe-

---

[11] Elsinger, Berta: Das ›vinculum substantiale‹ im System des Leibniz, hs. Phil. Diss., Wien 1918, 77.

[12] Look, Brandon: Leibniz and the ›Vinculum substantiale‹, Stuttgart 1999 (Studia Leibnitiana, Sonderheft 30) = Look (1999), 15, zitiert zugunsten dieser Auffassung eine Äußerung Leibnizens gegenüber des Bosses, in der er seine Befürchtung äußert, dass seine »zu verschiedenen Zeiten« während des langen Briefwechsels dargelegten Ausführungen über die Monaden »untereinander nicht genügend gut kohärent« sein könnten, zumal er ja »das Argument von der Erhebung der Phänomene zur Realität, d.h. von den zusammengesetzten Substanzen, lediglich bei Gelegenheit« der Briefe von des Bosses »abgehandelt habe« (an des Bosses, 30. Juni 1715, GP II 499). (Die Sigle GP bezieht sich im Folgenden auf Band und Seite der Edition von Carl Immanuel Gerhardt: Die philosophischen Schriften von Gottfried Wilhelm Leibniz, 7 Bde., Berlin 1875–1890, Neudruck Hildesheim, New York 1978). – Gegen diese angebliche Stütze der vierten Forschungsmeinung ist jedoch einzuwenden, dass Leibniz viele echte Vertiefungen seiner Lehre gerade nur in Gelegenheitsschriften erarbeitet hat.

[13] Guhrauer, Gothoschalcus Eduardus: Leibnitii de unione animae et corporis doctrina, Diss. Berlin 1835, 41.

dimentum)«, ja einen »Absturz (labes)« darstelle, der vom innersten Geist der Leibniz'schen Lehre wegführe[13]. Guhrauers Anbiederungsthese wurde 1839 unkritisch nachgesprochen von Karl Moriz Kahle, für den »das ganze *vinculum substantiale* nur eine Accomodation an die Vorstellungsweise von des Bosses enthalten« habe[14], ferner 1914 von Rösler, für den »das Vinculum substantiale [...] nur eine hypothetische, in keiner Weise ernst gemeinte Konstruktion« darstellt[15], aber auch noch von Bertrand Russell, der sich in der Mutmaßung erging, das »vinculum« sei »rather the concession of a diplomatist than the creed of a philosopher«[16].

5. Im Unterschied zu allen bisher referierten Forschungsmeinungen gelangt Brandon Look 1999 in der differenziertesten Studie, die in jüngster Zeit zum *vinculum* erschien, zum skeptischen Resultat der Unentscheidbarkeit. Deshalb vertritt er »a form of agnosticism with respect to the question of Leibniz's actual commitment to the doctrine in general; in my view, it is impossible to determine whether or not Leibniz actually believed in the doctrine«. *Gegen* die Ernsthaftigkeit dieser Lehre spreche erstens, dass es sich um einen befremdlichen, einen »fancyful view« handle und dass dieser zweitens noch »inconsistent with much of his mature philosophy«, ja sogar inkonsistent mit anderen Äußerungen innerhalb des Briefwechsels mit des Bosses sei. *Für* eine gewisse Überzeugtheit Leibnizens vom *vinculum substantiale* spreche dagegen erstens, dass es vernachlässigte Quellen gebe, die nahelegen, dass sich Leibniz' Diskussion des *vinculum* keineswegs auf den Briefwechsel mit des Bosses beschränke. Zweitens sei die These einer bloßen Akkomodation an den Jesuiten auch unplausibel, da Leibniz hinsichtlich der Natur des *vinculum* stets die Gegenmeinung zu des Bosses vertrete[17]. Am Ende räumt Look jedoch durchaus ein, dass das *vinculum substantiale* zwei wirkliche Problemlösungspotentiale enthalte. Es sei nämlich gedacht als erklärendes Konzept sowohl für die Möglichkeit der Transsubstantiation als auch für die Wirklichkeit der Verbindung zwi-

---

[14] Kahle, Karl Moriz: Leibnizen's vinculum substantiale, Berlin 1839, 32.
[15] Rösler, E.: Leibniz und das Vinculum substantiale, in: Archiv für Geschichte der Philosophie 27, N.F. 22 (1914) 449–456, hier 456.
[16] Russell, Bertrand: A Critical Exposition of the Philosophy of Leibniz, London ²1937, 152.
[17] Look (1999), 15.

schen Leib und Seele und somit auch für die Einheit organischer Körper[18].

In Übereinstimmung mit der ersten Forschungsthese und im Gegensatz zu den Forschungsmeinungen 2 bis 5 soll im Folgenden gezeigt werden, dass das *vinculum substantiale* nicht nur eine echte Überzeugung Leibnizens ist, die zum Kern seiner Monadenlehre und Präetablierten Harmonie[19] gehört, sondern dass Leibniz dieses Konzept auch außerhalb des Briefwechsels mit des Bosses vertritt, und zwar schon seit seinen frühesten Schriften. Es wird dort nur aus teilweise anderer Perspektive und in einem anderen Vokabular vorgetragen, zu dem der »Kern der Substanz (flos substantiae)«, aber auch der »Äther (aether)« gehören. Da das Lehrstück vom *vinculum substantiale* im Briefwechsel mit des Bosses eine klar bestimmte Erklärungsfunktion innehat, ist zunächst zu fragen: Was ist das zu erklärende Spektrum an Phänomenen (das Explanandum), für welches das *vinculum substantiale* der erklärende Grund (das Explanans) sein soll?

II. Was das vinculum substantiale erklären soll

Leibniz kommt auf das systematische Problem, auf welches das »vinculum substantiale« eine Antwort geben soll, schon in seinem zweiten Brief an des Bosses vom 2. Februar 1706 zu sprechen. Es handelt sich um einen Einwand von Pater Tournemine, den Leibniz zunächst referiert, um ihn dann zu entkräften. Tournemines Kritikpunkt besagt: Die Skizze der Präetablierten Harmonie, die Leibniz 1695 im *Système nouveau* publiziert habe, »erklärt eigentlich nicht die Vereinigung selbst«, die »zwischen Seele und Körper« bestehe. Hierauf erwidert Leibniz, dass seine Absicht im *Système nouveau* auch bloß darin be-

---

[18] Ebd. 13 f.

[19] Um der Klarheit der Bedeutung willen wird im Folgenden die Übersetzung »Präetablierte Harmonie« zugrunde gelegt, da das französische Lehnwort eine einsehbare Bedeutung hat. Die lateinische Lehnrede »Prästabilierte Harmonie« ist dagegen nichtssagend bis irreführend, denn »praestabilita« kommt vom Verb »stabilio« (»ich richte ein«). »Harmonia praestabilita« ist also eine »im vorhinein eingerichtete Harmonie«, wie es in Leibniz' französischem Äquivalent »harmonie préétablie« auch hervorragend zum Ausdruck kommt. Weil aber das lateinische Kompositum »praestabilitus« im klassischen Latein nicht üblich ist, bleibt seine Bedeutung völlig im Trüben, so dass es nicht wunder nimmt, wenn man z.B. gelegentlich sogar von einer »Prästabilisierten Harmonie« liest, als ginge es Leibniz um eine Harmonie, die »vorab stabilisiert« worden wäre.

standen habe, »die Phänomene zu erklären, dass aber die Vereinigung weder zu den Phänomenen zu zählen sei noch als hinreichend beschrieben gelten könne«[20]. Dies ist ein klarer Hinweis darauf, dass Leibniz bei seiner *Präetablierten Harmonie*, die ja gerade die Vereinigung zwischen Leib und Seele erklären soll, ein hintergründiges Konzept vor Augen hat, das er dem Publikum nur andeutet, aber nicht erläutert. Dieser Wink wird zusätzlich gestützt durch die Andeutung einer gleichsam esoterischen Dimension seiner Metaphysik, die Leibniz in einer Erläuterung zum *Système nouveau* selbst macht: Er habe nämlich noch »weitere Beweise« für seine Hypothese in der Hinterhand, die allerdings »tiefgründiger« seien, so dass sie hier, in der publizierten Schrift, nicht genannt zu werden bräuchten[21].

Die privilegierte Stellung, die der Jesuit Bartolomäus des Bosses unter Leibniz' Briefpartnern genießt, zeigt sich nun darin, dass Leibniz jene metaphysische Vereinigung zwischen Leib und Seele, die er in seinen exoterischen Schriften nur unzulänglich erörtert, des Bosses nach und nach andeutet, und zwar so, dass er nicht direkt mit der Tür ins Haus fällt, sondern dass er des Bosses zunächst nur Stichwort für Stichwort gibt, das seinen Korrespondenten – ähnlich wie in der Sokratischen Maieutik – zum Nachdenken und Auffinden der intendierten Zusammenhänge veranlassen soll. Wie schon Brandon Look herausfand, verfährt Leibniz bei der Auswahl dessen, was er des Bosses einerseits mitteilt, andererseits verschweigt, äußerst reflektiert. Der erste Brief, in dem Leibniz dem Pater sein Vinculum-Konzept anbietet, stammt vom 14. Februar 1706. Die folgende Passage, die er gleich wieder streicht, des Bosses also zunächst gerade *nicht* anbietet, zeigt zum einen die Verknüpfung mit der Monadenlehre und erläutert zum anderen, was mit Hilfe des Vinculum-Konzepts überhaupt erklärt werden soll:

---

[20] »Cum Gallus vestrae Societatis, vir doctus et ingeniosus, quaedam contra meam explicationem consensus inter animam et corpus objecerit, quod scilicet proprie non explicet ipsam unionem, respondi, consilium mihi fuisse tantum phaenomena explicare, unionem autem neque ex numero esse phaenomenorum, nec satis haberi descriptam, ut ejus interpretationem aggredi audeam« (an des Bosses, 2. Februar 1706, GP II 296).

[21] »Il est vray que j'en ay encor d'autres preuves, mais elles sont plus profondes, et il n'est pas necessaire de les alleguer icy« (*Extrait d'une lettre de M.D.L. sur son Hypothese de philosophie*, GP IV 501). Wichtig ist auch folgende Bemerkung: »Peut estre que je n'avance rien de trop hardi, si je dis, de pouvoir demonstrer tout cela; mais à present il ne s'agit que de le soutenir comme une hypothese possible et propre à expliquer les phenomenes« (*Eclaircissement des difficultés de M. Bayle*, GP IV 518). Vgl. auch *Monadologie* § 59.

»Die Vereinigung, bei deren Erklärung ich auf eine Schwierigkeit stoße, ist die, welche verschiedene einfache Substanzen oder Monaden, die in unserem Körper existieren, mit uns so verbindet, dass daraus Eines wird; und es ist nicht hinreichend klar, wie über die Existenz der einzelnen Monaden hinaus ein neues Existierendes entsteht, es sei denn, dass sie durch ein Band des Kontinuums verbunden werden, welches uns die Phänomene erkennen lassen?«[22]

Der Passus belegt: Das *vinculum substantiale*, das hier noch »Band des Kontinuums (vinculum continui)« heißt, dient der Erklärung jener schwierigen Frage, wie aus zahlreichen Monaden jene für sich bestehende Einheit eines Organismus resultieren kann, die nicht ein bloßes *unum per aggregatum* ist, sondern ein *unum per se*.

Leibniz macht im Anschluss zu diesem Passus klar, dass seine Hypothese vom Vinculum eine Zusatz- oder Ergänzungshypothese zu einer verabsolutiert verstandenen Monadenlehre ist, die er in einigen seiner Schriften experimentell vertritt. Nach dieser verabsolutierten Lesart, die man als »Panmonadismus« bezeichnen kann[23], gibt es überhaupt nur Monaden: Alles (pan), was ist, sind Monaden. Körper wären hiernach »bloße Phänomene«, und zwar nicht im Sinne der aristotelischen Real-Erscheinungen, die in körperlichen Substanzen gründen, sondern vielmehr im bloßen Sinne wohlgeregelter Phantasmen, d.h. rein mentaler, innerer Erscheinungen, die von bloßen Imaginationen nicht zu unterscheiden sind. Die panmonadistische Lesart der Monadentheorie kennt keine einzige Realität außerhalb der Monaden. Da Monaden aber zunächst nur durch interne Tätigkeiten bestimmt sind, nämlich durch Perzeptionen und Begehrungen (Appetitionen), erlaubt die panmonadistische Lesart für sich genommen es nicht, körperliche oder zusammengesetzte Substanzen zu denken. Erst recht nicht kann die panmonadistische Lesart die Einheit von Organismen erklären.

---

[22] »Unio in qua difficultatem explicandi reperio ea est quae diversas substantias simplicies seu Monades in corpore nostro existentes nobiscum ita jungit, ut unum inde fiat; nec satis apparet quomodo praeter singularum Monadum existentiam novum existens oriatur, nisi quod vinculo continui conjunguntur quod phaenomena nobis exhibent« (der Passus fehlt in GP; er findet sich bei Look (1999), 69 f.).

[23] Zur Unterscheidung zwischen einer panmonadistischen und einer ubiquomonadistischen Interpretation der Monadenlehre vgl. Busche, Hubertus: Leibniz' Weg ins perspektivische Universum. Eine Harmonie im Zeitalter der Berechnung, Hamburg 1997, 528 ff. (= Busche (1997)).

Leibniz lässt zwar gegenüber des Bosses keinen Zweifel daran, dass die panmonadistische Hypothese wegen ihrer Einfachheit und wegen ihres Minimalismus an Voraussetzungen von großer philosophischer Attraktivität ist. Umgekehrt räumt er jedoch auch ein, dass sie erhebliche Erklärungsdefizite hat: »Diese Hypothese ist in vielerlei Hinsicht vorzuziehen. Wir brauchen für die Philosophie, im Gegensatz zum Übernatürlichen, kein anderes Ding als Monaden und ihre inneren Modifikationen. Aber ich fürchte, dass wir das Geheimnis der Inkarnation und anderes nur erklären können, wenn reale Bänder oder Vereinigungen hinzukommen«[24].

Wer die Schriften des frühen Leibniz kennt, weiß, dass er hier mit dem christologischen Terminus der »Inkarnation« nicht etwa nur das theologische Spezialproblem der Fleischwerdung Christi bezeichnet, sondern vielmehr – in Übereinstimmung mit dem Sprachgebrauch der frühen Kirchenväter – das philosophische Leib-Seele-Problem überhaupt[25]. Das obige Zitat besagt demnach, dass die panmonadistische Lesart der Monadenlehre, der zufolge ausschließlich Monaden existieren und nichts außerdem existiert, die realen Manifestationen der Monaden in Körpern, erst recht aber die Einheit von Organismen, nicht erklären kann. Folglich ist die Hypothese des *vinculum substantiale* der Versuch Leibnizens, die von ihm so genannten »zusammengesetzten« oder »körperlichen Substanzen« zu erklären, das heißt – nach modernem Sprachgebrauch – die Organismen. Diese ergänzende Hypothese aber bringt, im Unterschied zur bloß panmonadistischen Interpretation, eine extramonadische Realität ins Spiel. Die Hypothese vom *vinculum substantiale* sucht folglich nach etwas, »das sich eignet, den Phänomenen außerhalb von perzipierenden Wesen [Monaden] Realität zu verschaffen, d.h. was eine zusammengesetzte Substanz konstituiert. [...] Eine zusammengesetzte Substanz, d.h. diejenige, die wahrhaft ein Eines-durch-sich (unum per

---

[24] »Nam Hypothesis illa multis modis placet. Nec aliqua alia re, quam Monadibus earumque modificationibus internis, ad Philosophiam oppositis supernaturalibus, indigemus. Sed vereor, ut mysterium Incarnationis aliaque explicare possimus, nisi vincula realia seu uniones accedant« (an des Bosses, 10. Oktober 1712, GP II 461).

[25] Vgl. etwa die frühe Aufzeichnung zur Leib-Seele-Union von 1669/1670, die unter dem Titel »De incarnatione Dei seu De unione hypostatica« überliefert ist, A VI 1, 532–535. (Die Sigle A bezieht sich im Folgenden stets auf Band, Seite und ggf. Zeile der Akademie-Ausgabe.)

se) ausmacht, existiert aber nur dort, wo es eine herrschende Monade mit einem lebendigen organischen Körper gibt«.[26]

Anders gesagt, sucht Leibniz die Einheit des Organismus auf die folgende Weise zu erklären: »Ich glaube, dass eine körperliche Substanz in Wahrheit nur dort eingeräumt werden darf, wo ein organischer Körper mit einer herrschenden Monade, d.h. etwas Lebendiges existiert, d.h. ein Tier oder das Analogon eines Tieres, und dass die übrigen Dinge bloße Aggregate sind, d.h. ein Eines durch Zufall (unum per accidens), nicht ein Eines durch sich (unum per se)«[27]. Genau diese für sich bestehende Einheit des Organismus ist es, die durch die bloße Theorie isolierter Monaden oder einfacher Substanzen (also durch die panmonadistische Lehre) nicht hinreichend erklärt werden kann, sondern der Ergänzung durch die Hypothese des *vinculum substantiale* bedarf: »Monaden konstituieren auch keine vollständige zusammengesetzte Substanz, weil sie kein Eines durch sich (unum per se) ausmachen, sondern ein bloßes Aggregat bilden, falls nicht ein substantielles Band hinzukommt«[28].

Die Zusammenhänge, die Leibniz mit Hilfe seiner Vinculum-Theorie zu erklären beansprucht, lassen sich anschaulich anhand des nachstehend abgebildeten Schemas illustrieren, in dem die Monaden (in Auswahl) durch einige Schnittpunkte symbolisiert sind. Das Problem besteht zum einen im zu erklärenden Verhältnis zwischen der von Leibniz so genannten »herrschenden Monade« (die das entelechiale Steuerungszentrum eines Organismus ausmacht) und den »untergeordneten Monaden«, die überall innerhalb des Organismus verstreut sind, zum anderen in der durch den äußeren Kreis symbolisierten Einheit des organischen Körpers (Organismus) im Ganzen, die kraft des Zusammenwirkens der herrschenden Monade mit den untergeordneten Monaden erzeugt wird:

---

[26] »Inquisitione dignum est, quidnam excogitari, quod sit aptum ad realitatem phaenomenis extra percipientia conciliandum, seu quid constituat substantiam compositam. [...] Nulla autem est substantia composita seu revera constituens unum per se, nisi ubi est Monas dominatrix cum corpore vivo organico« (an des Bosses, 21. April 1714, GP II 485 f.).

[27] »Quoniam revera nullam substantiam copoream admittendam puto, nisi ubi est corpus organicum cum Monade dominante, seu vivum, animal scilicet, vel animali analogum, caeteraque esse aggregata pura, seu unum per accidens, non unum per se« (an des Bosses, 23. August 1713, GP II 481 f.).

[28] »Et monades non constituunt substantiam completam compositam, cum non faciant unum per se, sed merum aggregatum, nisi aliquod substantiale vinculum accedat« (an des Bosses, 26. Mai 1712, GP II 444).

Zur Erklärungsfunktion des vinculum substantiale

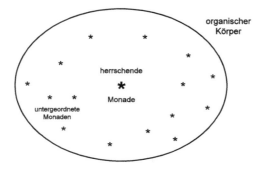

Die Hypothese des *vinculum substantiale* setzt also einerseits die
›atomistische‹ (d.h. die unverbundene Vielheit der Monaden verab-
solutierende) Lesart des Panmonadismus als gültig voraus, ergänzt
sie jedoch andererseits um ein Konzept, das gerade den Zusammenhang zwischen der herrschenden Monade einerseits, welche die Einheit des Organismus stiftet, und dem organisierten Körper andererseits zu erklären sucht: »Denn wenn es keine solchen Monaden, wie
ich sie konzipiere, gibt, dann denken wir auch vergeblich über ihr
Band nach. Jetzt aber komme ich zu der Frage, ob dieses Band, wenn
es existiert, etwas Substantielles ist. Dieser Ansicht bin ich, und andernfalls erkläre ich es für nutzlos; denn wie wird es sonst eine zusammengesetzte Substanz ausmachen, um deretwillen es einzig [!]
eingeführt wird«[29].
Aus der unzulänglichen Erklärungsleistung der bloßen (d.h. panmo-
nadistisch verstandenen) Monadenlehre zieht Leibniz also nicht
etwa den Schluss, dass die reine Monadenlehre als solche preiszu-
geben sei. Was Leibniz preisgibt, ist vielmehr nur der Panmonadismus, den er jedoch in dieser Radikalität auch nur selten und nur in
strategischer Absicht vertreten hat. Der *Panmonadismus* ist zu rela-
tivieren durch einen *Ubiquomonadismus*, dem zufolge nicht etwa alles Monade ist, sondern demzufolge zwar überall Monaden existieren, die aber eine von ihnen unabhängige materielle Realität durch-

---

[29] »Haec merito praemisi; nam si nullae sunt Monades quales concipio, frustra de earum vinculo deliberamus. Nunc ad quaestionem venio, utrum hoc vinculum, si datur, sit aliquid substantiale. Ita mihi visum est, et alioqui inutile judico; quomodo
enim alias substantiam compositam faciet, cujus gratia unice introducitur?« (An des
Bosses, 19. August 1715, GP II 503).

dringen[30]. Dieser erweiterte Standpunkt wird ermöglicht durch die Theorie des »vinculum substantiale«, und damit gehen wir nun vom Explanandum zum Explanans selbst über.

III. Die Hauptmerkmale der Theorie des vinculum substantiale

Die hintergründige Lehre vom *vinculum substantiale,* die Leibniz seinem Briefpartner des Bosses mehr andeutet als erläutert, ist durch sieben hauptsächliche Merkmale charakterisiert, die im Folgenden nacheinander zu verdeutlichen sind.

Erstens stellt das »vinculum substantiale« ein *zusätzliches Absolutes* zu den Monaden dar. Hiernach existiert außerhalb bzw. zusätzlich zu den Monaden noch ein Absolutes, d.h. etwas, das sich nicht auf die internen Tätigkeiten der Monaden, d.h. die Perzeptionen und Strebungen (Appetitionen), zurückführen lässt: »Das substantielle, zu den Monaden zusätzlich hinzugefügte Band ist, nach meiner Ansicht, etwas Absolutes, das im Ablauf der Natur exakt den Affektionen der Monaden, nämlich den Perzeptionen und Appetitionen korrespondiert, so dass man in der Monade ablesen könnte, in welchem Körper sich ihr Körper befindet; auf übernatürliche Weise kann das substantielle Band jedoch von den Monaden unabhängig sein«[31]. Während die Monaden ihre Perzeptionen je nach den sie umgebenden Körpern verändern, ändert das zu den Monaden hinzugefügte Band jedoch merkwürdigerweise nichts an den Phänomenen, die die Monade hat: »Das substantielle Band, d.h. das Substantielle, das den Monaden hinzugefügt ist, welches die zusammengesetzte Substanz formal ausmacht und die Phänomene realisiert, kann unbeschadet der Mona-

---

[30] Zum Leibniz'schen Ubiquomonadismus vgl. Busche, Hubertus: Leibniz' Weg ins perspektivische Universum. Eine Harmonie im Zeitalter der Berechnung, Hamburg 1997, 525 ff. (= Busche (1997)). Dieser Standpunkt artikuliert sich an Stellen, in denen es z.B. heißt: »cum ubique Monades seu principia unitatis sint in materia [!], consequitur hinc quoque infinitum actu dari« (an des Bosses, 14. Februar 1706, GP II 301); oder »Ubique igitur in materia [!] sunt substantiae, ut in linea puncta« (Communicata ex disputationibus cum Fardella, 1690, A VI 4, 1671, 6 f.).

[31] »Vinculum substantiale superadditum Monadibus, mea sententia est absolutum quoddam, quod etsi in naturae cursu accurate respondeat monadum affectionibus, nempe perceptionibus et appetitionibus, ita ut in Monade legi possit, cui corpori corpus ejus insit; supernaturaliter tamen vinculum substantiale potest esse a Monadibus independens [...]« (an des Bosses, 24. Januar 1713, GP II 474).

den verändert werden«[32]. »Die Einheit der körperlichen Substanz in einem Pferd entspringt nicht irgendeinem Rückstoß (refractio) der Monaden, sondern dem zusätzlich hinzugefügten substantiellen Band, durch das sich in den Monaden selbst gar nichts ändert«[33].

Zweitens ist das »vinculum substantiale« eine *reale Substanz,* die zwischen den Monaden besteht. Das substantielle Band ist insofern zwar außerhalb der Monaden, aber nicht außerhalb des Substantiellen: »Ich sehe nicht, wie man begreifen könnte, dass das, was die Phänomene real macht, außerhalb der Substanz ist. Denn jenes Realisierende muss bewirken, dass die zusammengesetzte Substanz etwas Substantielles außerhalb der Monaden enthält; andernfalls wird es keine zusammengesetzte Substanz geben, d.h. die Dinge werden dann bloße Phänomene sein«[34]. Dieses Zitat belegt deutlich, dass Leibniz die unfreiwillige Konsequenz der bloß panmonadistischen Variante seiner Lehre, der zufolge dann die Phänomene eben »bloße Phänomene«, d.h. irreale Erscheinungen im Sinne purer Phantasmen, und nicht etwa wohlbegründete, mithin reale Erscheinungen (phaenomena benefundata sive phaenomena realia) wären[35], als unbefriedigend einstuft und überwinden will. Zugleich ist das *vinculum substantiale* als die reale Substanz, welche »die Phänomene realisiert (realizans phaenomena)«, auch eine »absolute Substanz (substantia absoluta)« in dem Sinne, dass sie von den Monaden prinzipiell »losgelöst« ist[36]. Dies bedeutet übrigens nicht, dass die Monaden tatsächlich von diesem Band abgetrennt sind, so dass sie auch ohne das Band real existieren könnten. Denn wenn dies der Fall wäre, handelte es sich ja gerade nicht um ihr substantielles Band. Mit der Abgelöstheit des Bandes von den Monaden will Leibniz vielmehr lediglich die Denkmöglichkeit behaupten, dass – diese Theorie vorausgesetzt

---

[32] »[…] vinculum substantiale seu additum Monadibus substantiale, quod substantiam compositam formaliter constituit et phaenomena realisat, posse mutari salvis monadibus […]« (ebd.).

[33] »Unitas substantiae corporea in equo non oritur ab ulla refractione Monadum, sed a vinculo substantiali superaddito, per quod in ipsis monadibus nihil prorsus immutatur« (an des Bosses, 16. Juni 1712, GP II 451).

[34] »Non video, quomodo concipi possit, realizans phaenomena ese extra substantiam. Nam istud realizans efficere debet, ut substantia composita contineat aliquid substantiale praeter monades, alioqui nulla dabitur substantia composita, id est, composita erunt mera phaenomena« (an des Bosses, 13. Januar 1716, GP II 510 f.).

[35] In einem Briefentwurf an de Volder setzt Leibniz gleich: »phaenomenon reale seu benefundatum« (GP II 276).

– das substantielle Band auch dann bestehen würde, wenn es keine Monaden gäbe.

Gerade aus diesem Grund, drittens, weil das substantielle Band ja als etwas Reales eingeführt wird, das zwischen den Monaden vermitteln soll und folglich nicht von diesen abgetrennt werden kann, ist es zugleich ein Band zwischen mehreren, streng genommen sogar zwischen allen Monaden. Somit ist das »substantielle Band der Monaden – diese unzerstörbare »Substanz des Zusammengesetzten selbst«[37] – ein »substantielles Band mehrerer Monaden (vinculum substantiale plurium Monadum)«[38].

Viertens qualifiziert Leibniz das »vinculum substantiale« auch als die *Essenz* des Zusammengesetzten. Das substantielle Band mache nicht etwa nur die Substanz des Zusammengesetzten aus. Es sei vielmehr auch »gleichsam die Essenz des Zusammengesetzten (tanquam essentia compositi)«[39]. Hiermit erläutert er wiederum seine Lehre von der Wohlbegründetheit der Phänomene, der zufolge die Erscheinungen der zusammengesetzten Dinge (Körper) gerade nicht von ihrem Wesen abgetrennt existieren, sondern ihr Wesen oder ihre Essenz vielmehr zur Erscheinung bringen.

Fünftens müssen zwar die einzelnen substantiellen Bänder zwischen den individuellen Monaden innerhalb eines individuellen Organismus so aufgefasst werden, dass sie *entstehen und vergehen*. Die allgemeine, umfassende Substanz dagegen, aus denen die einzelnen Bänder bestehen, ist *unvergänglich*. Weil es nämlich ein ganz bestimmtes substantielles Band eines individuellen Organismus ist, das sich zwischen seiner herrschenden Monade (Entelechie) und seinem individuellen Gesamtkörper bildet, vergeht es auch mit der Zerstörung des entsprechenden Organismus. »Zusammengesetzte Substan-

---

[36] »Ita est, ut ais, ubi substantia illa absoluta realizans Phaenomena ponitur, statim habetur substantia compositi, sed a Deo regulariter agente non ponitur, nisi dentur ingredientia, nempe monades, aut aliae substantiae compositae partialesque« (an des Bosses, 29. Mai 1716, GP II 518).

[37] »Et ideo re expensa hactenus sententiam muto, ut putem jam nihil oriri absurdi, si etiam vinculum substantiale, seu ipsa substantia compositi dicitur ingenerabilis et incorruptibilis« (an des Bosses, 23. August 1713, GP II 481).

[38] Ebd.

[39] An des Bosses, 29. Mai 1716, GP II 516.

zen zugestanden, muss überhaupt gesagt werden, dass etwas Absolutes entsteht und vergeht. Auch das substantielle Band der Monaden, die zu einem Pferd zusammenströmen, d.h. die einzelne Substanz eines Pferdes, fängt an und geht zugrunde«[40]. Folglich haben die jeweiligen, individuellen *vincula substantialia* einen Anfang und ein Ende in der Zeit, obwohl sie aus einer unzerstörbaren, absoluten Substanz bestehen. »Ich verneine, dass das substantielle Band von Pferdemonaden von Beginn der Schöpfung an existiert hat. Ich verneine auch, dass kein Absolutes entsteht oder vergeht. Das würde zwar wahr sein nach der Hypothese, dass es nichts außer Monaden gibt«, d.h. nach der panmonadistischen Lesart; »aber es wird falsch sein, wenn zusammengesetzte Substanzen oder substantielle Bänder eingeräumt werden, die sehr wohl entstehen und vergehen«[41].

Die Pointe dieses Merkmals der substantiellen Bänder zwischen den Monaden innerhalb eines Organismus liegt also darin, dass sie so lange andauern, wie diejenige Monade, von der sie ihren Ausgang nehmen, eine *herrschende* Monade ist, welche die Einheit des Organismus steuert. »Wenn es ein substantielles Band des Zusammengesetzten gibt, dann wird es von Natur her ebenso dauerhaft sein wie die das Zusammengesetzte beherrschende Monade; es ändert sich ohne Einfluss auf die zuvor eingetretenen Monaden und kann sich immer wieder anderen Monaden anpassen«[42].

Nicht dem Entstehen und Vergehen unterworfen ist dagegen die Substanz, aus denen die jeweiligen substantiellen Bänder der Organismen sich bilden: »Es entsteht keine Absurdität, wenn auch das substantielle Band, d.h. die eigentliche Substanz des Zusammenge-

---

[40] »Admissis [...] substantiis compositis, omnino dicendum est aliquid [...] absolutum nasci et tolli. Et vinculum substantiale monadum ad Equum Concurrentium, seu substantia singularis equi coepit et interiit« (Entwurf zum Brief an des Bosses vom 24. Januar 1713, zitiert nach Robinet, André: Du nouveau sur la Correspondance Leibniz-Des Bosses, in: Studia Leibnitiana 1 (1969), 83–103, hier 89 f).

[41] »Nego vinculum substantiale monadum equinarum ab initio creationis extitisse, nego [...] etiam absolutum nullum nasci vel interire. Hoc quidem verum foret, secundum hypothesin quod nil sit nisi Monades; sed falsum erit admissis substantiis compositis seu vinculis substantialibus, quae utique nascuntur et intereunt« (ebd., 91).

[42] »Scire aveo quid de meo nupero temperamento judices; cum perscripsi re magis expensa, si quod detur vinculum substantiale compositi, id fore non minus perpetuum naturaliter, quam ipsam Monadem, compositi dominatricem, salvis ante Monadibus ingredientibus mutari, et aliis atque aliis Monadibus accommodari posse« (an des Bosses, 10. Januar 1714, GP II 483 f.).

setzten, unerzeugbar und unzerstörbar ist«[43]. »Da ich [...] nicht nur verneine, dass die Seele, sondern auch dass das Lebewesen stirbt, so werde ich auch sagen, dass das substantielle Band, d.h. die Substanz eines beseelten Körpers, nicht auf natürliche Weise entsteht und vergeht, sondern, da es etwas Absolutes ist, sich bloß gemäß den Veränderungen des Lebewesens verändert«[44]. Diesen Erläuterungen zufolge versteht Leibniz unter dem substantiellen Band eine Substanz, die zum einen von allumfassender, *allgemeiner* Realität ist, zum anderen aber sich *individuell* manifestiert, sofern sie die einmaligen Verbindungen zwischen bestimmten herrschenden Monaden und ihren zugehörigen Organismen stiftet.

Sechstens bildet das »vinculum substantiale« eine dynamische Einheit von *aktiver* und von *passiver* Kraft, von *substantieller Form* und sog. *Erstmaterie:* »Soviel ich beurteilen kann, wird es [das substantielle Band] in der ursprünglichen aktiven und passiven Potenz des Zusammengesetzten bestehen müssen und wird dasjenige sein, was man erste Materie und substantielle Form nennt«[45]. Für dieses Verständnis beruft sich Leibniz sogar auf den Sprachgebrauch der Scholastik. »Ich sage [...], dass die substantielle Form des Zusammengesetzten und die im scholastischen Sinne verstandene erste Materie, d.h. die ursprüngliche aktive wie die ursprüngliche passive Potenz – in dem Band selbst [...] enthalten sind«[46]. Und Leibniz spielt diese Gleichsetzung sowohl für die panmonadistische als auch für die ubiquomonadistische Lesart seiner Lehre durch: »Wenn es nur Monaden mit ihren Perzeptionen gibt, so wird die erste Materie nichts anderes sein als die passive Potenz der Monaden, und die Entelechie die

---

[43] »Et ideo re expensa hactenus sententiam muto, ut putem jam nihil oriri absurdi, si etiam vinculum substantiale, seu ipsa substantia compositi dicitur ingenerabilis et incorruptibilis« (an des Bosses, 23. August 1713, GP II 481).

[44] »Cum ergo, ut scis, non tantum animam, sed etiam animal interire negem, dicam igitur nec vinculum substantiale, seu substantiam corporis animati naturaliter oriri et occidere, sed cum aliquid absolutum sit, tantum variari secundum mutationes animalis« (ebd., 482).

[45] »Quantum judicare possum, debebit consistere in potentia activa et passiva primitivis compositi, idque erit quod Materiam primam et formam substantialem vocant« (an des Bosses, 21. April 1714, GP II 485 f.).

[46] »Non dico inter materiam et formam dari medium vinculum, sed ipsam compositi formam substantialem, et materiam primam sensu scholastico sumtam, id es potentiam primitivam, activam, et passivam, ipsi vinculo tanquam essentiae compositi inesse« (an des Bosses, 29. Mai 1716, GP II 516).

aktive. Wenn man jedoch zusammengesetzte Substanzen hinzufügt, so würde ich sagen, dass in ihnen das Prinzip des Widerstands zum aktiven Prinzip bzw. zur Bewegungskraft (virtus motiva) hinzutreten muss«[47].

Siebtens schließlich ist ein besonderes »vinculum substantiale« dauerhaft und wesentlich nur mit der herrschenden Monade oder Entelechie des entsprechenden Organismus hypostatisch vereinigt, nicht jedoch mit den zahllosen untergeordneten Monaden des Organismus: »Auch wenn daher die körperliche Substanz oder das substantielle Band der Monaden auf natürliche oder physische Weise Monaden verlangt, wird es diese doch, weil es nicht in ihnen als in einem Subjekt ist, nicht im metaphysischen Sinne erfordern, und es kann unbeschadet der Monaden aufgehoben oder verändert und an die von Natur aus ihm nicht zugehörigen Monaden angepasst werden, so dass es deren Band wird. Auch haftet keine Monade, mit Ausnahme der herrschenden, auf natürliche Weise dem substantiellen Band an, da die übrigen Monaden in einem beständigen Fluss sind. [...] Obwohl die Teile, von denen es ein Band gibt, mit diesem konnatural sind, sind sie ihm doch nicht wesentlich; daher werden sie unbeschadet des absoluten Bandes allmählich und auf geordnete Weise aufgehoben«[48].
So klar und deutlich auch diese sieben einzelnen Hauptmerkmale des »vinculum substantiale« sind und so kohärent auch die aus ihnen resultierende Theorie erscheinen mag, bleibt doch immer noch die Frage offen, wie »jene die Phänomene realisierende absolute Substanz

---

[47] »Quaeris, si reali extensione opus non est, cur opus sit materia prima, nec sola Entelechia Monadem constituat? Responderem, si solae sunt Monades cum suis perceptionibus, materiam primam nihil aliud fore quam potentiam Monadum passivam, et Entelechiam fore eandem activam; sin addas substantias compositas, dicerem in ipsi principium resistentiae accedere debere principio activo, sive virtuti motivae« (an des Bosses, 20. September 1712, GP II 460).

[48] »Hinc substantia corporea vel vinculum substantiale Monadum, etsi naturaliter seu physice exigat Monades, quia tamen non est in illis tanquam in subjecto, non requiret eas metaphysice, adeoque salvis Monadibus tolli vel mutari potest, et monadibus naturaliter non suis accomodari ut vinculum earum fiat. Nec ulla Monas praeter dominantem etiam naturaliter vinculo substantiali affixa est, cum Monades caeterae sind in perpetuo fluxu. [...] Partes quarum est vinculum, etsi sint ei connaturales, non tamen sunt ei essentiales; itaque salvo vinculo absoluto naturaliter tolluntur paulatim, et ordinate, sed miraculose statim et per saltum distingui a vinculo possunt, et vinculum ipsum tolli« (an des Bosses, 23. August 1713, GP II 482).

(substantia illa absoluta realizans phaenomena)«[49] denn konkret zu verstehen ist, die Leibniz gegenüber des Bosses eher andeutet als erläutert. Was ist »jenes Ding, welches das Band der Monaden ausmacht (res illa, quae facit vinculum substantiale)«[50]? Die Antwort auf diese Frage gibt Leibniz nicht etwa in seinen Schriften zur Metaphysik, sondern im spekulativen, kosmologischen Teil seiner Naturphilosophie. Im Folgenden ist zu zeigen: Leibniz' im späten Briefwechsel mit des Bosses artikulierte Hypothese vom »vinculum substantiale« ist nichts anderes als die den kommunikativen Zwecken seines Briefwechsels angepasste Reformulierung der frühen Hypothese vom alles durchdringenden, göttlichen Lichtäther, den der junge Leibniz seit seiner *Neuen kosmologischen Hypothese* (1671) für die Ordnung der Natur zugrunde legt. Der Sache nach fällt beides zusammen.

IV. Die sachliche Identität von vinculum substantiale und Lichtäther

Wie sich durch Auswertung zerstreuter Aufzeichnungen und Briefstellen belegen lässt, legt schon der frühe Leibniz für die Ordnung der Natur eine feinmaterielle Substanz zugrunde, die er innerhalb des Organismus als »Kern der Substanz«, außerhalb als »Äther« oder »materia lucis« bezeichnet. Es lässt sich zeigen, dass diese auch beim späten Leibniz im Hintergrund stehende Theorie die Basis sowohl der Monadenlehre[51] als auch der Präetablierten Harmonie[52] bleibt. So legt Leibniz in einem Brief von 1671 dar, dass in jedem Lebewesen eine spirituelle Feinmaterie anzunehmen sei, die durch den ganzen Organismus verbreitet ist, sich aber beim Tod oder bei verstümmelten Gliedern in einem Lebensquell konzentriert, der – mit dem späteren Leibniz gesprochen – um die herrschende Monade herum zu lokalisieren ist:

---

[49] An des Bosses, 29. Mai 1716, GP II 518.
[50] An des Bosses, 20. September 1712, GP II 458.
[51] Vgl. Busche, Hubertus: Monade und Licht. Die geheime Verbindung von Physik und Metaphysik bei Leibniz, in: Bohlmann, C./Fink, T./Weiss, P. (Hg.), Lichtgefüge des 17. Jahrhunderts, München/Paderborn 2007, 125–162.
[52] Vgl. Busche, Hubertus: Prästabilierte Harmonie – Skizze einer neuen, naturphilosophischen Interpretation, in: Einheit in der Vielheit. VIII. Internationaler Leibniz-Kongress 2006, Nachtragsband, hg. v. H. Breger, J. Herbst, S. Erdner, Hannover 2006, 27–38.

»Man muss wissen, dass in jedem Wesen ein samenartiges Zentrum ist, das sich ausbreitet (centrum qvoddam seminale diffusivum sui), das gleichsam die Tinktur enthält und die spezifische Bewegung des Wesens aufrechterhält. Dies ergibt sich aus der Regeneration der Pflanzen (zumindest derjenigen, über die es keinen Meinungsstreit gibt), aus den Samen, aus der plastischen Kraft des Samens im Mutterleib und aus den Essenzen der Chemiker. Ähnlich ist also in unserem Gebein und Fleisch außer jener terra damnata, dem Phlegma und dem Caput mortuum, wie es die Chemiker nennen, ein feinerer Teil verborgen, der in den Spiritus konzentriert ist. Dieser kehrt bei einem abgetrennten oder verwesten Glied zu dem Lebensquell (fons vitae) zurück, dem die Seele selbst eingepflanzt ist.« Folglich lassen sich etwa die Phantomschmerzen, die von Personen mit abgetrennten Gliedmaßen empfunden werden, dadurch erklären, dass der Kern der Substanz, d.h. »jener feine Spiritus, in dem gewissermaßen die Substanz des Gliedes enthalten war (Spiritus ille subtilis qvo membri velut substantia continebatur), dieses Glied überdauert und auch jetzt noch seine Bewegung vollzieht«[53].

Hierbei ist es von größter Bedeutung, dass Leibniz die im Organismus verbreitete, spirituelle Substanz und ihren Kern nicht zu den ausgedehnten Körpern rechnet. So schreibt er in einem teils auf Deutsch, teils auf Lateinisch abgefassten Brief aus derselben Zeit: »Ich will kraft der Prinzipien der verbesserten Philosophie beweisen, dass notwendigermaßen in jedem Körper ein innerstes, unkörperliches [!], substantielles Prinzip einzuräumen ist, das vom Stoff abgetrennt ist, und dass dieses Prinzip genau dasjenige ist, was die Alten und die Scholastiker ›Substanz‹ nannten, auch wenn sie sich nicht deutlich erklären und noch viel weniger ihre Ansicht beweisen konnten«[54]. Somit legt Leibniz schon in diesem frühen Text den Grund für seine spätere, wichtige Unterscheidung zwischen der *materia prima* – dem Prinzip der ursprünglichen passiven Kraft, an der auch die Monaden teilhaben – und der *materia secunda*, aus der die Körper bestehen.

---

[53] Anhang zum Brief an Herzog Johann Friedrich, 21. Mai 1671, A II 1, 116, 18–27.

[54] »Ich will weisen vi principiorum Philosophiae Emendatae, necesse esse ut detur in omni corpore principium intimum incorporeum, substantiale à mole distinctum, et hoc illud esse qvod veteres, qvod Scholastici substantiam dixerint, etsi neqviverint se distinctè explicare, multò minus sententiam suam demonstrare« (an Herzog Johann Friedrich, Oktober 1671, A II 1, 163, 29–32).

Im »Kern« oder Zentrum dieser vom körperlichen Stoff losgelösten Substanz ist nach Leibniz auch die Seele eines Lebewesens inkarniert, die bei den vernunftbegabten Lebewesen der Geist (mens) ist: »Ferner ist ein geschaffener oder unvollkommener Geist nicht mit jedem Körper vereinigt, sondern nur mit demjenigen, in dem er verwurzelt ist und von dem er nicht abgetrennt werden kann. Im menschlichen Leib z.b. ist nicht anzunehmen, dass die Seele mit allen Körperchen, die in diesem Leib sind, hypostatisch vereinigt ist, weil sie ständig ausgeschwitzt werden. Vielmehr wohnt die Seele im Zentrum des Gehirns selbst einem gewissen Kern inne – einer festen und unabtrennbaren Substanz, die auf das feinste beweglich das Zentrum der Animalgeister bildet –, und wird mit ihm so substantiell vereinigt, dass sie auch nicht durch den Tod abgetrennt wird«[55].

Eine Notiz aus Leibniz' Pariser Zeit belegt nun die schlechthin nicht überschätzbare Tatsache, dass es sich bei dieser körpereigenen, aber vom Körper unterschiedenen Substanz erstens um eine *ätherische* Substanz handelt und dass dieses im ganzen Organismus verbreitete Prinzip zweitens, genau wie später das »vinculum substantiale«, die *animalischen Funktionen* erklären soll: »Ich möchte geglaubt haben, dass es eine gewisse Flüssigkeit oder, wenn man lieber will, eine ätherische Substanz (aetheria substantia) gibt, die durch den ganzen Körper verbreitet und zusammenhängend ist, und dass die Seele durch diese ätherische Substanz hindurch empfindet, welche in die Nerven hineinströmt, sie zusammenzieht und zersprengt. [...] Ferner scheint es, dass ein jeder Kreislauf in den Hirnhöhlen durchgeführt wird und die Seele ihren Wirbel bewahrt«[56].

Diese letzte Bemerkung, der zufolge die in Rede stehende Substanz ihre Wirkungen im Leib wesentlich durch Kreisläufe verrichtet, ist von besonderer Wichtigkeit. Denn sie belegt die im Folgenden zu er-

---

[55] »Porro Mens creata s. imperfecta non unitur omni corpori, sed ei tantùm in qvo radicata est, et à qvo separari non potest. V.g. in Corpore humano non putandum est animam omnibus qvae in eo sunt corpusculis hypostaticè uniri, cum perpetuò transpirent, sed in ipso centro cerebri flori cuidam substantiae fixo et inseparabili, subtilissimè mobili in spirituum animalium centro inhaeret et substantialiter unitur ita ut nec morte separetur« (De incarnatione Dei seu De unione hypostatica, 1669, A VI 1, 533, 6–10).

[56] »Ego crediderim esse liquorem quendam sive si mavis aetheriam substantiam, toto corpore diffusam, continuumque; per quam sentiat anima; quae nervos inflet, quae contrahat, quae displodat. [...] Porro in cerebri cavitatibus videtur omnis peragi gyratio, et anima tueri Vorticem suum« (De unione animae et corporis, 1676, A VI 3, 480, 3–15).

läuternde Tatsache, dass diese geheimnisvolle Substanz, zumindest in einem bestimmten Feinheitsgrad, identisch ist mit dem von Leibniz postulierten Lichtäther. Dass dieser das gesuchte »substantielle Band« ist, wird schon dadurch nahegelegt, dass Leibniz den Äther explizit mit einem »Band« vergleicht, da der Äther, der selbst nicht zu den Körpern zählt, alle Körper miteinander verbindet. Wie Leibniz in einem deutschsprachigen Brief erläutert, gleicht der Äther »einem allgemeinen Band [!] welches die kräffte von einem auff den andern tregt«[57].

Leibniz qualifiziert diesen Äther nicht nur als *die allgemeine Substanz* der Welt[58], sondern später auch als die *höchste Substanz:* »Die Natur hat gleichsam ein Reich im Reich und bildet sozusagen ein zweifaches Gebiet, eines der Vernunft und eines der Notwendigkeit, eines der Formen und eines der Partikeln von Materie; denn wie von Seelen, so ist auch alles von organischen Körpern erfüllt. Diese Reiche werden, unvermischt miteinander, ein jedes nach eigenem Recht regiert. [...] Aber jene höchste Substanz, die die allgemeine Ursache aller Dinge ist, bewirkt vermöge ihrer unendlichen Weisheit und Macht, dass beide höchst verschiedenen Reihen sich in derselben körperlichen Substanz aufeinander beziehen und vollkommen übereinstimmen, ebenso als ob die eine durch den Einfluss der anderen regiert würde«[59].

Der durch alle Körper der Welt und durch die Organismen im Besonderen zirkulierende Lichtäther, den Leibniz durchaus gleichsetzt mit dem allgemeinen Weltgeist oder »spiritus universalis« ist – wie schon das oben angeführte Zitat aus der Pariser Zeit verriet – zugleich der Grund des psychophysischen Parallelismus und insofern der Präetablierten Harmonie: »GOTT hat es durch Hinzufügung des Äthers, d.h. des allumfassenden Geistes, so eingerichtet, dass im Körper der Geschöpfe alles genauso wie in ihrem Geist abläuft«[60].

---

[57] An Otto von Guericke, 17. August 1671, A II 1, 145, 1 f.

[58] Hypothesis physica nova, 1671 (A VI 2, 241, 8); Summa hypotheseos physicae novae, 1672 (A VI 2, 364, 18).

[59] »Habet natura velut imperium in imperio, et ut ita dicam regnum duplex, rationis et necessitatis, sive formarum et particularum materiae, quemadmodum enim omnia sunt plena animarum, ita et organicorum corporum. Haec regna inter se inconfusa suo quodque jure gubernantur. [...] Sed summa illa substantia, quae causa est universalis omnium, pro infinita sua sapientia et potestate efficit, ut duae diversissimae series in eadem substantia corporea sese referant, ac perfecte consentiant inter se perinde ac si una alterius influxu regeretur« (Gegen Descartes, GP IV 391).

[60] »Effecit DEUS addito aethere seu spiritu universali, ut omnia in corporibus, ut in mentibus evenirent« (Elementa juris naturalis, 1671, A VI 1, 480, 7 f.).

Dass Leibniz den Äther für fähig hält, die besagten außergewöhn-
lichen Effekte hervorzurufen, erklärt sich daraus, dass er im Rahmen
seiner naturphilosophischen Hypothese auch die fundamentale, te-
leologische Ordnung der Natur aus dem Ätherkreislauf erklärt. Dies
erläutert ein früher Brief: »Ähnlich vergessen auch die neueren Philosophen, welche die materialen Ursachen der Dinge (causae mate-
riales rerum) aufsuchen, die Vernunfturschen (causae rationales),
obwohl doch gerade hier ganz besonders die Weisheit des Urhebers
hervorleuchtet, die das Uhrwerk der Welt (horologium mundi) so
eingerichtet hat, dass alles zusammen dann wie mit einer gewissen
Notwendigkeit zur höchsten Harmonie der Dinge folgte. [...] Der
erste Geist (prima mens) aber hat, seiner Weisheit gemäß, die Sache
am Anfang so eingerichtet, dass er nicht leicht für die Erhaltung der
Dinge eine außerordentliche Mitwirkung (extraordinarius concur-
sus) braucht; genau so, wie niemand einen solchen Uhrmacher lobte,
der täglich dazu gezwungen wäre, etwas an seinem Werk zu verbes-
sern. Dies vorausgesetzt, kam mir eine einzige umfassende Bewegung auf unserer Erde in den Sinn, aus der alle Phänomene, die wir
in ihren Erscheinungsarten als viele und wunderbare empfinden, auf
ihren Grund zurückgeführt werden können. [...] Weil ich nämlich
nicht an der Kreisdrehung der Erde um ihr eigenes Zentrum zweifle,
so folgt daraus eine *ständige richtungsgegensätzliche Drehung des
Äthers*, d.h. eines sehr feinen Körpers, in dem auch das Licht besteht,
und es erleuchtet diesen von der Sonne mitbewegten durchsichtigen
Körper. Während nämlich die Erde durch ihre tägliche Drehung von
West nach Ost bewegt wird, wird der Äther mit dem Sonnenlicht
von Ost nach West kreisen. Diese Zirkulation durchdringt, auch
wenn sie unmerklich ist, die Poren aller wahrnehmbaren Körper und
ist die Ursache der meisten Phänomene. [...] Das Ganze ist jedoch
nur eine Hypothese, wie das meiste in der Naturforschung. Aber ich
weiß nicht, ob wir bisher eine leichtere und einfachere Hypothese
gehabt haben«[61]!
Aus dem Gesagten dürfte in abstrakter Weise klar geworden sein, inwiefern es sich beim »vinculum substantiale« um die unzerstörbare
und absolute, nämlich von den Körpern losgelöste spirituelle Substanz des Äthers handelt. Sämtliche der oben erläuterten sieben
Hauptmerkmale des substantiellen Bandes lassen sich eins zu eins

---

[61] An Jakob Thomasius, 1671, A II 1, 73, 22–25; 74, 1–12, 21 f. = GP I 33.

auf den in Leibniz' Naturphilosophie postulierten Äther abbilden.
Der Äther ist 1. ein *zusätzliches Absolutes* gegenüber den internen
Tätigkeiten der Monaden (Perzeptionen und Appetitionen); er ist
2. eine *reale Substanz* zwischen den Monaden und insofern 3. ein
Band, das *zwischen mehreren,* ja letztlich *allen Monaden* besteht.
Der Äther ist 4. auch die *Essenz des Zusammengesetzten,* da er zum
einen den Körpern, durch die er zirkuliert, ihre Essenz (ihr Leben)
verleiht, ohne die sie bloß »träger, unzusammenhängender, toter
Staub« wären[62], und zum anderen auch seit der Antike – wie Leibniz
weiß – als die fünfte Wesenheit, als »quinta essentia« aller Dinge
gilt[63]. Der Äther ist 5. einerseits als die allgemeine Substanz *unerzeugbar und unzerstörbar,* andererseits hinsichtlich seiner besonderen Wirbel und Verbindungen, die er jeweils zwischen einer herrschenden Monade und den untergeordneten Monaden eines Organismus herstellt, *entstehend und vergehend.* Er ist 6. auch die dynamische Einheit von *aktiver* und von *passiver* Kraft, von *substantieller Form* und sog. *Erstmaterie,* wenn man nur die Monaden selbst,
die als »metaphysische Punkte« im Äther inkarniert sind, mit hinzu-
rechnet. Während nämlich die Monade das Prinzip der *Form* und der
aktiven Kraft bildet, setzt Leibniz das komplementäre Prinzip der
Materie und der *passiven Kraft* gleich mit der so genannten Erstma-

---

[62] »[Aether], cujusque ablatione omnia in pulverem inertem, incohaerentem, mortuum
rediguntur« (ebd., A VI 2, 225, 11 f.).

[63] Die Phänomene der Welt können nicht hinreichend erklärt und es kann »die Erfahrung nicht mit der Vernunft versöhnt werden, wenn nicht ein allgemeiner Geist hin-
zugenommen wird, der gleichsam das erste Aufnahmefähige des Lebens und der Bewegung ist und den man ebenso als Äther oder Quintessenz oder Weltseele oder
Feinmaterie bezeichnet. Voll von ihm sind die Bücher und Fragmente der Platoniker, der alten und neueren Stoiker, der Chemiker und Demokriter, ja sogar der Ori-
entalen. Denn auch wenn einige ihn höchst ungereimt interpretiert haben, indem sie
ihn für etwas Unkörperliches ausgaben, so steht doch hinreichend fest, dass für die
gescheiten Interpreten dieses Pneuma, dem man keineswegs einen Intellekt zuschreiben muss, nichts anderes ist als ein feiner Körper. (Hoc abstracta Concretis,
Geometriam Physicae applicat ostenditqve non posse aut aegerrimè posse Phaenomena Mundi cum abstractis motus Legibus, Experimentiamqve cum ratione conci-
liari, nisi adhibito qvodam Spiritu universali, vitae motusqve velut πρώτῳ δεκτικῷ
qvem sive aethera sive qvintam essentiam, sive animam Mundi, sive materiam sub-
tilem voces perinde est. Pleni sunt Platonicorum, Stoicorum; veterum, recentiorum;
Chemicorum, Democriticorum, imò et Orientalium libri fragmentaqve. Etsi enim
nonnulli absurdiusculè interpretati pro incorporeo venditaverint, satis constat tamen, nihil aliud esse prudentibus hoc πνεῦμα cui intellectum tribuere nihil necesse
est, qvàm sub-tile corpus)« (an de Carcavy, 22. Juni [?] 1671, A II 1, 126, 9–16).

terie[64]. Und dass schließlich 7. jede herrschende Monade oder Entelechie eines Organismus auf natürliche Weise ihrem *vinculum substantiale* anhaftet, hat seinen naturphilosophischen Grund darin, dass der Äther jene *materia prima* bildet, in der alle Monaden inkarniert sind, so dass nicht einmal Gott diese von jener trennen kann[65].

[64] »Gewiss lässt auch die [Philosophie der] Schule Teilformen zu. Deshalb liegt dieselbe Materie mehreren Formen zugrunde, jedoch auf unterschiedliche Weise nach dem Verhältnis ihrer Angleichung. Anders ist es jedoch, wenn man die Erstmaterie richtig versteht, d.h. das dynamische, erste Aufnahmefähige, das erste Substrat, d.h. die ursprüngliche passive Potenz oder das Prinzip des Widerstands, das nicht in der Ausdehnung, sondern im Verlangen nach Ausdehnung besteht und das die Entelechie, d.h. die ursprünglich aktive Potenz, vervollständigt, so dass daraus eine vollkommene Substanz, d.h. eine Monade entspringt, in der Abwandlungen aufgrund ihrer Kraft enthalten sind. Dass eine solche Materie, d.h. das Prinzip des Erleidens, dauerhaft bestehen bleibt und ihrer Entelechie anhaftet, lässt sich einsehen, und dass aus vielen Monaden die Zweitmaterie resultiert, mit ihren abgeleiteten Kräften, Wirkungen und Erleidungen, welche nichts anderes sind als Seiende durch Anhäufung und somit zur Hälfte vom betrachtenden Geist Abhängiges, wie ein Regenbogen oder andere wohlbegründete Erscheinungen. (Sane et Schola formas partiales admittit. Itaque eadem materia substat pluribus formis, sed diverso modo pro ratione adaequationis. Secus est si intelligas materiam primam seu τὸ δυναμικὸν πρῶτον παθητικόν, πρῶτον ὑποκείμενον, id est potentiam primitivam passivam seu principium resistentiae, quod non in extensione, sed extensionis exigentia consistit, entelechiamque seu potentiam activam primitivam complet, ut perfecta substantia seu Monas prodeat, in qua modificationes virtute continentur. Talem materiam, id est passionis principium perstare suaeque Entelechiae adhaerere intelligimus, atque ita ex pluribus monadibus resultare materiam secundam, cum viribus derivatis, actionibus, passionibus, quae non sunt nisi entia per aggregationem, adeoque semimentalia, ut Iris aliaque phaenomena bene fundata)« (an des Bosses, 11. März 1706, GP II 306).

[65] »Die Entelechie ändert ihren organischen Körper, d.h. ihre Zweitmaterie, doch sie ändert nicht ihre eigentümliche Erstmaterie. Monsieur Bayle scheint meine Ansicht in diesem Punkt nicht genügend verstanden zu haben. Die Erstmaterie ist für jede Entelechie wesentlich, und sie kann niemals von ihr abgetrennt werden, da sie die Entelechie vervollständigt und gerade die passive Kraft der ganzen vollständigen Substanz ist. Auch besteht nämlich die Erstmaterie nicht im Stoff, d.h. in der Undurchdringlichkeit und Ausdehnung, auch wenn sie danach strebt. Die zweite Materie aber, die von der Art ist, dass sie einen organischen Körper bildet, ist das Resultat aus zahllosen vollständigen Substanzen, von denen jede wiederum ihre eigene Entelechie sowie ihre eigene Erstmaterie besitzt, ohne dass sie unserer Materie für immer angeheftet wäre. Deshalb schließt die Erstmaterie einer jeden Substanz, die in einem ihr zugehörigen organischen Körper existiert, die Erstmaterie einer anderen Substanz ein, jedoch nicht als einen ihr wesentlichen Teil, sondern als eine unmittelbare notwendige Bedingung, wenn auch bloß auf Zeit, indem die eine Erstmaterie durch eine andere ersetzt wird. Folglich kann auch Gott eine geschaffene Substanz nicht ihrer Erstmaterie berauben, obwohl er ihr durch seine absolute Macht ihre Zweitmaterie nehmen kann; denn dann machte er sie zur Reinen Tätigkeit, dergleichen doch nur er selbst ist. [...] (Entelechia corpus suum organicum mutat seu

Inwiefern erklärt nun aber Leibniz' Lehre vom Äther, was man beim *vinculum substantiale* gerne näher verstehen möchte, nämlich dass es eine Substanz ist, welche »die Erscheinungen realisiert (realizans phaenomena)«? Auch dieses Rätsel löst sich durch Rekurs auf Leibniz' hintergründige kosmologische Hypothese: Die kosmische Ätherströmung ist die »allgemeine, allgegenwärtige Ursache (causa universalis ubique praesens)«[66], weil sie die Ursache für *vier Grundeigenschaften* ist, die das physikalische Systemverhalten aller Körper bedingen. Der kreisende Äther ist erstens die Ursache der Gravitation, zweitens die Ursache der Elastizität, drittens die Ursache der Stoßprozesse (nämlich als Grund der allgemeinen Reflexion und Refraktion aller Körper) und viertens auch der der Lichtausbreitung[67]. Mehr noch: Der Äther ist die »Materie des Lichtes (materia lucis)« selbst[68].

Weil die allgegenwärtige Zirkulation des Äthers durch die Weltkörper diese genannten vier Grundeigenschaften der Natur erzeugt, bildet er insgesamt jenes »göttliche Kunstwerk«, vermöge dessen das Universum überhaupt allgemeinen wie besonderen Naturgesetzen gehorcht und kraft dessen Gott folglich sowohl die intermonadische als auch die psychophysische Harmonie »präetabliert« hat[69].

---

materiam secundam, at suam propriam materiam primam non mutat. Dominus Bayle mentem meam in his satis percepisse non videtur. Materia prima cuilibet Entelechiae est essentialis, neque unquam ab ea separatur, cum eam compleat et sit ipsa potentia passiva totius substantiae completae. Neque enim materia prima in mole seu impenetrabilitate et extensione consistit etsi eam exigat: materia vero secunda, qualis corpus organicum constituit, resultatum est ex innumeris substantiis completis, quarum quaevis suam habet Entelechiam, et suam materiam primam, sed harum nulla nostrae perpetuo affixa est. Materia itaque prima cujuslibet substantiae in corpore ejus organico existentis, alterius substantiae materiam primam involvit, non ut partem essentialem, sed ut requisitum immediatum, at pro tempore tantum, cum unum alteri succedat. Etsi ergo Deus per potentiam absolutam possit substantiam creatam privare materia secunda, non tamen potest eam privare materia prima; nam faceret inde Actum purum qualis ipse est solus. [...])« (an des Bosses, 16. Oktober 1706, GP II 324 f.).

[66] Hypothesis physica nova, A VI 2, 238, 2.
[67] Zur Erläuterung dieses physikalischen Modells vgl. Busche (1997), insb. 404–448.
[68] Summa hypotheseos physicae novae, 1671, A VI 2, 346, 9. Weitere Belege in A II 1,74, 8; 94,20; 106, 15 u. 22; 107, 1; 128, 21; 147, 5.
[69] Die Ätherzirkulation beschreibt den »Weg der Harmonie«, die »im vornhinein eingerichtet wurde durch [!] ein vorgreifendes göttliches Kunstwerk (la voye de l'harmonie préétablie par un artifice divin prevenant)« (Extrait d'une lettre de M.D.L. sur son Hypothese de philosophie, GP IV 501; ähnlich 499). Und es ist Gott selbst, der sich dieser natürlichen Technik bedient, denn »Gott verfügt über alles, was er braucht, um sich dieses vorgreifenden Kunstwerks bedienen zu können (Dieu a tout ce qu'il faut pour se pouvoir servir de cet artifice prevenant)« (ebd.). Die Harmonie

Gott hat den Ätherkreislauf jedoch nicht in einer solchen Weise präetabliert, wie ein Uhrmacher eine Uhr eingerichtet und aufzieht; er hat
damit nicht ein ihm äußerliches Produkt erzeugt, von dem er sich nach
der Produktion und Ingangsetzung getrennt hätte. Vielmehr bleibt
Gott diesem kosmischen Mechanismus innigst verbunden. Die Zirkulation des Äthers ist jener »bewundernswürdige Mechanismus, den
Gott ausübt«[70]. Insofern hat Gott den kunstreichen Mechanismus der
Ätherströmung nicht nur »im vorhinein eingerichtet«, sondern vollzieht ihn sogar selbst. Und dies ist der letzte Grund dafür, dass der
kreisende Äther, als Medium der regulären Mitwirkung Gottes an der
Welt, für Leibniz mit der *spiratio ad extra* des Heiligen Geistes zusammenfällt. Deshalb die verblüffende, aber bei Leibniz mehrfach be-
legte Gleichsetzung: »Der ÄTHER ist wohl« jener in Gen 1,2 genannte »Geist des Herrn, der über den Wassern schwebte«[71].
Der göttliche Lichtäther kann auch insofern »vinculum substantiale«
genannt werden, als in ihm alle Monaden zu einem *corpus mysticum*
verbunden sind. Weil er als universales Medium der göttlichen Welt-
erhaltung und *creatio continua* überall alle Körper durchdringt, sind
Schöpfer und Geschöpf in diesem Geist Gottes unabtrennbar verbunden, und es ist »sehr schwer, die Tätigkeiten Gottes von denen
der Geschöpfe zu unterscheiden«. Vielmehr gilt, »dass Gott alles in
allem ist, dass er mit allen Geschöpfen, freilich nach ihrem Vollkom-
menheitsgrad, im Innersten vereinigt ist, und dass allein er es ist, der
sie durch seinen Einfluss bestimmt«[72]. Folglich ist der kreisende
Lichtäther nicht nur das Medium jener universalen Allkonspiration,
die Leibniz mit Hippokrates' medizinischer Formel als *sympnoia*

---

erfolgt demnach »durch ein von Gott in den Dingen vorab eingerichtetes Kunstwerk (artificio in rebus a Deo praestabilito)« (Antibarbarus physicus, GP VII 339).

[70] »[...] mechanisme admirable que Dieu exerce [...]« (Erläuterung zum Système nouveau, GP IV 584).

[71] »AETHER [...] fortasse est Spiritus Domini, qui super aquis ferabatur« (Hypothesis physica nova, A VI 2, 225, 9 f.); so auch an de Carcavy, 22. Juni 1671 (A II 1, 127,
22), sowie Considerations sur la doctrine d'un Esprit Universel unique (GP VI
530 f.).

[72] »Il est assez difficile de distinguer les Actions de Dieu de celles des creatures« (Discours de métaphysique, § 8, A VI, 4, B, 1539, 19). »Car on voit fort clairement [...];
que Dieu est tout en tous, et comment il est uni intimement à toutes les creatures, à
mesure neantmoins de leur perfection; que c'est luy qui seul les determine par son
influence« (ebd., § 32, A VI 4, 1580, 15–19).

panta bezeichnet[73]. Er ist vielmehr auch der Grund einer universalen Eucharistie, in der alle Geschöpfe am lebendigmachenden Geist Gottes teilhaben.

So mag sich am Schluss zeigen, dass Leibniz' scheinbar nur im späten Briefwechsel mit des Bosses artikulierte und scheinbar bloß ad hoc formulierte Hypothese vom *vinculum substantiale* in Wahrheit nur eine an die Zwecke seines Briefwechsels mit des Bosses angepasste Reformulierung seiner frühen Theorie des lebendigmachenden göttlichen Lichtäthers ist, die den Schlüssel zu den Rätseln der Leibniz'schen Metaphysik bildet.

Maurice Blondel hatte eine sehr gute Intuition, als er in dieser Lehre den Zugang zu einem »réalisme supérieur« suchte, der die Glaubensgeheimnisse mit der kritischen wissenschaftlichen Vernunft versöhnt.

---

[73] »Et verum est in mundo quod Hippocrates asseruit de Corpore humano, πάντα σύρροια καὶ σύμπνοια εἶναι« (Demonstratio substantiarum incorporearum, Herbst 1672 [?], A VI 3, 87, 22 f.). Vgl. Monadologie 61, GP VI 617; ähnlich Specimen inventorum, GP VII 311.

Simone D'Agostino

Auf der Suche nach der ersten Substanz

Das vinculum *substantiale* in den philosophischen Frühschriften
Maurice Blondels

Was ich auf den folgenden Seiten zu tun beabsichtige, ist gewissermaßen ein Stück ›Mikrobiologie‹. Ich möchte die embryonale Entwicklung jener Stammzelle untersuchen, die das *vinculum substantiale* im philosophischen Denken Maurice Blondels darstellt[1]. Meines Erachtens besteht Grund zu der Annahme, dass sich die ersten Schritte der Zellteilung oder, ohne Metapher gesprochen, der spekulativen Klärung seiner Lehre vom *vinculum substantiale* gleich zwei DNA-Strängen aus zwei ebenso dichten wie elliptischen handschriftlichen Notizen Blondels erheben lassen. Es handelt sich um die in der Forschung seit geraumer Zeit bekannte *Première notule*[2] sowie die von mir entdeckte so genannte *Note complémentaire*[3]. Ich möchte diese beiden kurzen und fragmentarischen Texte unter die Linse des Mikroskops legen, um herauszufinden, welches der erste Funken gewesen sein könnte, der im Kopf des jungen Blondel das Interesse für jene verwickelte philosophisch-theologische Hypothese des alten Leibniz entzündete.

---

[1] Blondel beschreibt das *vinculum substantiale* als eine der Stammzellen seines Denkens: »Henry Joly [...] me dégagea de mes études de Droit commencées pour m'attacher d'abord à Leibniz et aux charmes secrets du *Vinculum Substantiale* (c'est même là une des *cellules-mères* de ma pensée [...])« (Blondel, Maurice, L'itinéraire philosophique de Maurice Blondel, propos recueillis par Fr. Lefèvre, Paris 1966, 29–30 (= Blondel (1966)).

[2] Die erste Transkription der *Première notule* erschien kurz nach Blondels Tod: Hayen, A.: »Le testament d'un maitre«, in: Les Etudes Philosophiques 7 (1952) 353–354. Einen ersten knappen Kommentar verdanken wir Saint-Jean, R.: Genèse de l'Action. Blondel 1882–1893, Paris/Bruges 1965, 52–55. Weitere Hinweise stammen von Henrici, Peter: »Zwischen Transzendentalphilosophie und christlicher Praxis. Zur philosophischen Methode Maurice Blondels«, in: Philosophisches Jahrbuch 75 (1968) 337. Ein Faksimile, die erste kritische Edition und vollständige Kommentierung finden sich in D'Agostino, Simone, Dall'atto all'azione. Blondel e Aristotele nel progetto de ›L'Action‹ (1893), Roma 1999, 15–40. 427–437. 440–441 (= D'Agostino (1999)).

[3] Faksimile, kritische Edition und Kommentar der *Note complémentaire* sind erschienen in: D'Agostino (1999), 158–175. 444–445.

I. Das vinculum substantiale in der Première notule

Die *Première notule* trägt die handschriftliche Datierung »5. Nov. 1882«[4]. Sie entstand demnach, wie sich Blondel selbst in seinem *Itinéraire philosophique* erinnert, zu Beginn des zweiten Pariser Studienjahres an der *École Normale Superieure*[5]. Doch sie nimmt Bezug auf eine Vorlesung Henri Jolys, etwas mehr als ein Jahr zuvor, genauer am 27. April 1881, in welcher der junge Maurice, damals noch als Student an der Universität Dijon, zum ersten Mal das Problem des *vinculum substantiale* hatte schildern hören und buchstäblich wie vom Blitz getroffen worden war. Über dieses Erlebnis besitzen wir keine genauen Angaben, sondern wissen lediglich, was der Philosoph später in einem Brief an seinen Freund Auguste Valensin schrieb, den er der *Retractatio* seiner lateinischen Dissertation als Einleitung voranstellte: »Die Erklärung, die er [Joly] für die Gründe des *vinculum* bei Leibniz gab, entsprachen, wie durch eine ›prästabilierte Harmonie‹, meinem noch recht vagen, aber sehr lebendigen Bedürfnis nach einem geistigen Realismus, der einem idealistischen Symbolismus ebenso entgegengesetzt ist wie einem abstrakten Idealismus«[6]. Diese im Abstand eines halben Jahrhunderts niedergeschriebenen Zeilen bezeugen das außerordentlich frühe Vorliegen einer der grundlegendsten philosophischen Einsichten Blondels. Nicht mehr.

Die *Première notule* erwähnt das *vinculum substantiale* ausdrücklich in Zeile 24 mit den folgenden Worten: »l'Unio [m]etaphysica, sans Vinculum substantiale«[7]. Der Satz steht am Ende einer Reihe aphoristischer Aussagen, in denen Blondel verschiedene Abschnitte der *Metaphysik* des Aristoteles, besonders aus dem Buch Lambda, zitiert und kommentiert. Man darf daher vermuten, dass die *Notule* eine Serie von Überlegungen festhält, die dem jungen Philosophen beim Studium des aristotelischen Hauptwerks, vor allem des bekannten und viel diskutierten zwölften Buches, gekommen waren. Die Frage, in deren Zusammenhang Blondel das *vinculum substantiale* hier aufs

---

[4] Die Datierung ist auf der Rückseite des Dokuments bestätigt: »Feuillet détaché de mon carnet de notes quotidiennes, datant de novembre 1882« (vgl. D'Agostino (1999), 441).

[5] »Il me semble donc que c'est ici que, le 5 novembre 1882, tout au début de ma seconde année d'Ecole Normale, je fixais ce titre [l'action]« (Blondel (1966), 34).

[6] Blondel, Maurice: Une énigme historique. Le ›Vinculum Substantiale‹ d'après Leibniz et l'ébauche d'un réalisme supérieur, Paris 1930, VII.

[7] Vgl. D'Agostino (1999), 441.

Tapet bringt, ist die nach dem Individuum. Gegen Ende der *Première notule* fallen zwei Sätze auf, die eine direkte Kritik des aristotelischen Prinzips der Individuation enthalten. Sie sollen nun im Einzelnen untersucht werden.

1. Die Materie als Prinzip der Individuation

Der erste Text, in dem Blondel Aristoteles wegen der Frage nach dem Prinzip der Individuation angreift, findet sich in den Zeilen 19 bis 22: »Embarras et complications d'Aristote. Tantôt la forme, [tan]tôt la matière principe d'individuation (Met. Λ. 2. p. 1069 b. 30) [Ar]istote attribue au 1er degré ce qu'il ne peut attribuer au 2ème, [c]e qui ne serait vrai que du 3ème.« Der beanstandete Satz in *Met.* Λ. 2. p. 1069 b. 30 ist zweifelsfrei der folgende: »[alle Dinge] unterscheiden sich durch ihre Materie (διαφέρει γὰρ τῇ ὕλῃ)«[8].

Im zweiten Kapitel von *Met.* Λ widmet sich Aristoteles der Entfaltung und Vertiefung einiger Fragen, die er im ersten Kapitel aufgeworfen hatte. Vor allem fragt er sich, welches die Prinzipien (*archai*) seien, die die verschiedenen Arten sinnlicher Substanzen bestimmen. Bekanntlich[9] handelt es sich um ein Gegensatzpaar (Form und Privation) sowie um die Materie. Wie David Charles gezeigt hat[10], ist die Frage deshalb interessant, weil Aristoteles darüber nachdenkt, ob es zulässig ist, jene Prinzipien auf wirklich ›alle‹ sinnlichen Substanzen, einschließlich der ewigen und unvergänglichen, anzuwenden. Am Anfang des Kapitels stellt er heraus, dass die sinnlichen Substanzen der Veränderung unterliegen, und erörtert, inwiefern daraus, trotz der verschiedenen Arten von Veränderung, das Gegensatzpaar und die Materie folgen. Im Anschluss entwickelt der Stagirit die These,

---

[8] Der vollständige Passus lautet: »Es genügt auch nicht zu sagen: ›Alle Dinge [waren] beisammen‹; denn die Dinge unterschieden sich durch ihre Materie – warum sonst ist unendlich Vieles geworden und nicht Eines? Denn der Geist ist *einer*, so dass, wenn auch die Materie *eine* wäre, der Wirklichkeit nach das geworden wäre, was die Materie der Möglichkeit nach war« (1069b 29–31). Den griechischen Text zitiere ich nach *Aristotelis Metaphysica*, recognovit brevique adnotatione critica instruxit, W. Jaeger, Oxford 1957, die deutsche Übersetzung nach Aristoteles, Metaphysik, übers. und eingel. von T. Szlezák, Berlin 2003.

[9] Siehe die Kapitel 6 bis 8 des ersten Buchs der *Physik* sowie *Met.* Z 7–9.

[10] Vgl. Charles, D.: »*Metaphysics* 2: matter and change«, in Frede; M./Charles, D. (Hg.): Aristotle's Metaphysics Lambda. Symposium Aristotelicum, Oxford 2000, 81–82 (= Charles (2000)).

wonach die Materie imstande ist, die Gegensätze aufzunehmen; bei der Gelegenheit setzt er sich, wie üblich, mit der Behandlung der Materie bei einigen seiner Vorgänger auseinander. Dann präzisiert Aristoteles seine These dahingehend, dass die Materie etwas in Potenz sei, aber nicht etwas Beliebiges. Daher genüge es nicht, wie Anaxagoras zu sagen, dass »alle Dinge beisammen [waren] (ὁμοῦ πάντα χρήματα)« (29–30), denn dann bliebe unerklärt, warum eine unendliche Menge voneinander verschiedener Dinge entstanden sei und nicht bloß ein einziges.

Die Frage ist von einiger Wichtigkeit: »ἐπ εἰ διὰ τί ἄπ ειρα ἐγένετο ἀλλ᾽ οὐχ ἕν;« (30–31). Die Unmöglichkeit des unterschiedslosen Zusammenfalls aller Dinge in ein einziges verweist uns auf eine Schlüsselstelle der aristotelischen Metaphysik im Buch Gamma zurück. In *Met.* Γ 4, 1007[b] 25–26 steht zu lesen: »Es ergibt sich, was Anaxagoras sagte: ›alle Dinge [sind] beisammen‹ (ὁμοῦ πάντα χρήματα), so dass nichts wirklich als Eines existiert.« Es handelt sich um eine der Folgerungen aus der Leugnung des Nichtwiderspruchsprinzips. Wenn alle einander widersprechenden Aussagen über dasselbe Subjekt zur gleichen Zeit wahr sind, wie die Leugner des Prinzips behaupten, ist klar, dass sich alle Dinge auf ein einziges reduzieren. Die Leugnung des sichersten Prinzips bzw. »der Verzicht auf den *logos* als Bestimmungsgrund führt«, wie Paolo Pagani richtig resümiert, »zum Zusammenfall aller Wesenheiten (auch der einander formal kontradiktorisch oder konträr entgegengesetzten). Auf die Weise ›ἓν π άντα ἔσται‹ (1007[a] 6), […] und das All-Eine seinerseits wäre etwas absolut Unbestimmtes (vgl. 1007[b] 18–34)«[11]. Um diese Unbestimmtheit, die, wie wir gesehen haben, der Natur des Seins zuwiderläuft, zu vermeiden, folgert Aristoteles nun in *Met.* Λ 2, die Materie sei notwendigerweise »eine bestimmte Art« von Ding und nicht »ein bestimmtes Ding«, wie einige Philosophen vor ihm irrtümlich angenommen hatten. Im Gegenteil, um es noch genauer zu sagen: »[M]atter is what is capable of change in the ways required by relevant form«[12]. Deshalb müssen verschiedene Arten von Materie, entsprechend den verschiedenen möglichen Arten der Veränderung, verschiedene Fähigkeiten besitzen.

---

[11] Pagani, P.: Contraddizione performativa e ontologia, Milano 1999, 339.
[12] Charles (2000), 97.

Der kritische Punkt bei Aristoteles dürfte einigermaßen deutlich sein: Die Materie als Prinzip[13] darf nicht als ein einziges Ding aufgefasst werden – sei es das Wasser des Thales oder das ursprüngliche *migma* des Anaxagoras –, weil sich die Dinge hinsichtlich ihrer Materie unterscheiden. Und der kritische Punkt bei Blondel? Dem jungen Philosophen zufolge steckt Aristoteles in der Klemme, weil er gleichzeitig zwei Prinzipien der Individuation annahm, nämlich sowohl die Form als auch die Materie. Was die Form betrifft, hält Blondel es für ausgemacht, dass es sich um eine aristotelische Lehre handelt, und gibt keine Bezugstexte an; was die Materie angeht, stützt er sich dagegen auf die Stelle, die wir gerade erörtert haben. Dann erklärt er seine Kritik genauer, indem er hinzufügt, jene Zuschreibung – gemeint ist natürlich die der Funktion des Prinzips der Individuation an die Materie – bedeute, dem ersten Grad das zuzuschreiben, was sich nicht einmal dem zweiten zuschreiben ließe, sondern in Wahrheit dem dritten Grad zugeschrieben werden müsste. Um welche Grade handelt es sich? Die Frage lässt sich schwer oder gar nicht beantworten, ohne den unmittelbar folgenden Satz heranzuziehen, in dem nun das *vinculum substantiale* erwähnt wird.

2. Das Individuum als zusammengesetzt aus Materie und Form

Hier also der zweite Text: »L'individu, au 3ème degré. Met. Λ III. 1070ᵃ 12: l'Unio [m]etaphysica, sans Vinculum substantiale«. Der angegebene Satz des Aristoteles ist der folgende: »Und drittens [gibt es] die aus diesen [beiden ersten zusammengesetzte] Einzelsubstanz (ἔτι τρίτη ἡ ἐκ τούτον ἡ καθ' ἕκαστα)«[14]. Es gibt demnach drei Arten von sinnlichen Substanzen. Die ersten beiden entsprechen den beiden positiven der drei oben erwähnten Prinzipien, nämlich Materie und Form; an dritter Stelle – das, was Blondel als dritten Grad bezeichnet – steht das aus den beiden ersten Zusammengesetzte, das *synholon*

---

[13] Es sei angemerkt sei, dass sich Aristoteles in diesem Abschnitt, wenn er von Materie spricht, nicht auf die *materia signata*, verstanden als Substrat mit gewissen Kennzeichen, sondern auf die potenzielle Materie, verstanden als Prinzip, bezieht.

[14] Der vollständige Passus lautet: »Substanzen aber gibt es drei: die Materie (ὕλη), die ein bestimmtes Etwas ist dem Anschein nach (denn was [nur] durch Berührung und nicht durch Zusammenwachsen ein bestimmtes Etwas ist, ist Materie und Substrat); die Natur [einer Sache] (φύσις), die ein bestimmtes Etwas ist und ein Zustand (ἕξις), zu dem (etwas wird); und drittens die aus diesen [zusammengesetzte] Einzelsubstanz (καθ' ἕκαστα), zum Beispiel Sokrates oder Kallias« (1070ᵃ 9–13).

oder Individuum. Es ist nicht verwunderlich, dass Aristoteles die Materie als Substanz betrachtet, wenn man dabei nicht, wie wir es seit Descartes und erst recht mit Spinoza unglücklicherweise gewohnt sind[15], an die Substanz als ein an sich bestehendes ›Ding‹ denkt, dem die Akzidenzen zukommen. Viel angemessener ist es, die Substanz stattdessen als ein »Prinzip der Beständigkeit und der Dauer« anzusehen, welches »das Seiende in seiner Gesamtheit, einschließlich seiner Akzidenzen, betrifft«[16]. In diesem Sinn stellt auch die Materie ein solches Prinzip in Bezug auf bestimmte Veränderungen, wie etwa das Entstehen und Vergehen von Gegenständen, dar. Doch als ›Substrat‹ bestimmter Veränderungen zu fungieren ist im Fall der Materie eine zwar notwendige, aber nicht hinreichende Voraussetzung, um in vollem Sinn Substanz zu sein[17]. Tatsächlich fehlt der Materie, etwas Bestimmtes und abtrennbar zu sein[18]. Nicht umsonst sagt Aristoteles in 1070ᵃ 9–10, die Materie sei »dem Anschein nach (τῷ φαίνεσθαι)« etwas Bestimmtes, was darauf schließen lässt, dass sie es an sich nicht ist[19]. Bestimmt und abtrennbar, wenigstens in Gedanken, ist eigentlich nur die Form[20]. Aber die Bezeichnung ›Substanz‹ kommt noch etwas Drittem zu, nämlich dem zusammengesetzten Einzelnen oder Individuum.

Damit kehrt eine altbekannte Frage[21] wieder: Einmal angenommen, die Materie sei im schwächstmöglichen Sinn (anscheinend) Substanz,

---

[15] Descartes zufolge können wir »unter Substanz nichts anderes verstehen als ein Ding, das so existiert, dass es zu seiner Existenz keines anderen Dinges bedarf« (*Principia Philosophiae*, I, 51). Das bedeutet, wie Spinoza zu Recht folgern wird, Descartes selbst aber bereits begriffen hatte, dass nur Gott alle Voraussetzungen erfüllt, um eine Substanz zu sein.

[16] Sacchi, D.: »Sostanza«, in: Enciclopedia filosofica, Milano 2006, 10888 (= Sacchi (2006)).

[17] Vgl. Judson, L.: »Formlessness and the Priority of Form: *Metaphysics*: Z 7–8 and Λ 3«, in: Frede; M./Charles, D. (Hg.), Aristotle's Metaphysics Lambda. Symposium Aristotelicum, Oxford 2000, 129 (= Judson (2000)).

[18] Obwohl Aristoteles alles das ausführlich in *Met.* Z 3 begründet, gibt es Interpreten dieses berühmten Kapitels, denen zufolge die Materie eine Substanz ist (z. B. Irwing, T.: Aristotle's First Principles, Oxford 1988, 204–211).

[19] Aristoteles vertritt dieses Argument klar in *De Anima* B 1, 412ᵃ 7–8.

[20] An unserer Stelle (1070ᵃ 11) ist Natur (φύσις) gleichbedeutend mit der Form (εἶδος); vgl. Judson (2000), 129–130.

[21] Die Frage entzündet sich herkömmlicherweise an der – in Wahrheit mehr scheinbaren als wirklichen – Abweichung zwischen der Behauptung des Aristoteles in den *Kategorien*, dass die Substantialität vorrangig dem Individuum zukomme, und den Ausführungen in *Met.* Z, denen zufolge der Vorrang bei der Form liege. Aufgrund dieser Unstimmigkeit sind einige Interpreten gar zu der Ansicht gelangt, die *Kate-*

welche der beiden verbleibenden Bedeutungen besitzt dann letztlich der Rang der Substantialität, die Form oder das Individuum? Die klassische, vor allem von der thomistischen Tradition vertretene Lösung, optiert für das Individuum[22] und macht aus der Materie (*signata*) das Prinzip der Individuation[23]. Was Aristoteles selbst betrifft, liegen die Dinge komplizierter. Im Hinblick besonders auf unsere Stelle bemerkt Lindsay Judson: »I should stress that this seems to me to be compatible both with the view that substantial forms are particular forms in the sense defended by Frede and Patzig and with the view that particular composites of the same kind are distinct realizations of one and the same substantial form«[24]. Judson bezieht sich hier auf zwei prominente Deutungen: die eine, bis vor wenigen Jahren gängigere, wurde beispielsweise von Bonitz in seinem Kommentar zur *Metaphysik* vertreten, wenn er schreibt: »forma enim ubi una eademque est, diversitas repetenda est e materia«[25]; die andere Deutung trugen in jüngerer Zeit Michael Frede und Günter Patzig in ihrem grundlegenden Kommentar des Buches Z vor. Sie zeigen – mit einer Überzeugungskraft, die Enrico Berti dazu brachte, seine diesbezügliche

---

gorien seien überhaupt kein Werk des Aristoteles (vgl. z.B. Mansion, S.: »La première doctrine de la substance: la substance selon Aristote«, in: Revue Philosophique de Louvain 44 (1946) 349–369).

[22] Was Thomas selbst betrifft, ist die Frage freilich vielschichtiger, denn der Aquinate passt die Individuation dem ontologischen »Gewicht« der verschiedenen Seienden an. Vgl. dazu die klassische Studie von Klinger, Ingbert: Das Prinzip der Individuation bei Thomas von Aquin, Münsterschwarzach 1964; Owens, J.: »Thomas Aquinas: Dimensive Quantity as Individuating Principle«, in: Medieval Studies 50 (1988) 279–310; Caspar, Ph.: »Thomas d'Aquin a-t-il tenté d'exprimer le principe d'individuation à l'intérieur des propriétés transcendentales de l'être?«, in: Aquinas 34 (1991) 41–50; Hughes, C. T.: »Matter and Individuation in Aquinas«, in: History of Philosophy Quarterly 13 (1996) 1–13; und insbes. Wippel, J. F.: The Metaphysical Thought of Thomas Aquinas. From finite being to uncreated being, Washington (D.C.) 2000, 327–375.

[23] »Et ideo sciendum est quod materia non quolibet modo accepta est indiuidationis principium, sed solum materia signata; et dico materiam signatam quae sub determinatis dimensionibus consideratur [...]. Sic etiam essentia generis et speciei secundum signatum et non signatum differunt, quamuis alius modus degnationis sit utrobique: quia designatio indiuidui respectu speciei est per materiam determinatam dimensionibus, designatio autem speciei respectu generis est per differentiam constitutiuam que ex forma rei sumitur« (Thomas Aquinas, De ente et essentia, in: ders., Opera omnia iussu Leonis XII P.M. edita, vol. XLIII, cura et studio Fratrum Predicatorum, Roma 1976, cap. ii, 73–77. 90–96).

[24] Judson (2000), 129 Anm. 52.

[25] Bonitz, H.: Aristotelis Metaphysica, I–II, Bonn 1848–1849, II, 474.

Ansicht zu revidieren[26] –, dass die Standardauffassung des Prinzips der Individuation, wonach die Materie die allgemeine Form individuiert, einer sorgfältigen und genauen Analyse von *Met.* Z nicht standhält[27]. Denn es scheint, dass die Materie, wäre die Form individuell, nicht mehr das Prinzip der Individuation sein kann, sondern ihre individuierende Rolle nur behält, solange die Form als allgemein aufgefasst wird. Ist nicht vielleicht das der von Blondel beanstandete Widerspruch? Judson hingegen meint, wie wir gesehen haben, alle beiden Standpunkte seien mit Λ 3 verträglich. Berti verdeutlicht die Frage: »Die Tatsache, dass das Prinzip der Individuation die Materie sei, wie es die authentische Lehre des Aristoteles verlangt, hindert die Form nicht daran, ihrerseits individuell, nämlich genau dasjenige zu sein, was von der Materie individuiert wird, obgleich es mit den anderen Formen derselben Art auf spezifische Weise identisch bleibt. Die Formen sind also individuell, und was sie individuiert, ist, dass sie Formen verschiedener Materien sind. [...] Die Tatsache, dass Sokrates und Kallias ihrer Form nach identisch sind, besagt nicht, dass sie eine numerisch identische, das heißt eine Art allgemeiner Seele hätten, sondern bedeutet, dass sie eine lediglich der Zahl nach verschiedene

---

[26] Seine aufschlussreiche *retractatio* lautet: »Was dagegen die Behandlung der Substanz und ihrer ersten Ursachen betrifft, halte ich es für erforderlich, einige doppeldeutige Behauptungen richtigzustellen, die ich in der ersten Auflage [1962] gemacht habe, insbesondere jene auf S. 409, wo es heißt, die Form, nämlich die formale Ursache der Substanzen sei allgemein und falle mit der niedersten Art in eins. Diese Behauptung steht in Widerspruch zu dem, was ich selbst auf S. 235 geschrieben habe, nämlich dass die Form ›nicht mit der Art, verstanden als allgemeines Prädikat, zusammenfällt, sondern dasjenige ist, was der einzelnen Substanz ihre spezifische Bestimmtheit verleiht und bewirkt, dass sie zu der Art gehört‹. Heute [2004] muss ich diese letztere Behauptung unterstreichen und die erste berichtigen, weil ich ganz zu der Überzeugung gelangt bin, dass die von Aristoteles ›erste Substanz‹ genannte Form, das heißt die Ursache der Substanz, in *Met.* Z etwas Einzelnes, von den anderen Formen derselben Art numerisch Verschiedenes, wenn auch der Art nach mit ihnen Identisches, darstellt. Das Verdienst, diesen Punkt endgültig geklärt zu haben, gebührt meines Erachtens dem hervorragenden Kommentar zu *Met.* Z von M. Frede und G. Patzig« (Berti, E.: Aristotele. Dalla dialettica alla filosofia prima, con saggi introduttivi, Milano 2004, 80; vgl. auch Ders.: »Il concetto di ›sostanza prima‹ nel libro Z della *Metafisica*«, a.a.O., 529–549 (= Berti (2004)); orig. in: Rivista di Filosofia 80 (1989) 3–23).

[27] Frede, M./ Patzig, G.: Aristoteles ›Metaphysik Z‹. Text, Übersetzung und Kommentar, I–II, München 1988 (= Frede/Patzig (1988)) (siehe bes. den Kommentar zu Z 8, 1034[a] 7–8); vgl. ferner Frede, M.: »Individuals in Aristotle«, in: ders., Essays in Ancient Philosophy, Oxford 1987, 49–71; ders. »Substance in Aristotle's Metaphysics«, a.a.O., 72–80. Vgl. auch Lloyd, A. C.: Form and Universal in Aristotle, Liverpool, 1981; ders.: »Aristotle's Principle of Individuation«, in Mind 79 (1970) 519–529.

Seele haben«[28]. Der Schlüssel zur Auflösung des Dilemmas – und zur Versöhnung der Lehre der *Kategorien* mit derjenigen von *Met.* Z – liegt also darin, dass Aristoteles hier keineswegs behauptet, zur Definition des Individuums (*synholon*) genüge es, die Form ›unabhängig‹ von der Materie zu bestimmen, sondern bestimmt wird zwar wohl die Form, aber stets als die Form einer Materie[29].

Blondel verfügte zugestandenermaßen nicht über das ausgeklügelte philologische und hermeneutische Instrumentarium Fredes, Patzigs oder Bertis, sondern kannte durch Émile Boutroux, seinen Professor für Philosophiegeschichte zur Entstehungszeit der *Première notule*, vor allem die Interpretation Eduard Zellers. Boutroux war ein Schüler Zellers und hatte einige seiner Werke ins Französische übersetzt. Zeller vertrat eine streng aporetische Lesart der aristotelischen Philosophie. Auf der einen Seite stand eine Deutung der Wirklichkeit auf der Grundlage der individuellen Substanz, auf der anderen eine Deutung der Wissenschaft, deren einzig möglicher Gegenstand das Allgemeine darstellte[30]. Diese Aporie prägte zutiefst den philosophischen Ansatz des jungen Blondel, wie sich bei aufmerksamer Lektüre von *L'Action* (1893) klar feststellen lässt[31]. Infolgedessen konnte der junge Philosoph weder den Unterschied noch die Vereinbarkeit zwischen der Materie als Prinzip der ›numerischen‹ Individuation und der Form als Prinzip der ›spezifischen‹ Identifikation erfassen. Doch geht es mir hier nicht darum, ein Urteil über die Einschlägigkeit der Blondel'schen Aristotelesinterpretation zu fällen, sondern die darunterliegende philosophische Frage zu Tage zu fördern.

Wie aus dem Bisherigen hervorgeht, steht in den Texten seiner Anfangszeit die ›Substanz‹ in ihrer ontologischen Verfasstheit und ihrer epistemischen Einsehbarkeit zur Diskussion. Blondel bringt seine Kritik an Aristoteles auf einen klaren Punkt: Jenes Individuum, die

---

[28] Berti (2004), 537.

[29] Vgl. Frede/Patzig (1988), II, 217–220.

[30] Vgl. Zeller, E.: Die Philosophie der Griechen in ihrer geschichtlichen Entwicklung, I–VI, Leipzig 1844–1852, ³1879, ND Hildesheim 1963; frz. *La philosophie des Grecs*, I–III, übers. von Boutroux, E.: Paris 1877–1882. Im Gegensatz zu Zeller meint Berti, dass die Aporie nicht besteht: »Es kann sehr wohl eine Wissenschaft auch der individuellen Substanz geben, insofern diese, als Form oder dank der Form, mit allen anderen Substanzen derselben Art auf spezifische Weise identisch ist, und daher in Gedanken verallgemeinert werden bzw. als Allgemeines erkannt werden kann« (Berti (2004), 542).

[31] Das Verhältnis zwischen Boutroux und Zeller sowie den Einfluss Boutroux' auf Blondel habe ich ausführlicher dargestellt in D'Agostino (1999), 129–149. 270–288.

zusammengesetzte Substanz, das von ihm auf die dritte Stufe seiner Theorie gesetzte *synholon*, ist eine *unio metaphysica* ohne *vinculum substantiale*. Durch die Wahl seiner Ausdrücke gibt Blondel die Kritik an der aristotelischen Substanz als ›leibnizianisch‹ zu erkennen. Um die Tragweite dieser Feststellung richtig zu verstehen, bedarf es der *Note complémentaire*. Sie bringt in jeder Hinsicht eine Vertiefung jenes Abschnitts der *Première notule*, den wir gerade untersucht haben.

II. Das vinculum substantiale gemäß der Note complémentaire

Die *Note complémentaire* trägt diesen Titel, weil Blondel in ihr meines Erachtens das, was er in der *Première notule* aphoristisch andeutet, ergänzt und spezifiziert. Wie diese berühmte Notiz, so ist auch jene Anmerkung eine »Variation« über die *Metaphysik* des Aristoteles, bestehend aus Zitaten und Erläuterungen, vermutlich zur selben Zeit wie diese entstanden[32]. Auch in der *Note complémentaire* wird das *vinculum substantiale* ausdrücklich erwähnt, aber genauer besprochen als in der *Première notule*. Man kann sogar sagen, dass es den spekulativen Kern des Textes bildet. Die ergänzende Notiz beginnt ebenfalls mit einem Zitat von *Met.* Λ 2, 1069^b 30: »La diversité des êtres venant de la diversité de la matière!«, so dass sie unmittelbar an den ersten der beiden gerade erörterten Sätze aus der *Première notule* anschließt. Es geht um die Frage nach der »Spezifikation« der Seienden im Sinn dessen, was ihre Individuation bestimmt: desjenigen, was uns Auskunft gibt über die wirkliche Eigenheit eines zusammengesetzten Seienden, darüber, was ein Individuum an sich selbst ist. Blondel verweist auf eine äußerst wichtige Stelle, an der Aristoteles schreibt: »B + A. & BA ne sont pas identiques Mét. Λ. IV«. Es handelt sich um einen Abschnitt aus Λ 4, der unmittelbar auf die oben erwähnten Stellen aus Λ 2 und Λ 3 folgt: »Keines der Elemente kann nämlich dasselbe (οἷον) sein wie das, was aus den Ele-

---

[32] Ich vermute, dass die *Note complémentaire* ein Überbleibsel aus einer Reihe von Notizen zur Lektüre der *Metaphysik* darstellt, von denen die *Première notule* einen knappen Abriss bietet (vgl. D'Agostino (1999), 158–175). Es könnte sich auch um jene »obscure et abréviative notation« handeln, auf die sich Blondel in seinem Brief an Emile Boutroux vom 16. September 1886 bezieht (Blondel, Maurice, *Lettres philosophiques*, Paris 1961, 10).

menten zusammengesetzt (συγκειμένῳ) ist, z.B. kann B oder A nicht dasselbe sein wie BA«[33]. Anders gesagt: Die Einheit ist etwas anderes als die bloße Summe ihrer Elemente.

1. Das ›andere‹ als Prinzip

Wir rühren damit an einen der heikelsten Punkte der aristotelischen Abhandlung über die Substanz, die Frage nach ihrer *archê*. Es ist kein Zufall, dass sich die beste Erklärung der Auffassung des Aristoteles am Ende des Buches Z findet, im siebzehnten Kapitel, wo er die Frage nach der Substanz auf die nach dem Grund zurückführt. Dort, am Ende jenes Buches, das als sein Meisterstück gelten kann, nimmt der Philosoph die Frage wieder auf, was unter Substanz zu verstehen sei, und hebt zunächst hervor: »Nach dem Warum wird immer so gesucht, dass man fragt, warum eine Sache einer anderen zukommt (ὑπ ἀρχει)« (*Met.* Z 17, 1041ᵃ 10–11). Sich lediglich auf die Behauptung zu beschränken, dass jedes Ding das ist, was es ist, wäre eine Banalität und eine Verlegenheitslösung. Die Frage nach einer Ursache besitzt dagegen die folgende Form: »Warum sind diese Dinge hier, etwa Ziegel und Steine, ein Haus?« (26–27). Weiter unten steht die Antwort: »Weil ihnen das zukommt, was von vornherein das Haus-Sein war (ὅτι ὑπ ἀρχει ὅ ἦν οἰκίᾳ εἶναι)« (1041ᵇ 6). Was die »einfachen« Dinge betrifft, kann eine solche Frage nicht aufkommen (oder, genauer gesagt, kommt es zu einer anderen Art von Frage), weil sie in einem gewissen Sinn sich selbst angehören. Ein Grund nachzufragen besteht dagegen hinsichtlich der »zusammengesetzten« Dinge.

Hier der Anfang einer solchen Untersuchung: »Da aber das, was aus etwas in der Weise zusammengesetzt ist (σύνθετον), dass das Ganze Eines ist (ἕν εἶναι τὸ πᾶν) nicht wie ein Haufen, sondern wie die Silbe – die Silbe aber ist nicht die Buchstaben (στοικεῖα), und b und a sind nicht dasselbe wie ›ba‹ [...]; folglich ist die Silbe etwas (ἔστιν ἄρα τι), nicht nur die Buchstaben, also Vokal und Konsonant, sondern noch etwas anderes (ἕτερόν τι)« (Met. Z 17, 1041ᵇ 11–17). Wenn das zutrifft, muss jenes »andere« entweder ein Element oder aus Elementen zusammengesetzt sein, und in beiden Fällen geraten wir in einen unendlichen Regress. Ist das »andere«, das die Einheit mehrerer Elemente bildet, seinerseits ein weiteres Element, muss noch ein Element

---

[33] *Met.* Λ 4, 1070ᵇ 4–6.

existieren, das die Einheit des Zusammengesetzten mit diesem Element rechtfertigt und so fort ins Unendliche; verdankt sich die Einheit hingegen einem aus Elementen Zusammengesetzten, verfällt man unmittelbar dem unendlichen Regress. Beide Lösungen vermehren lediglich die Zahl der Elemente; statt das Problem zu lösen, entfernen sie sich noch weiter von der Einheit, die sie erklären sollen. Deshalb resümiert Aristoteles: »Man sollte aber meinen, dass dies[e] etwas ist, und zwar nicht ein Element, und dass es jedenfalls die Ursache (αἴτιον) dafür ist, dass dies hier Fleisch, dies hier eine Silbe ist; ebenso auch bei allem anderen. Dies ist nun für jedes Ding die Substanz (οὐσία δὲ ἑκάστου μὲν τοῦτο) – denn dies ist die erste Ursache seines Seins (τοῦτο γὰρ αἴτιον πρῶτον τοῦ εἶναι). [...] So dürfte sich diese Natur, die nicht Element ist, sondern Prinzip (ἀλλ᾽ ἀρχή), als Substanz erweisen« (1041^b 25–31).

Demzufolge geht die Substanz in ihrem ureigensten Sinn den Elementen, aus denen sie zusammengesetzt ist, voraus, insofern diese nicht die Teile sind, die jene bilden, sondern die Stücke, in die sie zerlegt werden kann. Dario Sacchi erläutert: »Nicht die Merkmale begründen die Einheit, sondern die Einheit begründet die Merkmale. Niemand ist ein Mensch, weil er ein Lebewesen und vernünftig ist, sondern er ist ein Lebewesen und vernünftig, weil er ein Mensch ist«[34]. Dabei darf man nicht in den Irrtum verfallen, sich den Grund selbst wie eine Art »reales Subjekt« zu denken, von dem wiederum ein Grund gesucht werden müsste. Tatsächlich geht es hier um die Vorgängigkeit des Grundes gegenüber dem Begründeten, nicht um die Vorgängigkeit des Subjekts oder Substrats gegenüber den Eigenschaften, die es kennzeichnen. Sokrates kann zerlegt werden in Materie und Form, in Leib und Seele als die Elemente, aus denen er zusammengesetzt ist; aber Sokrates ist keinesfalls Sokrates einfach wegen seiner Materie, die ihn zu einem numerisch von allen anderen Menschen derselben Art verschiedenen Individuum macht, oder wegen der Form des Menschseins, die ihn der Art nach identifiziert, indem sie ihn allen anderen Menschen ähnlich und von allen anderen Arten von Lebewesen verschieden macht. Was Sokrates ist, seine Substanz, ist seine individuelle Seele, die seine Form ist: jene Form jener bestimmten Materie. Die individuelle Seele des Sokrates ist der Grund dafür, dass er eine bestimmte Substanz ist. Aristoteles nennt

---

[34] Sacchi (2006), 1887.

sie »erste Substanz«[35] bzw. ersten Akt eines mit Leben in Potenz begabten organischen Körpers.

2. Das vinculum substantiale als dritter Begriff

Angesichts dessen fragt sich Blondel: »La spécificité est elle dans les principes ou dans le composé? ibid« und antwortet sogleich: »La substance est à la fois, la cause & le résultat«. Das heißt: Liegt die Artbestimmtheit (hier meiner Auffassung nach zu verstehen im Sinn dessen, was Aristoteles in Z 17 die Ursache nannte, warum etwas ein derartiges ist) in den Elementen von Materie und Form (die Blondel in Anbetracht von Λ 2 hier Prinzipien nennt) oder in dem Zusammengesetzten? Aristoteles lieferte bereits die Argumente gegen diese beiden Lösungen. Blondel nimmt folgerichtig die Notwendigkeit eines »dritten Begriffs« an (der genau jenem »anderen« entspricht, von dem Aristoteles gesprochen hatte), und identifiziert ihn mit dem *vinculum substantiale*, dessen Natur er mit zwei eigens gebildeten Begriffspaaren angibt: »ὕλη συνθέτου, ἐντελεχεία π επ ερασμένη«. Der Ausdruck »Materie des Zusammengesetzten« soll eine Materie bezeichnen, die gleich der aristotelischen Materie ein Prinzip der Individuation darstellt, ohne wie diese auch ihrem Wesen nach unbestimmt zu sein. Es ist nicht die Materie ›in‹ dem Zusammengesetzten, als Element von diesem, sondern eigentlich die Materie ›des‹ Zusammengesetzten selbst. Der Ausdruck »bestimmter Akt« bedeutet einen Akt bzw. eine Form, die nichts Allgemeines und deshalb nur das Prinzip der spezifischen Identifikation ist, wie die Art, sondern etwas vollständig Individuelles. Dieser Ausdruck entspricht in jeder Hinsicht dem, was Aristoteles im Blick auf die individuelle Form darlegte, in der letztlich die »erste Substanz« als der Seinsgrund aller zusammengesetzten Substanzen besteht. Blondel gebraucht freilich nicht den Begriff der Form, denn seine von Zeller geprägte Sichtweise verbietet ihm, die aristotelische Form anders als ein Allgemeines zu verstehen; für ihn entspricht die Form immer der Art. Doch von einem vornehmlich theoretischen Standpunkt aus betrachtet lässt sich die Entsprechung zwischen der als individuelle Form verstandenen ersten Substanz des

---

[35] »Es ist aber auch klar, dass die Seele die Substanz im ersten (primären) Sinn ist, der Körper aber die Materie, der Mensch oder das Lebewesen das aus beiden Zusammengesetzte« (*Met.* Z 11, 1037ᵃ 5–7).

Aristoteles und dem von Blondel gesuchten fehlenden »dritten Begriff«, dem *vinculum substantiale* eben, nicht übersehen.

Es muss dennoch betont werden, dass diese unbestreitbare theoretische Übereinstimmung in Wahrheit nur heuristischer Natur ist. Sie betrifft das Problem (den Seinsgrund der zusammengesetzten Substanzen) und die Weise seiner Lösung (eine von den Elementen des Zusammengesetzten verschiedene Bestimmung). Der größte Unterschied zu Aristoteles liegt in der Tatsache begründet, dass jener »bestimmte Akt« Blondel zufolge nicht die individuelle Form der zusammengesetzten Substanz sein kann. Er beeilt sich vielmehr hinzuzufügen: »la forme elle-même n'est qu'une puissance de contraire«. Die Form ist also etwas Allgemeines, in der Potenz, ihrerseits individuiert zu werden, und deshalb nichts wahrhaft Bestimmtes. Daher kann die wahre Bestimmung letztlich durch nichts anderes verursacht sein als eine individuierende Materie. Bei ihr darf es sich jedoch nicht um jene unbestimmte Materie handeln, die selbst Element der zusammengesetzten Substanz ist: »Il y a une matière qui est puissance de contraires mais par rapport à une matière sup^re (Caro Verbi), souverain π ἔρας«. Jenseits der (ersten) Materie und der Form gibt es eine »andere« (zweite) Materie, die »ὕλη συνθέτου«, einen bestimmten Akt der zusammengesetzten Substanz und zugleich in Potenz, die Gegensätze im Hinblick auf eine noch höhere Bestimmung aufnehmend, die ihrerseits keine Form, sondern eine (dritte) besondere Materie ist: der Leib Christi. Diese Bemerkung zielt natürlich auf das Dogma der eucharistischen Transsubstantiation, das im Mittelpunkt der verwickelten Diskussionen zwischen Leibniz und des Bosses stand. Aber dieser Umstand scheint mir für das zugrundeliegende metaphysische Projekt nicht unbedingt entscheidend, denn die »ὕλη συνθέτου« ist vollständig wirklich und bestimmt hinsichtlich der Materie und der Form des Zusammengesetzten und ist in Potenz allein hinsichtlich jenes höchsten *peras*, welches *Caro Verbi* ist. Dieses fungiert mit anderen Worten nicht unmittelbar als Bestimmung der zusammengesetzten Substanzen[36].

---

[36] Es ist kein Zufall, dass Blondel am Rand der *Note complémentaire* hinzufügt: »Se tenir entre la nécessité & l'impossibilité de l'incarnation, de la providence, de la création«. Das bedeutet, dass in jener metaphysischen Struktur zwar die Möglichkeit für das eucharistische Wunder offen bleiben, aber nicht dieses selbst zum Grund des Seins gemacht werden soll.

III. Vom Phänomen zum Grund

Am Ende dieser kurzen Analyse möchte ich zusammenfassend den gemeinsamen Horizont herausstellen, in dem sich die Überlegungen des Buches Z der *Metaphysik* des Aristoteles einerseits und der frühen philosophischen Notizen Blondels andererseits bewegen, und das, obwohl diese als Kritik an jenen formuliert sind. Wie wir gesehen haben, eröffnet die aristotelische Abhandlung über die Substanz eine Bandbreite möglicher Lösungen:

Was ist im eigentlichen Sinn Substanz? Die Materie, die Form, das Zusammengesetzte oder das konkrete Einzelne? Vom Standpunkt des natürlichen Werdens aller Dinge aus betrachtet, muss die Antwort lauten, dass die Materie ohne Zweifel das offensichtlichste Substrat (ὑπ οκείμενον) aller Veränderung darstellt, denn eigentlich ist sie »dasjenige, was sich ändert«. Doch die Materie ist definitionsgemäß unbestimmt, und als solche hängt sie folglich von demjenigen ab, was imstande ist, ihr jene Bestimmung zu verleihen, die ihr fehlt. Aus diesem Grund kann die Materie nicht in vollem Sinn Substanz sein, sondern die Bezeichnung scheint auf das *synholon*, das konkrete Einzelne zuzutreffen. Von einem rein »phänomenischen« Standpunkt steht außer Frage, dass das konkrete Einzelne, alle Kennzeichen besitzt, um im höchsten Grad Substanz zu sein. Aber was die Bestimmung seines eigentümlichen Seins anbelangt, hängt das Individuum ganz von der Form ab, weshalb von einem streng »ontologischen« Standpunkt die Form die wahre Ursache des Zusammengesetzten bzw. die erste Substanz ist: »Denn die Substanz ist die in einem Ding enthaltene Form, aus der zusammen mit der Materie die Substanz besteht, die die konkrete genannt wird (ἡ γὰρ οὐσία ἐστὶ τὸ εἶδος τὸ ἐνόν, ἐξ οὗ καὶ τῆς ὕλης ἡ σύνολος λέγεται οὐσία)« (1037ᵃ 29–30). Doch »in einem Ding enthalten« bedeutet »nicht getrennt von der Materie«, wie es bei der Form der unbeweglichen Substanzen der Fall wäre[37]. Es handelt sich daher um die Form der materiellen Substanzen, der diese die Bestimmung und die Definition ihres Seins verdanken: um ihr Wesen. Die Form ist das »Warum« des Zusammengesetzten. Während dieses

---

[37] Die Form von der Materie zu trennen und zu verselbständigen war der Irrtum der Platoniker. Gewiss ist die unbewegliche Substanz für Aristoteles absolut einfach und getrennt, aber ebenso einfach – im Sinn der Einfachheit ihres Prinzips – ist auch die individuelle Form des Zusammengesetzten, die nicht von der Materie getrennt werden kann.

sein Wesen, sein das-Sein-was-es-ist, dem Umstand verdankt, dass ihm die Form zukommt, ist die Form selbst etwas »Einfaches«, das zu seinem das-Sein-was-es-ist keiner weiteren Ursache bedarf als seiner selbst. Die Suche nach der Substanz gelangt in ihr zu ihrem Abschluss[38].

Eine solche in einem Ding enthaltene Form ist gleichzeitig sowohl von der Materie untrennbar als auch in Gedanken abtrennbar und verallgemeinerbar. Dieser doppelte Aspekt der individuellen Form erlaubt es Aristoteles, das Phänomen und den Grund, die Individualität und das Wesen zusammenzuhalten. Enrico Berti bemerkt zu Recht: »Dank der Form kann die materielle Substanz definiert werden, natürlich nicht in ihrer Individualität, die von der Materie abhängt, aber wohl in ihrer Artbestimmtheit, die für alle Substanzen derselben Art identisch ist. Was sodann die Form an sich betrifft, lässt sich sagen, dass durch sie, da sie sowohl ein Einzelnes als auch definierbar ist, sogar das Individuum definiert werden kann, wenn auch stets nur in seiner Artbestimmtheit, denn diese bleibt individuiert durch ihre Beziehung zur Materie, die ihrerseits nicht definierbar ist«[39].

War das nicht vielleicht gerade das Problem, das der junge Maurice Blondel mit Hilfe des *vinculum substantiale* lösen zu können meinte? Da er die Form im Gefolge Zellers und Boutroux' als etwas unausweichlich Allgemeines verstand, war er gezwungen, einen anderen Begriff zu suchen, der als *realizans phaenomena* fungieren und die Form individuieren konnte, ohne dass dies den Rückfall auf eines der Elemente des Zusammengesetzten (die phänomenische Materie und die intelligible Form) oder die Beschränkung auf das Zusammengesetzte selbst und die Aufgabe der Suche nach der Ursache seiner Substantialität bedeutete. In den Texten seiner Anfangszeit, die wir erörtert haben, tut Blondel im Grunde nichts anderes, als die »erste Substanz« zu suchen, die Ursache des Seins dessen, was nicht an sich etwas Einfaches ist, das heißt der Wirklichkeit unserer Erfahrung. Für Aristoteles wie für Blondel handelt es sich letztlich darum, die Bedingungen der Möglichkeit der »Wissenschaft« zu finden, und zwar durch etwas, das gleichursprünglich die Möglichkeit einer Übereinstimmung zwischen Erscheinung und Sein, zwischen Phänomenen und Grund, zwischen Sinnlichkeit und Verstand rechtfertigt.

---

[38] Etwas anderes wäre die »theologische« Erforschung der ersten Ursachen der Substanz sowie der Existenz der übersinnlichen Substanzen.

[39] Berti (2004), 541.

An einer bedeutsamen Stelle der lateinischen These von 1893, an der er die beiden Texte, von denen ich ausgegangen bin, weiter entfaltet, erklärt Blondel, beim Entfernen jedes *vinculum* blieben die Körper bloße Phänomene, während durch das Setzen der *vincula* die zusammengesetzte Substanz von einem bloßen Aggregat zur »wahren Substanz« werde[40]. Gleichwohl sieht sich der Philosoph zu der Erläuterung genötigt, die Substantialität des *vinculum* sei nicht selbst etwas Substanzartiges. Das bedeutet – ganz auf der Linie dessen, wofür ich die ganze Zeit eingetreten bin –, dass das Prinzip der Substantialität nicht mit dem *synholon*, dem konkreten, phänomenal erfahrbaren Individuum, zusammenfällt, weil es sich bei dem *vinculum* lediglich um dasjenige handelt, was dem sichtbaren Körper Realität verleiht, sein Prinzip der Substantialität, jener Grund, der dafür sorgt, dass »das, was erscheint, und das, was ist, obwohl sie sich in der Erkenntnisordnung gänzlich unterscheiden, dennoch ein und dieselbe Realität bilden«. Genau in diesem Sinn schließt Blondel mit der Behauptung: »Wirklich ist es [das *vinculum*] eine Substanz.«[41]

---

[40] »Tolle vinculum omne: tunc corpora in phaenomena mera abeunt; nulla datur continuatio realis (II, 517); ›extensio ipsa nihil foret nisi phaenomenon resultans ex apparentiis simultaneis coordinatis; et eo ipso omnes controversiae de compositione continui cessarent‹. Pone autem vincula: extemplo quod tantummodo organicum erat aggregatum seu substantiatum, fit vera substantia« (Blondel, Maurice: Le lien substantiel et la substance composée d'après Leibniz, Louvain; Paris 1972, [48] 238–239).

[41] »Nec tamen substantiatum ipsa est vinculi substantialitas; sed patenti corpori occultam confert realitatem Vinculum; ita ut quae apparent et quae sunt, licet omnino cognoscendi ratione differant, unum idemque revera exstent (cf. IV, 575–76). Reapse illud substantia est [...]« (ebd.).

Margit Kopper

Rationalismus und Gottesgewissheit

Die Auseinandersetzung Maurice Blondels und Victor Delbos'
mit Spinozas »Ethik«

In dem Kapitel *La raison de l'action* seines Hauptwerks erklärt Blondel, wie die Vernunft in der »action« erscheint und welche Rolle sie
für die Genese des freien Willens spielt. Dort findet sich die Bemerkung:
»Die Reflexion ist nicht steril, sie ist die Kraft der Kräfte; und sie
kann wie ein Hebel auf die Idee des Unendlichen gestützt das Universum aus den Angeln heben. Deshalb nämlich wirkt die Theorie auf
die Praxis ein; denn das Denken ist eine Form der *action*, aus der es
einen freien Willen macht. Darum nämlich sind die spekulativen
Doktrinen der Moralisten Ereignisse in der Ausbildung der allgemeinen Moral« (A (118 f.) 152 f./145)[1].
Vernunft und Reflexion sind ebenso wie das individuelle Bewusstsein
und das Phänomen nicht das Erste. Sie sind Ergebnisse eines vorra-
tionalen Prozesses, der *action*, die im Denken nur eine *Form* erreicht.
Das Denken korrespondiert gleichwohl, wenn auch nur auf reflexive
Weise[2], indem es die Idee des Unendlichen bildet, die auf reflexive
Weise der indeterminierbaren *action* entspricht:
»L'acte volontaire va donc de l'infini à l'infini, parce que l'infini y est
cause efficiente et cause finale« (A (120) 154/147)[3].

---

[1] Maurice Blondel, L'Action: Essai d'une critique de la vie et d'une science de la pratique. Paris: Alcan, 1893 bzw. P.U.F., 2 (1950) und 3 (1973). Zitiert nach P.U.F. 1950.
L'action III 2ième étape, Du seuil de la conscience à l'opération volontaire, ch.II:
»La réflexion n'est pas stérile, c'est la force des forces; et comme un levier appuyé sur
l'idée de l'infini, elle peut soulever l'univers. Voilà pourquoi la théorie agit sur la pratique; car la pensée est une forme de l'action dont elle fait une volonté libre. C'est
pour cela aussi que les doctrines spéculatives des moralistes sont des événements
dans la formation de la morale générale.« (Eigene Übersetzungen der Autorin).
[2] »En deux mots: la conscience de l'action implique la notion d'infini; et cette notion
d'infini explique la conscience de l'action libre.« »Kurz: das Bewusstsein der Tat
schließt die Idee des Unendlichen ein; und die Idee des Unendlichen macht das Bewusstsein der freien Handlung aus«, 118.
[3] »Die gewollte Tat geht so vom Unendlichen zum Unendlichen, da das Unendliche in
ihr hervorbringende Ursache und Zweckursache ist.«

Blondels Philosophie stellt uns somit mindestens zwei Seinsweisen der *action* vor: ein vorbewusstes Sichhervorbringen des Seins und ein im individuellen Bewusstsein der Freiheit sich verwirklichendes Dasein der *action*, das in der Dialektik von »volonté voulante« und »volonté voulue« sich mit sich selbst zur Übereinkunft zu bringen versucht. In dieser Philosophie ist das Denken in die Praxis gebunden, als ein konstitutives Moment derselben, aber es ist auch von vorneherein in seiner Beschränktheit aufgezeigt: Es zeigt durch sich den Bezug aufs Absolute auf und qualifiziert es dabei als das Nichterreichbare:

»L'action consciente ... n'est consciente de sa propre initiative qu'en s'attribuant un caractère d'infinitude et de transcendence« (A (119) 153/146)[4].

Diese doppelte Fassade der Rationalität gilt es zu bedenken, wenn wir uns mit den Quellen des blondelschen Denkens befassen.

Blondel rechnete Spinozas *Ethik* zu den großen spekulativen Doktrinen, die sich auf die Entwicklung des Denkens und der Moral fruchtbarer ausgewirkt hat als die kantische Doktrin[5]. Sein Spinozaverständnis hat sich im Gedankenaustausch mit seinem Freund und Mitschüler an der *Ecole Normale Supérieure*, Victor Delbos, herausgebildet. Zeitgleich mit Blondels Dissertation zur L'Action (1893) entstand Victor Delbos' Dissertation »Le problème moral dans la philosophie de Spinoza et dans l'histoire du Spinozisme«[6] und die Besprechungen beider Bücher durch den jeweils anderen sind uns heute wichtige Quellen ihres gedanklichen Werdegangs[7]. Dabei hat nicht

---

[4] »Die› bewusste Handlung ... ist sich ihres eigenen Anfangens nur so bewusst, dass sie sich dabei den Charakter der Unendlichkeit und Transzendenz zuschreibt.«

[5] Une des sources de la pensée moderne. L'évolution du spinozisme, erstmals unter dem Pseudonym Bernard Aimant, in: APC, nouv. série 30 (t.128 de la collection) Juni (1894) 260–275; Juli (1894) 324–341. Wiederabdruck in: Dialogues, 11–40. Vgl. Œuvres II, (57–59) Notice und Indication bibliographiques) Text: 61–88. Dt. Übers. (Raffelt/Verweyen) in: Ausgangspunkt (1992) 3–40 (= Spinozisme). »Bei der Herausbildung dieser Methode – die man die ›immanente Kritik‹ genannt hat, ... ist also der Anteil des Spinozismus ... beträchtlicher als der des Kantianismus selbst« Spinozisme (332/32f.) 81/30.

[6] Victor Delbos: Le problème moral dans la philosophie de Spinoza et dans l'histoire du Spinozisme. Paris 1893. Nachdruck: Paris 1990 (= Delbos, Problème moral (1893)).

[7] Vgl. Anm. 5. Vgl. auch die Besprechung der »Action« durch Victor Delbos: »Compte rendu sur L'Action (1893) de Maurice Blondel. Deutsch: Maurice Blondel: Der Ausgangspunkt des Philosophierens. Drei Aufsätze, übers. u. hrsg. v. Albert Raffelt u. Hansjürgen Verweyen unter Mitarbeit von Ingrid Verweyen. Hamburg, Meiner 1992.

nur das persönliche Interesse des Freundes Blondel zu einer so ausführlichen Besprechung bewogen, sondern vor allem auch das sachliche Interesse: Welche Schwächen im System der *Ethik* sind es, die zur Weiterentwicklung des Denkens über Spinoza hinausgeführt haben und welche Stellung könnte in einer solchen Entwicklung das Denken Blondels haben[8]?

In seiner Besprechung von Delbos' Buch sind es besonders zwei Elemente, die Blondel in der Philosophie Spinozas heraushebt: die *rationale* Bearbeitung der Frage nach der menschlichen Glückseligkeit, d.i. der Anspruch des Verstandes, mit den Mitteln des Denkens allein die Frage nach der menschlichen Glückseligkeit zu beantworten: »Der Verstand ist das Werkzeug zum Heil; die erkannte Wahrheit macht durch sich allein das ganze Glück aus, und diese Wahrheit findet der Mensch in und durch sich als adäquaten Ausdruck seiner eigenen individuellen Essenz«[9].

Da die *Ethik* das menschliche Leben durch den Begriff Gottes zu bestimmen sucht, erhält die ethische Frage zugleich eine ontologische und implizit eine erkenntnistheoretische Dimension[10], aus deren Verquickung sich als letzte Konsequenz – von Blondel und Delbos so dargestellt – ergibt: Ethik und Ontologie absorbieren sich gegenseitig, so dass letztlich nicht nur das menschliche Leben als ein aus der Notwendigkeit und Ewigkeit Gottes heraus zu gestaltendes erscheint, sondern auch umgekehrt das Sein Gottes sich nur als Leben der Individuen[11], und zwar als die Bewegung des Aufhebens der

---

[8] In der Einleitung der deutschen Ausgabe zu »Der Ausgangspunkt des Philosophierens« schreibt der Herausgeber: »... in der philosophiegeschichtlichen Rekonstruktion der spinozistischen Bewegung bis hin zu Schelling und Hegel und zum französischen Positivismus durch seinen Freund Victor Delbos sieht Blondel eine Art Genealogie seines eigenen Denkens ...« (XII f.) »So ist es kein Zufall, dass einer seiner ersten größeren Aufsätze 1894 »L'évolution du Spinozisme« darstellt, ausgehend von ebendieser Arbeit von Delbos, die eine Art philosophiehistorisches Zwillingsbuch zur »Action« ist«, XIII.

[9] Spinozisme (265/16) 65/9. Spinozisme (264/14) 64/7: »Das primum movens des Forschens Spinozas ist das Vorhaben, das Problem der menschlichen Glückseligkeit zu lösen, und zwar mit Hilfe des Denkens allein.«

[10] »Es handelt sich um eine Ethik. ... Da alles dem Problem der Moral untergeordnet ist, folgt tatsächlich daraus ..., dass das Problem der Moral alles wird und die Ethik einen ontologischen Charakter annimmt« Spinozisme (264/15) 65/8).

[11] »Allein die Individuen können in der Tat das unendliche Sein zum Ausdruck bringen, ohne es zu begrenzen. Indem er Gott die Erkenntnis der Einzeldinge zu- und die Erkenntnis der Universalien abspricht, sieht Spinoza die Funktion des göttlichen Denkens darin, in sich Individuen zu konstituieren; und es erkennt sich nur in ih-

durch die Sinnlichkeit bedingten falschen Setzungen, gestalten kann:
»... die Bewegung, die den Irrtum zerstreut und die Passion unter-
drückt, ist selbst die Wirkung einer Notwendigkeit, diejenige einer
Entwicklung oder eines *fieri* im Sein«[12].

In der *Ethik* sei es implizit enthalten, dass das Sein in der Folge als
Werden, als Entwicklung gefasst werden müsse; dieses Prinzip des
Werdens, das bei Spinoza im Dunkeln geblieben sei, aber die ver-
deckte Triebkraft seines Systems war[13], habe schließlich in Hegels
Dialektik seine umfassende Darstellung erhalten.

Auf diese beiden Haupteinwände, den Rationalismus Spinozas und
die Funktion des Individuums für das Sein Gottes, möchte ich im
Folgenden besonders eingehen.

Die Argumentation Blondels ist, zusammengefasst, folgende: Die
Konzeption der Substanz, als Ausgangspunkt der Ethik, ist von einer
absoluten Affirmation durch das Ich abhängig:

»So war – um die Substanz zum ersten Prinzip zu erheben – es zunächst notwendig, durch eine subtile Unterschiebung dem Ich, das
wir sind, das Geheimnis der Affirmation zu entleihen, von der man
vorgibt, dass man sie in keiner Weise vom Ich abhängig mache«[14].

Diese Affirmation geschieht durch den menschlichen Verstand, der
Verstand aber ist endlich:

»Man bindet damit sozusagen nicht den Modus an die Substanz, sondern die Substanz an den Modus an« (ebd.).

Damit beruhe die *Ethik* insgesamt auf der Schwäche, dass sie zunächst das Göttliche menschlich auslege, um schließlich das Göttliche
in den Menschen zu projizieren[15].

---

nen.« (Spinozisme (266 f./17) 66/11). »... gibt es also gleichen Wesens mit dem Gott,
der von Ewigkeit her *ist*, einen Gott, der von Ewigkeit her *wird*. Unsere Moralität ist
nicht nur unser Leben in Gott, vielmehr das Leben Gottes selbst« (Spinozisme
(267/17) 66/11).

[12] Spinozisme (266/16) 66/10.

[13] Blondel spricht in diesem Zusammenhang vom »verkappten Pananthropismus« der
Ethik (Spinozisme (270/20) 69/15); zur Bedeutung von Hegels Dialektik für die vom
Spinozismus ausgehende Denkbewegung (Spinozisme (327 f./29) 72 f./25 f.).

[14] Spinozisme (267/18) 67/12.

[15] »Indem er das Menschliche in Gott hineinprojiziert, gelingt es ihm, das Göttliche in
den Menschen zu setzen. Um das Sein des Relativen auszuschalten, setzt er das Relative ins Absolute. Umgekehrt aber entgeht er bei dem Versuch, dem Absoluten des
Werdens zu entkommen, nicht der Notwendigkeit, das Werden des Absoluten zu
setzen. Und so wird er dazu gebracht, ohne weitere Rechtfertigung das Werden ins
Sein [Être] einzuführen.« Spinozisme (268/18) 67 f./13.

Das System Spinozas, durch seinen anthropomorphen Ausgangspunkt – dem Denken der Substanz durch das Attribut – von vornherein infiziert, sei so letztlich kein Pantheismus, sondern ein verhüllter
»Pananthropismus«[16].

Diese Argumentation von Delbos und Blondel und die Frage nach ihrer Angemessenheit lässt sich in einer einzigen Frage zusammenfas-
sen: Ist der menschliche Verstand in der Lage, das Wesen Gottes zu
begreifen?

Spinoza hat diese Frage mit großer Sicherheit mit Ja beantwortet. Für
ihn ist Gott vollkommen begreifbar, wir haben vom Wesen Gottes
eine ebenso klare und deutliche Idee wie vom Dreieck. Worin hat eine
solche, schon die Zeitgenossen Spinozas provozierende Sicherheit ihren Grund?

Zur Beantwortung dieser Frage folgen wir zunächst eine Zeitlang der
Darstellung von Delbos: Im zweiten Kapitel seines Buches stellt Delbos die metaphysischen Prinzipien der Moral Spinozas dar. Methode
und Doktrin der *Ethik* werden dort wie folgt entwickelt:

Die absolute Affirmation der Substanz, die den Ausgangspunkt der
Ethik bildet, setzt eine vorhergehende Arbeit voraus: eine Umwandlung des Begreifens, das in sich tauglich werden muss, das Absolute
zu fassen. Ein solches Programm übersteigt den Verstand als bloß re-
zeptives und als logisches Vermögen.

»… le propre de l'entendement, c'est ne pas de reconnaître des notions avec leurs rapports, mais d'engendrer des notions par leur rapports de principe à conséquence«[17].

Das Kriterium der Wahrheit gibt der Verstand selbst, indem er die
Ordnung und Verbindung der Ideen untereinander nicht nur auffasst,
sondern erzeugt:

»Der Verstand … ist die Ordnung selbst der Ideen, sofern diese Ide-
en auf klare und distinkte Weise begriffen sind und auseinander her-
vorgehen«[18].

Gibt es nun, so Delbos, eine primäre und schöpferische Notion, die
der Verstand setzt und durch die das Besondere als Folge in Bezug auf
die Notion als Prinzip verstanden werden kann?

Zu Recht beschreibt Delbos, dass der Beginn der *Ethik* mit der sogenannten genetischen Deduktion der Doktrin aus der Notion der un-

---

[16] Spinozisme (270/20) 69/15.
[17] Delbos, Problème moral (1893) 24.
[18] Delbos, Problème moral (1893) 32.

endlichen Substanz eine veränderte Auffassung der Verstandestätigkeit voraussetzt. Die Hauptschwierigkeit liegt dabei nach Delbos in der Konzeption einer ersten »genetischen« Notion. Ist diese einmal gefunden und das Seiende in seinem Verhältnis zur Notion wie das Verhältnis der Konsequenzen zu ihrem Prinzip deduziert, dann wäre eine vollständige Bestimmung des Seins möglich:

»… que l'entendement, dans sa réflexion sur soi, produise et exprime la notion essentielle qui le constitue, et il aura ainsi le principe de toute vérité«[19].

Dieses in der Tat rationalistisch anmutende Programm lässt Fragen offen: Wie kann der Verstand, der begreift, etwas »setzen« oder »erzeugen«, und wie kann aus dem so Gesetzten etwas Seiendes deduziert werden? Wie kann aus einer Notion etwas Existierendes folgen? Und wie kann durch eine Affirmation des Verstandes die Substanz als existierend gesetzt werden?

Indessen hält Delbos selbst ein solches Programm für anfechtbar:

»Wenn auch die Affirmation der Substanz aus einer kategorischen Definition hervorgegangen ist, kann man dann nicht doch sagen, dass die Substanz durch den Charakter der Unendlichkeit, der ihr beigelegt wurde, sich über jede Definition erhebt, dass sie hinsichtlich der klaren und distinkten Idee transzendent geworden ist? Ist die Definition, die definiert [einschränkt/bestimmt], nicht inadäquat zur unendlichen Substanz[20]?«

Damit sind wir beim Kernpunkt angelangt, bei der Frage, die sich wie ein roter Faden durch das ganze Buch verfolgen lässt. Sie soll hier noch einmal in Blondels Worten gestellt werden:

Damit die *Ethik* bestehen kann und der Mensch der Glückseligkeit teilhaftig werde, müsste gezeigt werden, »dass die Wahrheit für uns mit der Wahrheit an sich identisch ist und dass die Erkenntnis eines oder zweier Attribute unter den unendlichen Attributen Gottes auf adäquate Weise die Substanz selbst ausdrückt«[21].

Um die Frage nach der Erkennbarkeit der unendlichen Substanz durch eines ihrer Attribute näher zu beleuchten, müssen wir uns in den Kontext der *Ethik* hineinbegeben.

Die *Ethik*, als Werk, ist als Deduktion eines Seinsbegriffs zu lesen, dessen Erkenntnisgrund nicht unmittelbar aus der Deduktion zu ver-

---

[19] Delbos, Problème moral (1893) 24.
[20] Delbos, Problème moral (1893) 28.
[21] Spinozisme (269/19) 68/14.

stehen ist. Sie ist sicher nicht Deduktion aus einer vorhergehenden »Setzung« des Geistes, und dennoch ist sie in der Entfaltung der Doktrin zugleich ihre eigene Legitimation, ihr Seinsgrund. Die Metaphysik Spinozas und ihre Deduktion *more geometrico* bedingen sich gegenseitig: Die wahre beziehungsweise adäquate Erkenntnis schreitet vom Ganzen zu den Teilen voran und gewährt im Fortschreiten der Darstellung und in der Reflexion auf dasselbe die Einsicht in dasjenige Tätigsein des Verstandes, aus dem heraus auch das Begründetsein der anfänglich »gesetzten« Deduktion möglich wird. So könnte man mit Delbos sagen, die *Ethik* schreitet zur Erkenntnis Gottes und des Menschen in einer Art »genetischer« Geometrie fort. Sie ist ebenso Prozess der Erzeugung eines adäquaten Wissens vom Sein wie Darstellung und strenger Beweis dieses Vorgangs. Die Abhängigkeit eines jeden Lehrsatzes vom anderen im Ganzen der Deduktion bringt es mit sich, dass die Kritik nicht einzelne, wie es scheint, Voraussetzungen herausgreifen kann, sondern dass nur die *Ethik* insgesamt Gegenstand der Kritik sein kann.

Das erste Buch der *Ethik*[22] handelt in strenger Allgemeinheit vom Wesen Gottes und von seinen deduzierbaren Eigenschaften; im zweiten Buch geht es um den menschlichen Geist, hier wird die Frage nach dem Wesen Gottes, die im ersten Buch als vollkommen beantwortet und fertig vor uns steht, erst eigentlich im Ausgang vom Menschen, vom menschlichen Geist, so wie er sich in der Welt vorfindet, betrachtet. Das zweite Buch geht also der Frage nach der Erkennbarkeit des Wesens Gottes durch den Menschen nach. Wenn auch das zweite Buch wiederum »rationalistisch« aufgebaut ist und von anfänglichen Axiomen und Definitionen zu den daraus sich ergebenden Schlussfolgerungen (und der in unserem Kontext besonders interessierenden adäquaten Idee Gottes) fortschreitet, so ist dennoch das individuelle Dasein des Menschen in diesem Buch der eigentliche Ausgangspunkt der Reflexion:

»Das Erste, was das wirkliche Sein des menschlichen Geistes ausmacht, ist nichts anderes als die *Idee* eines wirklich existierenden Einzeldinges«[23].

---

[22] Benedictus de Spinoza: Die Ethik, Lateinisch und Deutsch, rev. Übersetzung von Jakob Stern, Stuttgart 1977 (= Spinoza, Ethik).
[23] Spinoza, Ethik, Buch II, Lehrsatz 11, s.a. im Beweis: »Es ist also die Idee das Erste, was das Sein des menschlichen Geistes ausmacht.«

Das Erste, worin der menschliche Geist sich selbst erfasst, ist die *Idee* seiner selbst als Individuum. Er ist sich in seinem Dasein als Idee gegeben, denn ohne Idee könnte er sich nicht als »Eines« auffassen, und er hat von sich selbst nur eine unvollkommene Erkenntnis, die von den Affektionen seines Körpers herrühren[24]. Durch die Affektionen, die er insgesamt als zu einem, nämlich seinem Körper gehörig wahrnimmt, ist sich der menschliche Geist am Anfang seiner Existenz gewiss. Nun liegt aber in der Tatsache, dass er sich als ein wirklich existierendes Einzelding oder als Idee auffasst, noch mehr:

Die *Idee* des Individuums, als die sich der menschliche Geist in den Affektionen seines Körpers als »wirklich existierend« erfährt, ist das Produkt der sogenannten »Gemeinbegriffe«[25], das heißt jener durch den Verstand als solche bestimmten Begriffe von der Tätigkeit des Denkens, die im Sein das Unterscheiden oder Urteilen, im Kontinuum das Teilen und im Ausgedehnten das Einfache ermöglichen und als deren Ergebnis zum Beispiel die Zahl angesehen werden muss: *ein* Ding, das Individuum oder auch »Ich«. Daraus lässt sich entnehmen, dass das Dasein des menschlichen Geistes als *Idee* eines wirklich existierenden Einzeldinges in einem dieser *Idee* vorhergehenden und dieselbe begründenden Sein wurzelt[26]. Diese Überlegung lässt sich verallgemeinern: Jegliche Art der Wahrnehmung und Erkenntnis, sei sie verworren oder klar und deutlich, ist nur durch jene ihr vorausgehendes »Sein« möglich, als dessen Produkt der menschliche Geist sich vorfindet und an dem er notwendig teilhaben muss, sofern er überhaupt da ist[27]. Dieses alles begründende Sein wird von Spinoza mit den Notionen »Substanz« (im Unterschied zur Dauer), »causa efficiens« und »absolut Unendliches« (im Unterschied zum infiniten Regress), beziehungsweise schlechthin Gott benannt je nachdem unter welcher Hinsicht er sich auf das Absolute bezieht. Richtet man sich auf die Frage nach der Erkenntnis durch den menschlichen Geist, so kann Spinoza sagen, dass sich in den Wahrnehmungen des menschlichen Geistes das Sein Gottes unmittelbar ausdrückt oder dass Gott, insofern er durch die Natur des menschlichen Geistes erklärt wird, diese oder jene *Idee* hat[28].

---

[24] Spinoza, Ethik, Buch II, Lehrsatz 23: »Der Geist erkennt sich selbst nur, insofern er die Ideen der Affektionen des Körpers erfasst.«
[25] Spinoza, Ethik, Buch II, Lehrsatz 40, Anmerkung 2, sowie Lehrsätze 34–38.
[26] Spinoza, Ethik, Buch II, Lehrsatz 32.
[27] Spinoza, Ethik, Buch II, Lehrsatz 45.
[28] Spinoza, Ethik, Buch II, Lehrsatz 11, Zusatz: »Wenn wir demnach sagen, der

Aus dieser Überlegung lässt sich nun alles Weitere deduzieren. Die Erkenntnis des Verstandes ist in die *Ideen* gebunden und ohne *Ideen* gibt es weder Erkenntnis noch Wahrnehmung. Nun kann der Verstand auf sein Begründetsein im Sein der Substanz auf zweierlei Weise reflektieren: indem er die Wahrheit oder indem er die Adäquatheit einer *Idee* feststellt (affirmiert).

Eine *Idee* wird als wahr bezeichnet, wenn sie die Übereinstimmung einer Vorstellung mit ihrem Objekt in einem Urteil aussagt (Buch I, Axiom 6), und als adäquat, insofern sie an sich und ohne Beziehung zum Objekt betrachtet, ihre Wahrheit in sich hat (Buch II, Definition 4). Die adäquate *Idee* ist diejenige, die in sich die Ursache ihres Objekts und den Grund ihrer eigenen Affirmation enthält.

Gemäß Axiom 4 des ersten Buches, nach dem die Erkenntnis der Wirkung die Erkenntnis der Ursache einschließt, wird die *Idee*, sofern sie den Grund der Wahrheit in der Übereinstimmung mit dem Objekt sucht, in den infiniten Regress geraten, um die vollständige Ursache ihres Objekts zu begreifen.

Dieselbe *Idee* nun, die den Verstand in den infiniten Regress führt, wenn er den Grund der Wahrheit im Objekt sucht, ist im göttlichen Verstand als adäquate *Idee* zu verstehen, insofern sie an sich und ohne Bezug aufs Objekt selbst als Ursache ihres Bestimmens gedacht wird. Nun bildet selbst der menschliche Verstand, der auf ein Fortschreiten durch Wahrnehmen und durch wahre *Ideen* angewiesen ist[29], eine Idee dieses ihn begründenden Seins, indem er es als das schlechthin unbegrenzbare Sein bezeichnet. Diese *Idee* des absolut unendlichen Seins ist adäquat und bedingt die Wahrheit aller (endlichen) *Ideen*[30]. Was ergibt sich daraus für unsere Fragestellung?

Die grundlegende, die Selbstgewissheit des Denkens gründende Operation ist die Affirmation des Denkens des in ihm wirkenden Seins, das der Verstand reflexiv erfasst. Der Verstand bezieht sich in der Betrachtung seines Erkennens, das als Verknüpfen und Ordnen der Affektionen seines Körpers voranschreitet, auf die ihm »immanente« Tätigkeit, deren er sich in einer *Idee*, die nur adäquat sein kann, ver-

---

menschliche Geist nimmt dieses oder jenes wahr, so sagen wir nichts anderes, als dass Gott, nicht insofern er unendlich ist, sondern insofern er durch die Natur des menschlichen Geistes erklärt wird oder insofern er das Wesen des menschlichen Geistes ausmacht, diese oder jene *Idee* hat«.

[29] Spinoza, Ethik, Buch II, Lehrsätze 12, 19, 26.
[30] Spinoza, Ethik, Buch II, Lehrsätze 40–45.

gewissert. Insofern die adäquate *Idee* in sich die ganze Ursache ihres Gegenstandes und damit auch den Grund ihrer eigenen Affirmation enthält, ist sie im menschlichen Verstand »erzeugt«. Der Gegenstand dieser Affirmation jedoch ist im Modus der *Idee* nicht fassbar, obwohl er diese ermöglicht, ebenso wie er das Dasein der Dinge ermöglicht. Dieser Gegenstand der adäquaten *Idee* aber ist der Verstand Gottes oder auch die Essenz Gottes, der Dinge bzw. der *Ideen.* Weil die adäquate Idee als Affirmation dieses Tätigseins *causa sui* ist, kann Spinoza behaupten, dass der menschliche Verstand in diesem Falle mit dem göttlichen Verstand übereinkommt. Er ist aber nicht selbst der göttliche Verstand, denn in diesem ist die Kraft zu denken und zu tun identisch. Der menschliche Verstand kann aber außerhalb der *Ideen* und Notionen nichts erzeugen. Da nun aber der menschliche und der göttliche Verstand ihrer Essenz nach derselbe sind und der menschliche Verstand die Essenz in der Reflexion auf sein Tätigsein erfassen kann, ergibt sich aus diesem höchsten Punkte die Gewissheit der Wahrheit[31] mit allen Konsequenzen, die sich daraus für die Erkenntnis der Dinge ergeben.

Eine weitere Frage ist aber, wie sich diese Gewissheit bestimmen lässt. Der Verstand ist ein Teil der Essenz Gottes, er ist aber nicht das Sein Gottes. Er erfasst die Substanz nur im Attribut und steht hier unter der Nötigung, diese seine Gewissheit durch die Ideen auszulegen. So sagt Spinoza: »... nichts ist in der Natur klarer, als dass jedes Seiende unter irgendeinem Attribut begriffen werden muss ... Folglich ist auch nichts klarer, als dass das absolut unendlich Seiende notwendig definiert werden muss[32].

Weil das Attribut Denken[33] nur im Modus der *Ideen* fasslich wird, besteht die Nötigung zur *mittelbaren* Auslegung der ursprünglichen Gewissheit.

Das erste Buch, das die Notion Gottes und seiner deduzierbaren Eigenschaften enthält, ist somit doktrinale Darstellung eines Wissens, das seinen Erkenntnisgrund unmittelbar in der Essenz Gottes hat, ohne diese Essenz selbst zu sein. Man kann sagen, dass das erste Buch mit der »genetischen« Deduktion der *Ideen* im Ausgang von der Notion der unendlichen Substanz eine der *Konsequenzen* ist, die sich aus

---

[31] Spinoza, Ethik, Buch II, Lehrsätze 34 und 43.
[32] Spinoza, Ethik, Buch I, Lehrsatz 10, Anmerkung.
[33] Spinoza, Ethik, Buch I, Definition 4.

der Reflexion auf die Essenz des Verstandes ergibt. Wenn man diese Doktrin isoliert von ihrem Erkenntnisgrund betrachtet, so muss man – wie Delbos und Blondel – feststellen, dass sie *bloß* rational aufgebaut ist. Wenn man aber die Funktion des ersten Buches im System der *Ethik* in Betracht zieht, so wird man feststellen, dass Spinoza mit der rationalen Konzeption seines Gottesbegriffs dessen Einschränkung zugleich mitgedacht und auch mitgeliefert hat. Gerade deshalb ist sein System eine Ethik und keine Ontologie, weil die Konsequenzen aus der Intelligibilität nur ethischer Natur sein können.

III.
Anknüpfung und Abgrenzung

Peter Henrici SJ

Denken mit der ganzen Existenz: Blondel und Nietzsche

Zur geistesgeschichtlichen Einordnung der »action«

»Man muss auf die Wahrheit zugehen *syn hole te psyche*« – »mit der ganzen Existenz«, müssten wir heute sinngemäß übersetzen. An dieses Wort Platons erinnerte Blondels Lehrer Ollé-Laprune gerne[1], und Blondel hat es sich zu eigen gemacht. Sein ganzes Denken ist ein Bemühen, seine christliche, katholische Existenz philosophisch einsichtig zu machen. Damit wollte er andere zur gleichen christlichen Lebenshaltung einladen. Das ist etwas anderes als die gängige Apologetik, die den christlichen Glauben theoretisch als vernünftig erweisen will. Im Interview mit Frédéric Lefèvre gesteht Blondel: »Mir schien es, dass ich all das *lebte*. Es jedoch gelehrt zu *denken* und es andere verstehen und annehmen zu lassen, das ist noch etwas anderes: *It is a long way*, wie es im Soldatenlied heißt«[2].

Was Blondel mit »all dem« meinte, hat er unmittelbar zuvor erläutert. Es ging ihm um eine »ganzheitliche Lehre vom Sein, von Denken und vom Tun, die nicht ohne Bezug zur Wissenschaft, aber auch nicht von ihr abhängig sein soll, und ebenso ›ungetrennt‹ und ›unabhängig‹ soll sie von der geschichtlichen Religion sein«, womit Blondel sich sowohl von Descartes wie von Thomas von Aquin distanziert. Zugleich soll diese Lehre »jedoch ihrem Wesen nach, nicht nur zufällig oder aus Voreingenommenheit oder noch obendrein, religiös sein und in meinem Denken und in meinem Leben ganz selbstverständlich mit der unerschrockensten Kritik und mit der echtesten katholischen Haltung zusammenleben« (ebd.). Dieses existentielle Denkvorhaben habe ihn

---

[1] Vgl. z.B. Blondel, Maurice: Léon Ollé-Laprune (1839–1898). Paris (Bloud et Gay) 1932, 67: »... le procédé naturel et vital, la démarche complète de l'être pensant et agissant qui va à la vérité ›avec tout son âme‹, selon le mot de Platon qui est devenu comme la devise d'Ollé-Laprune ...«

[2] Blondel, Maurice: Der philosophische Weg. Gesammelte Betrachtungen, herausgegeben von Frédéric Lefèvre. Eingeleitet und übersetzt von Patricia Rehm. Mit einem Nachwort von Peter Reifenberg. Freiburg/München (Alber) 2010, 33 (Übersetzung jeweils revidiert).

dann gezwungen, so berichtet Blondel weiter, auch jene Vordenker, denen er sich am nächsten verwandt fühlte, Augustinus, Spinoza und Pascal, »in eine Betrachtungsweise zu übersetzen, auf die sich noch keiner von ihnen systematisch eingelassen hat und die er noch weniger durchhalten konnte«[3]. Darauf folgt dann der eingangs zitierte Satz, dass Blondel das schon *lebte*, was zu *denken* so schwierig schien.

Im Vorwort zur Neubearbeitung seiner Vinculum-Studie hat Blondel dieses philosophische Vorhaben dann etwas weniger existentiell, aber detaillierter vorgestellt. Er habe in der leibnizschen Hypothese eines *vinculum substantiale* »nicht einen theologischen, auf einen Aspekt des Eucharistiedogmas eingeschränkten Lösungsansatz« gesehen, »sondern die Rechtfertigung der ›inkarnierten Wahrheiten‹ – die Ehrenrettung des Buchstabens und der religiösen Praxis – den Vorrang des Späteren, Verwirklichten und Einen gegenüber dem analytisch Zerlegten, auf seine vorgängigen Elemente oder auf Abstraktionen Zurückgeführten – die effektive Wirksamkeit der Finalursache und den unersetzlichen Wert des Tuns, das Natur und Denken verbindet – die wirkliche Vereinigung der *Geister*, die so etwas wie einen *Leib* bilden, ein Art ›neue Substanz‹, ein Zusammengesetztes, das mehr *eins*, mehr *substantiell* ist als seine Teile, die es überherrscht und zu seiner höheren Einheit emporhebt: *unum corpus multi sumus*«[4].

Dieser beinahe hymnische Text macht im einleitenden Hinweis auf die Transsubstantiationslehre und im abschließenden Pauluszitat (1 Kor 10,17) das Fundament sichtbar, auf dem Blondel steht und das er denkerisch auszuworten versucht. Es ist das katholische Leben – »le Catholicisme le plus authentique«, wie Blondel einmal sagt[5] –, dessen tragende Mitte die Eucharistie ist. Das könnte Blondels Denken philosophisch verdächtig machen. Man wäre geneigt, ihm jene autonome, kritische Rationalität abzusprechen, »la Critique la plus intrépide«, die Blondel in einem Atemzug mit seinem Katholizismus genannt hat[6]. Blondel sieht sich jedoch mit seinem Denken in der Verlängerung von drei neuzeitlichen Denklinien, die er zu Ende führen will, indem er sie überbietet.

---

[3] Op. cit. (Anm. 2), 32 f.
[4] Blondel, Maurice: Une énigme historique. Le ›Vinculum substantiale‹ d'après Leibniz et l'ébauche d'un réalisme supérieur. Paris (Beauchesne) ²1930, VII f (eigene Übersetzung).
[5] Op. cit. (Anm. 2), 32.
[6] Ebd.

I.

1. Eine erste, die bekannteste Denklinie setzt bei Descartes an und kann sich mit einigem Recht schon auf Augustinus berufen. Sie betont das Ich, d.h. mein Bewusstsein, als den Ursprungsort philosophischen Denkens. Angesichts der allgemeinen Unsicherheit, die Galileis Umsturz des aristotelischen Weltbilds heraufgeführt hatte, nahm Descartes zur unbezweifelbaren Begründung der neuen, galileianischen Wissenschaft das Denken in den geschützten, angeblich nicht mehr bezweifelbaren Raum des »Cogito« zurück, d.h. in den Raum dessen, was mir bewusst ist. Aus diesem Raum des Ich hat sich die neuzeitliche Philosophie nur noch selten hinausgewagt.

Das cartesianische Cogito unterliegt jedoch einer doppelten Einschränkung.

Zum einen ist es nicht so unbezweifelbar, wie Descartes meinte. Mein Bewusstsein verliert sich in die dunkeln Räume des Unbewussten und es kann sich täuschen, was Descartes als »Traum«, als »täuschenden Gott« und zusammenfassend als »malin génie«, als »bösen Geist«, thematisiert hat – vielleicht eine Erinnerung an die ignatianischen Exerzitien, die Descartes kannte. Im Geisteskampf gegen diese täuschenden Mächte wollte Descartes das Cogito, das reine Bewusstsein, zunächst durch den methodischen Zweifel von allem sinnlich Gegebenen reinigen, um es sodann durch die Gottesbeweise in der Wahrhaftigkeit des Schöpfergottes zu verankern. Malebranche und der Ontologismus haben diese theologische Denklinie Descartes' weitergeführt. Malebranche führte das Cogito so nahe an Gott heran und verband es so unablöslich mit ihm, dass der lichte Raum des geistigen Bewusstseins, exemplifiziert an der Einsicht in die »ewigen« mathematischen Wahrheiten, schließlich mit dem geistigen Raum des göttlichen Erkennens zusammenfiel – eine nicht ganz getreue Erinnerung an die augustinische Erleuchtungslehre und eine Vorwegnahme der »ideae adaequatae« Spinozas, aber auch des kantischen Apriori. Es war ein geschichtliches Geschick dieser Denklinie, dass damit das Unbewusste dem Vergessen anheimgegeben wurde.

Eine zweite, noch grundlegendere Einschränkung des cartesianischen Cogito lag darin, dass sich im Bewusstsein immer nur Bewusstseinsinhalte, »idées«, zeigen, nie aber das Sein in seiner Wirklichkeit. Der englische Empirismus hat in dieser Linie weitergedacht bis hin zum Akosmismus Berkeleys und zum Skeptizismus David Humes. Kant versuchte sich aus dieser Engführung zu befreien, indem er die Notwendigkeit der »Affektion«, der Sinneseindrücke, für jede Erfahrung betonte und damit auch für jedes wirkliche Erkennen. Daraus ergab sich jedoch, dass er alles, was nicht sinnlich erfahrbar ist, in den Bereich des nicht mehr Erkennbaren, bloß noch Denkbaren verweisen musste. Kants »Ich denke«, das »transzendentale Ich«, bleibt dem cartesianischen Cogito nicht nur terminologisch verpflichtet. Auf französischer Seite wäre hier der von Kant abstammende Phänomenismus Charles Renouviers zu nennen, während auf deutscher Seite das Cogito in der Phänomenologie Husserls fortlebt.

Blondel hat sich in diese Denklinie eingereiht, wenn er einen großen Teil von *L'Action* (1893) im Ich-Stil schrieb und wenn er darauf beharrte, dass alles in seinem Werk Gesagte, selbst noch das ontologische Schlusskapitel, nur eine Beschreibung des Zusammenhangs von »phénomènes«, von Bewusstseinsgegebenheiten, sei[7]. Blondel hat jedoch das cartesianische Erbe nicht unbesehen übernommen. In zwei philosophiegeschichtlichen Aufsätzen hat er sich kritisch mit den Vätern der Bewusstseinsphilosophie auseinandergesetzt und sich mehr als einmal ausdrücklich vom cartesianischen Cogito distanziert[8]. In welche Richtung seine Distanznahme ging, erhellt schon aus den Titeln seiner Aufsätze *Le cristianisme de Descartes* (der Henri Gouhier zu seinen Descartes-Forschungen angeregt haben dürfte) und *L' anticartésianisme de Malebranche*. Bei beiden Denkern, sagt Blondel, findet sich mehr und anderes, als was bisher in der Philosophiegeschichte rezipiert wurde. Dieses Andere fand Blondel bei Augustinus, dem er später drei eigene Aufsätze gewidmet hat. Für Blondel war Philosophiegeschichte immer auch ein Werk der Geisterunterscheidung.

2. Blondels Aufsatz über Descartes, der 1896 fast gleichzeitig mit der *Lettre sur l'apologétique* erschien, setzte sozusagen ein geschichtli-

---

[7] Vgl. z.B. A (452) 486/478: »Tout ce qu'on a appelé données sensibles, vérités positives, science subjective, croissance organique, expansion sociale, conceptions morales et métaphysiques, certitude de l'unique nécessaire, alternative inévitable, option meurtrière ou vivifiante, achèvement surnaturel de l'action, affirmation de l'existence réelle des objets de la pensée et des conditions de la pratique, tout n'est encore que phénomènes au même titre.«

[8] Vgl. z.B.: »Und als ich bei Ravaisson las, dass ›Descartes die Wirklichkeit gleichsam nackt und bloss gesehen hat‹, spürte ich schmerzlich, wie ungenügend diese Sicht und wie verstümmelt diese Wirklichkeit ist. Das war eine Attrappe, und ich wollte Lebendiges« (Op. cit. (Anm. 2), 30 f).

ches Vorwort vor das Werk seines Freundes Victor Delbos *Le problè-*
me moral dans la philosophie de Spinoza et dans l'histoire du spino-
zisme. Dieses Zwillingswerk zu *L'Action* (1893), das vom gleichen
Verleger am gleichen Tag wie *L'Action* (1893) veröffentlicht wurde,
hat Blondel unmittelbar danach in einem langen Aufsatz besprochen:
Une des sources de la pensée moderne: l'évolution du spinozisme. In
dieser anonym veröffentlichten Besprechung führte er die von Delbos gezeichnete Denklinie bis in sein eigenes Denken hinein fort (vgl.
den vorangehenden Text von M. Kopper).
Diese zweite Denklinie war für Blondel die wichtigste. Sie stellte eine
Antithese zu der ersten Denklinie dar, mit der sie eng verschlungen
blieb. So habe sie das realisiert, was das Cogito nur angezielt hatte: die
Bereitstellung einer neuen Metaphysik. »Mein Augenmerk«, schreibt
Blondel, »liegt auf dem stetigen Fortschritt eines Denkansatzes, der,
zunächst auf eine Ethik beschränkt, schließlich das ganze Problem
der Metaphysik einbezogen hat und eine Lehre vom Sein und vom
Leben geworden ist, bevor er die ethischen Probleme neu aufwarf,
von denen er ausgegangen war«[9]. Ausgangspunkt dieser Denklinie
war die *Ethik* Spinozas, und das Neue, das sie in die Philosophie der
Neuzeit einbrachte, war die neuerliche Frage nach der Bestimmung
des Menschen, der *vita beata*, dem Gelingen menschlichen Lebens.
Die Lösung dieser ethisch-existentiellen Grundfrage wollte Spinoza
paradoxerweise auf der intellektuellen Ebene, im *amor intellectualis
Dei*, finden. Doch seine Ausführungen über die Versklavung des
Menschen durch die Affekte wiesen auch darauf hin, dass der Mensch
seine Bestimmung nur verwirklichen kann, wenn er sein vernunftbe-
stimmtes Wollen (und nicht nur sein Erkennen) ins Spiel bringt. Kant
hat dann diese Spannung mit seiner Gegenüberstellung von theoretischer und praktischer Vernunft geradezu überzeichnet. Er hob zwischen Erkennen und Wollen einen Graben aus, den die Urteilskraft
und die *Religion innerhalb der Grenzen der bloßen Vernunft* nicht
wirklich zu überbrücken vermochten.
Diesen Graben versuchte Fichte durch einen neuen Ansatz des Philosophierens zu vermeiden. Er ging nicht mehr vom Cogito aus, sondern von der »Tathandlung«, dem Ich in seinem aktiven, moralisch zu
wertenden Ausgriff zum Nicht-Ich. Das kommt von allen Vorgän-

---

[9] Blondel, Maurice: Der Ausgangspunkt des Philosophierens. Drei Aufsätze. Übersetzt und herausgegeben von Albert Raffelt und Hansjürgen Verweyen unter Mitarbeit von Ingrid Verweyen. Hamburg (Meiner) 1992, 4.

gern dem späteren Ansatz Blondels wohl am nächsten. Blondel fällt denn auch, mit Blick auf Fichtes Spätphilosophie, über dessen Denken das ehrenvolle Urteil: »Über der Metaphysik des Sollens wird somit eine Metaphysik des Seins und des Lebens wiederhergestellt«[10]. Wie Delbos selbst kannte auch Blondel Fichte fast nur aus zweiter Hand. Immerhin hatte er *Die Bestimmung des Menschen* gelesen und sich dazu Notizen gemacht, die heute leider verschollen sind. Das erlaubt uns, aus dem Anfangssatz von *L'Action* (1893): »Ja oder Nein, hat das menschliche Leben einen Sinn und hat der Mensch eine Bestimmung?«, eine Anspielung auf Fichte herauszuhören – ähnlich wie die zwei Teile des Untertitels von *L'Action* (1893), »Versuch einer Kritik des Lebens und einer Wissenschaft der Praktik«, auf Kant und Hegel anzuspielen scheinen. Damit ist das deutsche Dreigestirn angedeutet, über das Blondel hinausdenken wollte.

Zu diesem Zweck verfolgte er die Denklinie, die Delbos gezeichnet hatte, über Hegel hinaus bis zur zeitgenössischen französischen Philosophie. Dass Hegels Denken an der Religionsschrift Kants angesetzt hatte und so dem ethisch-religiösen Grundton des spinozistischen Philosophierens treu blieb, konnte damals weder Delbos noch Blondel wissen. Sie sahen in Hegel vor allem den Vollender der Immanenzlehre Spinozas, und davon ausgehend zogen sie diese Denklinie zum Phänomenismus Hippolyte Taines aus: »Von dem Augenblick an, wo ... der Monismus Spinozas oder Hegels das Problem der Metaphysik immer deutlicher auf die Vorbedingungen des Erkennens – und zwar des menschlichen Erkennens – eingeschränkt hatte, war es unausweichlich, dass ... das Absolute und das Werden des Seins ... als ein fortlaufendes Spiel unserer Vorstellungen und eine Verkettung von Phänomenen« verstanden wurde[11]. Blondel schließt daraus: »Das Phänomen, das ist, wenn man genauer darüber nachdenkt, der wahre Gegenstand der Hegelschen Analysen, das ist der wissenschaftliche Begriff, den diese Philosophie des Absoluten ausgearbeitet hat«[12]. So kann Blondel die zweite Denklinie mit der ersten zusammenführen und den Standpunkt seines eigenen Philosophierens definieren. Er musste dafür nur klarstellen, dass Taines Phänomenismus die Immanenz*lehre* Spinozas in eine Immanenz*methode* umgewandelt hatte, in

---

[10] Op. cit. (Anm. 9), 22.
[11] Op. cit. (Anm. 9), 28.
[12] Op. cit. (Anm. 9). 28 f. (Übersetzung leicht abgeändert).

die Methode immanenter Kritik. Immanente Kritik will zunächst ein philosophisches System aus seiner Ganzheit verstehen; sie soll sich aber, so Blondel, auch das Recht nehmen, das Denken eines Philosophen auf dem Hintergrund seiner Grundabsicht und seiner Voraussetzungen kritisch zu beurteilen.

3. Neben diesen beiden ersten Denklinien, die allgemein bekannt sind, muss noch eine dritte, weniger bekannte erwähnt werden. Félix Ravaisson hat sie in seinem vielgelesenen Werk *La philosophie en France au XIXème siècle* vorgezeichnet – ein Vierteljahrhundert bevor Blondel *L'Action* (1893) veröffentlichte. Ravaisson verstand Leibniz als eine Synthese zwischen der Metaphysik des Aristoteles und dem spiritualistischen Positivismus Maine de Birans. In diesem dreipoligen Kraftfeld lokalisierte und beurteilte er die französische Philosophie des 19. Jahrhunderts. Er schloss seine Ausführungen mit einem Ausblick auf die Zukunft: »Nach vielen Anzeichen darf man also eine neue Epoche der Philosophie voraussagen, die geprägt sein wird von der Vorherrschaft eines spiritualistischen Realismus oder Positivismus, der davon ausgeht, dass der Geist sich einer in ihm selbst enthaltenen Wirklichkeit bewusst ist, aus der sich alles andere Wirkliche ableitet und von der es abhängt, und diese Wirklichkeit ist sein Tun (*action*)«[13].

Das hört sich an wie eine Ankündigung von *L'Action* (1893). Blondel wusste sich mit seiner Vinculum-Lehre jedenfalls der von Ravaisson gezeichneten Genealogie verpflichtet und wollte sie zu ihrem krönenden Abschluss führen. Schon Blondels erste philosophische Lehrer hatten sich auf der von Ravaisson gezeichneten Denklinie bewegt. Alexis Bertrand war Herausgeber mehrerer Werke Maine de Birans, und Henri Joly war ein Leibniz-Spezialist. Auf der École Normale Supérieure kam dann noch die Auseinandersetzung mit Aristoteles dazu, vermittelt von Léon Ollé-Laprune und Émile Boutroux. Das Dreigestirn Maine de Biran, Leibniz und Aristoteles steht als Leitstern über dieser dritten Denklinie. Sie sollte zu einer Wiedergewinnung der Metaphysik unter den Bedingungen des neuzeitlichen Denkens führen.

---

[13] Ravaisson, Félix: La philosophie en France au XIXe siècle. Paris (Imprimerie royale) 1867, 258; Die Französische Philosophie im 19. Jahrhundert. Eisenach (Bachmeister) 1889, 271 (eigene Übersetzung).

II.

Während Blondel die cartesianische Linie durch seinen Phänomenismus fortführen wollte und die spinozistische Linie durch eine Philosophie des Wollens zur Beantwortung der Frage nach einem gelingenden Leben, so beabsichtigte er mit dem Herzstück seines Denkens, der Vinculum-Lehre, die aristotelisch-leibnizianische Denklinie zur Vollendung führen. Eine philosophiegeschichtliche Einordnung Blondels ist so relativ leicht; doch gerade damit erhebt sich die Frage, wo denn nun das Neue und Eigene seines Denkens zu finden sei.

Die beiden erstgenannten Denklinien haben die Philosophie der Neuzeit an ihre letzten Grenzen herangeführt und alle Denkmöglichkeiten ausgeschöpft. Über sie hinausgehen konnte man nur, indem man hinter sie zurückging: vom denkenden und wollenden Ich in das gelebte Leben, das alles Denken und Wollen trägt und unterfängt. An die Stelle des »Ich denke« muss nicht nur ein »Ich will« treten, sondern radikaler noch die eigene Existenz, das tätige Dasein, die *action*. Nach dem »Ende der Metaphysik« musste die Philosophie notwendig zu einer denkenden Auslegung der eigenen Existenz werden. So bei Kierkegaard, der nach seiner eigenen Aussage »mit seiner ganzen Existenz gestikuliert«; so bei Karl Marx, der die Welt nicht nur auslegen, sondern sie verändern will; so bei Sigmund Freud, der anhand von Patientenanalysen die Tiefe seiner eigenen Psyche erkundet; so auch bei Nietzsche, der nicht nur unter dem Pseudonym Zarathustra, sondern auch in den meisten anderen Werken eine Autobiographie schreibt; so schließlich, näher bei uns, bei den Existenzphilosophen, die jedoch teilweise wieder in eine Philosophie in der dritten Person abgeglitten sind.

Und so, auf seine Weise, auch bei Blondel. Im eingangs zitierten Text bekannte er, dass er die Wahrheit zuerst lebte, bevor er sie, mühsam genug, zu denken versuchte. Diese Wahrheit, sagte er, sei die christliche, die katholische Wahrheit – wodurch sich Blondel von all den eben genannten Denkern, auch von Kierkegaard, unterscheidet. Existenz heißt für Blondel: Leben in der Kirche, Leben aus der Eucharistie und so auch Leben in Christus. Diese seine katholische Existenz wollte Blondel philosophisch aufarbeiten, und diese Aufarbeitung führte ihn zur Schlussfolgerung, dass das Denken das gelebte Leben nie ersetzen kann: »Die Wissenschaft vom gelebten Leben führt zur Einsicht, dass sich das gelebte Leben durch nichts ersetzen lässt«[14].

Darum schließt *L'Action* (1893) mit »einem Wort, einem einzigen, das nicht mehr im Bereich des menschlichen Wissens und in der Zuständigkeit der Philosophie liegt, dem einzigen, das angesichts des Christentums jenen Teil, den besten, unserer Gewissheit ausdrücken kann, der sich nicht mehr mitteilen lässt, weil er aus dem Innersten des ganz persönlichen Tuns aufsteigt, mit einem Wort, das selbst eine Tat ist ...«[15].

Dieses abschließende, einzigartige Wort ist das Ja des Glaubens, das die Bejahung der Seinswirklichkeit der ganzen Erfahrungswelt, aller betrachteten »Phänomene« einschließt. Mit seiner Vinculum-Lehre hatte Blondel das ganze Sein der Welt, auch jenes der materiellen, nur sinnlich erfahrbaren Welt auf die Spitze des Christus-Ereignisses und der Eucharistie gestellt – ein metaphysischer Balanceakt, wie ihn vor und nach ihm kein Philosoph und kein Theologe gewagt hat.

Um Blondel wirklich zu verstehen, muss man sein Werk, gleich wie die meisten Philosophien, von diesem seinem Ende her lesen; denn erst am Ende enthüllen sich der Sinn und die Abzweckung des ganzen Gedankengangs. »Das zuerst Angezielte kommt in der Ausführung zuletzt«, das wussten schon die Scholastiker, und sie konnten sich dafür auf Aristoteles berufen[16]. Spinoza muss man deshalb vom *amor intellectualis Dei* her lesen, Kant von der *Kritik der Urteilskraft* und von der Religionsphilosophie und Hegel vom »absoluten Geist«.

So gelesen, werden die einzelnen Denkschritte von *L'Action* (1893) durchsichtig als Hinführung zum Balanceakt des Vinculum, zur Einsicht in die Unersetzlichkeit des gelebten Lebens und damit zum abschließenden Glaubens-Ja, zum »C'est«.

Diese Hinführung kann hier nur noch angedeutet werden. In einer methodologischen Einleitung weist Blondel zunächst nachdrücklich auf die praktische Erfahrung, auf das gelebte Leben hin, das letztlich als einziges die Frage nach dem Lebenssinn beantworten kann. Als Hinführung und vorläufigen Ersatz räumt er aber auch die Möglichkeit einer indirekten »wissenschaftlichen« Methode ein und setzt diese ausdrücklich in Beziehung zu Descartes, Pascal und Kant[17]. Diese wissenschaftliche Methode besteht darin, alle ungenügenden Ant-

---

[14] A (463) 497/489 (eigene Übersetzung).
[15] A (492) 526/517 (eigene Übersetzung).
[16] »Primum in intentione est ultimum in exsecutione«, vgl. z.B. Aristoteles, Physik A, 1, 104.
[17] A (XXI) 29/20.

worten auf die Sinnfrage Schritt für Schritt zu prüfen und sie auszuscheiden, weil sie sich als ungenügend erweisen. Dementsprechend zeigt Blondel im I.–III. Teil von *L'Action* (1893) das Ungenügen aller Lebensentwürfe auf, die im ausgehenden 19. Jahrhundert vorgelegt wurden.

Im I. Teil weist er die Lebenshaltung des ästhetischen, zu nichts verpflichtenden Lebensgenusses zurück, wie er ihn, ohne sie zu nennen, von Maurice Barrès und Ernest Renan vertreten sieht. Hätte er ihn gekannt, hätte er sich für diese Widerlegung auch auf Sören Kierkegaard berufen können. Den Ursprung dieser ästhetischen Lebenshaltung findet Blondel im »panthéisme germanique«, »den diese Lebenshaltung weichgespült hat, um ihn der französischen Denkart anzupassen«[18]. Damit ist die von Taine und andern versuchte Verquickung der cartesianischen mit der spinozistischen Denklinie grundsätzlich schon ad absurdum geführt, was jedoch im Einzelnen noch nachgewiesen werden muss. Mit der spinozistischen Denklinie befasst sich u.a. die Schopenhauerkritik im II. Teil von *L'Action* (1893). Erstaunlicherweise überging Delbos Schopenhauer mit Schweigen, und er fehlt deshalb auch in Blondels Besprechung das Delbos-Buches. Vielleicht hat für Delbos der französische Glanz Hippolyte Taines den deutschen Nihilismus Schopenhauers zunächst überstrahlt. Und doch hat Schopenhauer, so gut wie Fichte, eine voluntaristische Weiterführung und Überwindung Kants vorgelegt, die bis heute publikumswirksam ist. Dass er mit seiner Schopenhauerkritik auch den Nihilismus Nietzsches kritisierte, konnte Blondel damals noch nicht ahnen.

Auf Nietzsche werden wir erst später zurückkommen können. Vorerst bleibt für Blondel die französische Philosophie im Blickfeld. Im III. Teil von *L'Action* (1893) unternimmt er eine systematische Destruktion der Einseitigkeiten des cartesianischen Cogito und seiner Folgen. Als Erstes führt Blondel den positivistischen Szientismus, wie ihn auch Taine vertrat, wissenschaftstheoretisch ad absurdum. Auf einigen der stärksten und heute noch bedenkenswerten Seiten seines Werks weist er zunächst auf die theoretisch unlösbaren Aporien der wissenschaftlichen Methoden hin (heute wäre dabei auch die Quantenphysik mit der Heisenberg'schen Unschärferelation zu berücksichtigen), um dann zu betonen, dass diese Aporien im gelingen-

---

[18] A (17) 51/41 (eigene Übersetzung).

den Tun, in der *Action* des Wissenschafters praktisch je schon gelöst sind. Hier führt Blondel erstmals die *action* als problemlösendes Vinculum ein und verlegt damit die ganze weitere Untersuchung in den Raum des tätigen (und nicht mehr bloß des denkenden) Ich. Der nächste Schritt in der Überwindung des Cogito lehnt sich an Maine de Biran an. Mit Berufung auf den biranschen »effort« und auf die Forschungen Charcots und seiner Mitarbeiter über den Hypnotismus führt Blondel das dem Vergessen anheimgegebene Unbewusste wieder in den philosophischen Diskurs ein. Denn das Tun reicht nicht nur bis in die Tiefen des Unbewussten hinab; es entspringt gerade aus dieser Tiefe. Es ordnet die unbewussten Regionen und Regungen des Organismus auf ein gewolltes Ziel hin und konstituiert so die Persönlichkeit. Doch zugleich greift es mit seiner Wirkmacht unweigerlich über die Grenzen des Ich hinaus; denn es bringt das zielgerichtete Wollen leibhaft zum Ausdruck und fordert so zur Mitwirkung auf, die ihrerseits das Tun des Ich bedingt und verändert. Mit dieser Analyse der wechselseitigen Einflussnahme überwindet Blondel die Verschlossenheit der leibnizschen Monaden »ohne Fenster« und eröffnet den Ausblick auf eine Sozialphilosophie, die sich Einsichten von Émile Durkheim und Wilhelm Wundt zu eigen macht. Die ethisch-finalistische Perspektive, in der Blondel das gesellschaftliche Tun betrachtet, eröffnet den weiteren Ausblick auf die traditionelle Metaphysik und Moral und über diese hinaus auf eine Religionsphilosophie im Stile Feuerbachs (den Blondel jedoch weder nennt noch kennt) und seines Zeitgenossen Jean-Marie Guyau. In Auseinandersetzung mit dieser Religionsphilosophie zeigt Blondel den Widerspruch auf, der jeder natürlichen Religion innewohnt, aber zugleich auch die Widersprüchlichkeit der systematischen Religionslosigkeit. Mit rein menschlichen Mitteln wollen beide sich des menschlich Unerreichbaren bemächtigen oder zumindest darüber urteilen. »So künstlich jede natürliche Religion ist, so natürlich ist die Erwartung einer Religion« lautet deshalb die Schlussfolgerung dieses mehr als 300 Seiten umfassenden *Videtur quod non*[19].

Das *Respondeo dicendum* führt von der bisherigen bloß denkerischen Kritik aller angebotenen Lösungen auf die ganz andere Ebene der existentiellen Lebensentscheidung, die in der Blondelliteratur unter dem Namen der »Option« bekannt ist. Wir brauchen sie hier nicht

---

[19] A (321) 355/347.

nachzuzeichnen; wir haben schon gesagt, dass Blondel sie als Überbietung des ganzen bisherigen Philosophierens verstand. Blondel weist jedoch nicht nur wie Pascal auf die Notwendigkeit einer Entscheidung hin; er zeigt auch die noch relativ leicht einzusehenden Konsequenzen einer negativen Entscheidung auf und versucht dann die Art und das Ergebnis einer positiven Entscheidung wenigstens vorzuzeichnen. Das *Videtur quod non* hat schon alle Lebensinhalte, die der Mensch sich selbst geben kann, ausgelotet und ihr Ungenügen aufgewiesen. Als Alternative dazu bleibt deshalb nur noch die Erwartung von etwas menschlich gänzlich Unerreichbarem.

Diese Erwartung auf eine eventuelle Erfüllung bildet den Inhalt der positiven Lebensentscheidung. An der als Hypothese (im platonischen Sinn) angenommenen christlichen Offenbarung zeichnet Blondel zunächst die Umrisse eines solchen menschlich Unerreichbaren nach, um dann im Schlusskapitel aufzuzeigen, dass das Geschenk dieses Unerreichbaren die objektive, ontologische Wirklichkeit all dessen begründen könnte, was zuvor nur als »Phänomene«, als Bewusstseinsinhalte und angestrebte Ziele ansichtig wurde. Eine ontologische Begründung der Phänomene ergäbe sich dann, wenn das im III. Teil ansichtig gewordene Vinculum des menschlichen Tuns, die *action*, sich in einem gottmenschlichen Tun und Leiden des menschgewordenen Gottessohnes als absolut seinsbegründend erweisen könnte. Damit wäre auch der letzte Feind Blondels, Kants Dualismus zwischen Phänomena und Noumena, überwunden und das Sein der Welt auf die christologische Spitze gestellt. Dass dem wirklich so ist, kann, wie gezeigt, nur im abschließenden »C'est«, der glaubenden Bejahung des Christusereignisses, festgestellt werden.

III.

Im Titel dieses Beitrags wurde eine Gegenüberstellung von Blondel und Nietzsche angekündigt. Sie war eher als Problemanzeige denn als Inhaltsangabe gedacht. Doch jetzt, nach Durchgang des ganzen Werks, kann sie wenigstens skizzenhaft angedeutet werden. Ein eingehender Vergleich zwischen den beiden fast gleichzeitigen Denkern, von denen einer die deutsche und der andere die französische philosophische Tradition destruierend überbieten wollte, würde wohl nicht nur einen weiteren Beitrag, sondern ein ganzes Buch erfordern.

Dafür wären nicht nur die neueren Ergebnisse der Nietzscheforschung zu berücksichtigen, sondern insbesondere auch die Nietzschevorlesung Blondels, die er zur Zeit des Ersten Weltkriegs gehalten hat. Beides ist hier nicht mehr möglich. Zwei Andeutungen müssen genügen, die zu weiterem Nachdenken und Nachforschen anregen können. Nietzsche konnte Blondels Werk nicht zur Kenntnis nehmen; denn als *L'Action* (1893) erschien, lebte er bereits vier Jahre in geistiger Umnachtung. Aber auch Blondel scheint zur Zeit der Abfassung von *L'Action* (1893) Nietzsche noch nicht gekannt zu haben. Im II. Teil von *L'Action* (1893) hat er jedoch mit dem Nihilismus Schopenhauers unausgesprochen auch den Nihilismus Nietzsches widerlegt, und gerade diese Widerlegung bildete dann den unerschütterlichen Strebepfeiler für den Aufbau des »Konflikts« im IV. Teil von *L'Action* (1893)[20]. Offenbar lag die Problematik Nietzsches Blondel näher, als man zunächst annehmen würde. In seiner späteren Nietzschevorlesung zeigte er am Beispiel Nietzsches die Irrungen des »esprit germanique« auf, gegen die er schon bei der Ausarbeitung von *L'Action* (1893) angedacht hatte.

Äußerlich gesehen könnte der Unterschied zwischen den beiden Denkern kaum größer sein. Nietzsche, der vulkanische, kämpferische Prophet, dessen geschichtliche Wirkkraft nicht zuletzt auf der dichterischen Bildhaftigkeit seiner Allegorien und auf seinem beschwörenden Sprachstil beruht; Blondel dagegen der etwas mühsam argumentierende Philosophieprofessor, der einen zunächst schwer zu entziffernden 500-seitigen philosophischen Diskurs vorlegt. Sein Werk scheint den Denkschlangen eines Kant und Hegel näher zu stehen als den pathetischen Sprachfetzen Nietzsches, und seine Wirkung ist denn auch weitgehend unterirdisch geblieben.

Noch gegensätzlicher scheint der Ausgang, genauer gesagt die Abzweckung beider Philosophien zu sein. Während Nietzsche sich als Antichrist bezeichnet (eine Selbstbezeichnung, die wörtlich zu nehmen ist), zielt Blondels Philosophie auf die Begründung aller Wirklichkeit in Jesus Christus ab. Dieser Gegensatz, der größer kaum sein könnte, entspringt jedoch daraus, dass sich beide mit gleicher Leidenschaft mit der christlichen Tradition auseinandersetzen, in der beide ihre Wurzeln haben. Bei beiden Denkern hat gerade diese Auseinandersetzung zu einem Denken mit der ganzen Existenz geführt.

---

[20] A (335) 369/360.

Dass ihr Denken zu zwei diametral entgegengesetzten Schlussfolgerungen geführt hat, ist zweifellos auch lebensgeschichtlich begründet; philosophisch bedeutsamer ist jedoch die Beobachtung, dass sich der Gegensatz schon in zwei grundlegend verschiedenen Auffassungen vom menschlichen Wollen abzeichnet.

Beide Denker wurden von ihrer Auseinandersetzung mit der neuzeitlichen Philosophie zur Einsicht geführt worden, dass das Grundproblem der Philosophie nicht mehr wie bisher im theoretischen Erkennen, sondern im praktisch wirksamen Wollen zu suchen ist. Daraus ergab sich ihre weitgehend gleichlautende Ablehnung des Historizismus[21]. Für beide entspringt auch das Wollen gleicherweise aus einem Ur-Antrieb, dem »Dionysischen« bei Nietzsche, der »volonté voulante« bei Blondel. Doch dann gehen ihre Denkreihen auseinander. Zwar kennt auch Blondel das Dynamisch-Ungeordnete des Dionysischen, wenn er ausführlich von den »mobiles« und von der Energie des Unbewussten handelt[22]. Doch im Unterschied zu Nietzsche tritt die »volonté voulante« immer nur in einer »volonté voulue« zutage, in einer zu verwirklichenden Absicht, einem bestimmten Tun, während Nietzsches »Wille zur Macht« allein auf sich selbst (oder auf Nichts) gestellt bleibt.

Wie grundlegend dieser Unterschied ist, zeigt sich in der »Option«, der Grundentscheidung, vor die sich ihre Existenz gestellt sieht. »Gottesliebe bis zum Selbsthass oder Selbstliebe bis zum Gotteshass«[23], diese Formel, die Blondel von Augustinus übernimmt, weist Nietzsche seinen geistesgeschichtlichen Platz zu. Sein Denken kann geradezu als Urbild einer durchgetragenen negativen Option verstanden werden, einem Beharren auf Selbstbestimmung bis zum Letzten. Bezeichnenderweise scheint Blondel die Möglichkeit eines derart radikal-nihilistischen Nihilismus gar nicht ernstlich ins Auge gefasst zu haben; denn er versteht auch die negative Option immer noch als eine irregeleitete »volonté voulue«. Ihn interessiert jedoch vor allem die Gestalt jener »volonté voulue«, die der positiven Option entsprechen würde und konkreter Ausdruck dafür wäre, dass das Wollen seine

---

[21] Nietzsche, Friedrich: Vom Nutzen und Nachteil der Historie für das Leben, 1874; Blondel, Maurice: Histoire et Dogme, 1904 (Geschichte und Dogma. Herausgegeben und eingeleitet von Albert Raffelt. Übersetzt und kommentiert von Hansjürgen Verweyen. Regensburg (Pustet) 2011, 39–54).
[22] A (105–115) 139–149/132–142.
[23] A (355) 389/380.

Vollendung von einem menschlich nicht mehr zu erwirkenden Gnadengeschenk Gottes erwartet. Es könnte reizvoll und erhellend sein, Nietzsche und Blondel Aug in Aug zu lesen als Schulbeispiele einer negativen und einer positiven Lebensentscheidung: »Dionysos gegen den Gekreuzigten«[24]. Beide Philosophen wollten im Gegenzug zur neuzeitlichen Philosophie mit ihrer ganzen Existenz denken. Aus der Gegensätzlichkeit ihrer existenziellen Entscheidung ergab sich eine unrückführbare Verschiedenheit ihrer Philosophien. Diese Verschiedenheit wäre nun Schritt für Schritt auszuloten und auf dem Hintergrund ihrer Lebensentscheidung zu erhellen. Das könnte der Philosophie einen nicht unerheblichen Erkenntnisgewinn bringen über das Verhältnis eines Denkens zu seinem Denker. Für Blondel wie für Nietzsche je für sich ist diese Arbeit teilweise schon geleistet; es käme jetzt vor allem auf eine vergleichende Gegenüberstellung an. Der Hinweis auf diese weiterführende Problemstellung muss hier genügen, im Sinne einer blondelschen »conclusion apéritive«.

---

[24] Nietzsche, Friedrich: Schlusswort von Ecce Homo (Sämtliche Werke. Kritische Studienausgabe, München (dtv) ²1988, Bd. 6, 374).

PETER REIFENBERG

Ollé-Laprune und Blondel – die Erben Newmans (I)[1]

I. Geistige Erbschaft

Die etymologische Spur des Wortes »Erbe« führt auf das breite Bedeutungsfeld von »arm«, »verwaist« (germ. arb), auch »beraubt« (gr. orphós), sie führt zum Kleinen, Bedürftigen und Schwachen, zum Kind. Im Althochdeutschen »erbi« wird das Erbe als Besitztum eines Verwaisten bezeichnet[2]. Was versteht man nun näherhin unter einem »Erben«?

Die französische Enzyklopädie »Petit Robert« (La nouvelle Edition du Petit Robert de Paul Robert. Paris 2002) gibt uns eine Erstinformation und beginnt zunächst mit einer verbalen Definition des Verbs »hériter (erben)«, dann folgt das Substantiv: »ein Eigentümer eines Gutes werden, ein ›Titulaire‹, Rechtsperson auf dem Wege der Nachfolge« (Petit Robert, 1260).

In einem zweiten Sinn findet man dann: »Erhalten, eine Erbschaft antreten oder einer Tradition nachfolgen«, eine Tradition oder eine Kultur beerben und – indem man den juridischen Gebrauch abstrahiert – in einem weiten Sinne: »ein Erbe ist eine Person, die Güter erbt, ein Nachfolger«; und noch einmal in einem übertragenen Sinne, »einer, der eine Sache fortsetzt, ein intellektueller Nachfolger oder ein spiritueller Erbe eines Denkers«.

Ein hier nicht zu leistendes Ausloten der Bedeutungstiefe des Begriffs des »Erben« und der »geistigen Erbschaft« wäre für die Methodologie von Theologie und Philosophie in ihrem *historischen*, aber auch in ihrem *systematischen* Teil in gleichem Maße notwendig. In unserem Zusammenhang genügt es, auf die Unterscheidung zwischen einer *Abhängigkeit* und einem geistigen *Vermächtnis* hinzuweisen.

---

[1] Französischer Erstabdruck des jetzt im Deutschen überarbeiteten Beitrages: Ollé-Laprune et Blondel – héritiers de Newman, in: Gabellieri, Emmanuel/Cointet, Pierre de (Hg.): Maurice Blondel et la philosophie française. Colloque tenue à Lyon. Paris (Parole et Silence) 2007. 79–101.

[2] Vgl. Kluge, Friedrich: Etymologisches Wörterbuch der Deutschen Sprache. 21. unveränderte Auflage. Berlin (de Gruyter) 1975. 170.

Mit Bedacht lässt sich demnach die rechtliche Bedeutung des »Erben« auf ein schwierig zu beschreibendes inniges geistig-geistliches Verhältnis übertragen, das subtiler arbeitet als die bloße direkte oder indirekte ideengeschichtliche *Beeinflussung* und differenzierter als die in wissenschaftlichen Publikationen gerne aufzudeckende »geistige *Verwandtschaft* in Gedankenzusammenhängen«, weil sie vorsichtiger zu argumentieren hat, ja gleichsam im *Vorhof* der beiden Vorgenannten agiert.

Der geistige Erbe bleibt in der Gestaltung seiner Erbschaft frei, offen und womöglich schöpferisch. Er hat die Möglichkeit, ein eigenes Profil zu entwickeln.

Wie schauen Léon Ollé-Laprune (1839–1898) und sein Schüler Maurice Blondel (1861–1949) auf den das 19. Jahrhundert geistig dominierenden John Henry Newman (1801–1890)?

Für deren je eigenes Profil wird Newmans Erbe jeweils entscheidend werden, doch bei jedem der beiden in einem sehr eigentümlichen Sinne.

Die Ausführungen verstehen sich jedoch zunächst im Sinne einer Vorarbeit zu einer zweiten, nachfolgenden Untersuchung[3], die Auskunft darüber geben kann, inwiefern auf der hier bereiteten Basis die Logik/Grammatik Newmans, besonders in »Grammar of Assent«[4] und im »Development«[5], Auswirkungen hatte auf die ideengeschichtliche Entwicklung in Frankreich, näherhin bei Ollé-Laprune, und besonders auf die Denkungsart Blondels.

Die Vorüberlegung führt zu drei auszufaltenden Gedankenschritten: Zunächst sollte zwischen dem Einfluss Newmans auf Ollé-Laprune und dem Einfluss auf Blondel unterschieden werden. In einer zweiten Etappe gilt es, den Einfluss der Verbindungen Newmans selbst zu Frankreich und die Rezeption seiner Gedanken im 19. Jahrhundert zu sichten. In einem dritten Schritt lassen sich dann einige strukturelle Parallelen zwischen Newman, Ollé-Laprune und Blondel festhalten, die durchaus philosophischen Charakter tragen.

---

[3] Vgl. zum gesamten Problem: Gauthier, Pierre: Newman et Blondel. Tradition et développement du dogme. Paris (Cerf) 1988. Vgl. auch: Virgoulay, René: Blondel et le modernisme. La philosophie de l'action et les sciences religieuses. Paris (Cerf) 1980. 260–263 (Lit.).

[4] Newman, John Henry: An Essay in Aid of a Grammar of Assent (1870).

[5] Newman, John Henry: An Essay on the Development of Christian Doctrine (1845; 1878).

II. Ollé-Laprune und Blondels Verhältnis zu Newman

Die Vorbemerkungen führen zu einer *ersten, einfachen These*:

Ollé-Laprune ist Erbe Newmans im ersten Grade, Blondel ist in einer ideengeschichtlichen Sukzession Erbe, aber auf eine subtile, ambivalente und schöpferische Weise, die eher sekundär bleibt.

Während schon allein Ollé-Laprunes Lebensdaten (1839–1898) näher an denen Newmans (1801–1890) liegen als die Lebensdaten Blondels – die direkte Nähe zum Kardinal also größer war – bezieht er sich bewusst, direkt und mit offener Sympathie auf Newman. Er bemüht sich mit großem Eifer, Newmans Bedeutung in seinem eigenen Kontext aufzuspüren, und dies immer in einer philosophischen Form. Als christlicher Philosoph versucht Ollé-Laprune diese spirituelle Quelle mit dem Ziel aufzutun, den Glauben seines Lesers und das Leben der Kirche zu erneuern. Für ihn bleibt dabei Newman ein herausragender Zeuge des christlichen Glaubens und ein Vorbild an Konsequenz und Durchhaltevermögen im Wandel innerhalb einer Epoche des kulturellen, sozialen und religiösen Umbruchs.

Das Verhältnis Blondels zu Newman hingegen war entfernter und zeitlebens vorsichtiger, ja nahezu gespalten. Blondel denkt zuerst schöpferisch im Eigenstand. Newman gehört nicht zu den ersten Gewährsleuten seines Denkens. Hier besetzen Aristoteles, Leibniz, Pascal[6] und Kant – selbst auch sein Lehrer Ollé-Laprune – herausragende Plätze.

Blondel »garniert« da und dort seine Argumente mit angelesenen Newman-Zitaten, die er meist nicht näher ausweist. Dies betrifft vor allem die Briefwechsel mit Valensin und Bremond. Mit Letztgenannten wird deutlich, dass Blondel einerseits dem Freund »entgegenschreibt«, ihm mit dem Bezugnehmen auf Newman Wohlwollen, Zuneigung und Interesse an Person und Arbeit entgegenbringen will, ihn aber andererseits in einer Art »correctio fraterna« anmahnt, eben nicht in geistige Abhängigkeit zu verfallen und *selbst* zu denken (vgl.

---

[6] Vgl. zu Blondel und Pascal: Reifenberg, Peter: »Et-et?«: extrinsisch Jansenist – instrinsisch Antijansenist. Das Pascal-Bild von Maurice Blondel, in: Raffelt, Albert/Reifenberg, Peter (Hg.): Universalgenie Blaise Pascal. Eine Einführung in sein Denken. Würzburg (echter) 2011. 133–167. (= Reifenberg, Et-et (2011)).

etwa BrB I, 35.400)[7]. Ein tieferes Anliegen ist ihm offenbar der Rückbezug auf Newman nicht.

Zudem steht eine vielleicht vorschnell sich von Newman distanzierende Aussage Blondels im Raum, an welcher der Interpret nur schwer vorbeisehen kann:

»Newman habe ich erst sehr spät kennen gelernt und er dient mir zu nichts, außer zum Gebrauch einiger Bonmots und zur Unterstützung von einigen Belegstellen« (BV III, 178)[8].

Allerdings sollte man den Kontext des späten Briefes an Valensin vom 10. Juni 1931 nicht aus dem Auge verlieren. Blondel geht es gleich zu Anbeginn des Briefes darum, zu zeigen, wie ursprünglich und genuin die »philosophie de l'action« an seine Person gebunden ist: nämlich frei von der Abhängigkeit gegenüber einem philosophischen Autor oder einem philosophischen System und damit rein *problembezogen* auf die Frage hin, wie der Glaube in der Zeit philosophisch zu verantworten ist, wie die *Frage* nach der *Wirklichkeit* nicht auf die Weise einer »métaphysique première« als Frage nach dem Sein als solchem oder dem Sein als Seienden, sondern auf die Weise der ›action‹ durch eine transzendentale Phänomenologie der Wirklichkeit, durch eine »Métaphysique à la seconde puissance« (A (464) 498/490) und methodisch durch die »Immanenzmethode« auszulegen ist. Zudem steht die alles umfassende Grundfrage Blondels über dem Gesamtwerk:

»Ja oder Nein, hat das menschliche Leben einen Sinn, hat der Mensch eine letzte Bestimmung?« (A (VII) 15/9). Stets betont Blondel seinen philosophischen Erstzugriff und beansprucht damit seine Originalität:

»Die Quellen der Action stammen nicht aus diesem oder jenem System. Ich habe mich von ihnen befreit und rein problemorientiert gedacht im Hinblick auf die Erfordernisse des katholischen Glaubens, um einen philosophischen Geist im intellektuellen Milieu unserer Zeit aufleuchten zu lassen, mit allen Erregbarkeiten der kultivierten Geister, denjenigen, die ich unter meinen Lehrern und Mitstudenten an der École normale angetroffen habe« (BV III, 175).

---

[7] Henri Bremond – Maurice Blondel: Correspondance, établie, présentée et annotée par André Blanchet. 2 Bde. Paris (Aubier-Montagne) 1970–1971. (= BrB).

[8] Maurice Blondel – Auguste Valensin: Correspondance (1899–1912). 3 Bde. (Texte annoté par Henri de Lubac). Paris (Aubier) 1957. 1965 (= BV).

Blondels philosophisches Selbstverständnis, das sich dezidiert als philosophische Selbstbehauptung des denkenden Sich-selbst-Verstehens ausspricht, musste er während seines gesamten Lebens gegenüber den Rationalisten einerseits und den Neoscholastikern andererseits verteidigen. Er tat dies dünnhäutig und vielleicht übertrieben und ängstlich. In diesen Auseinandersetzungen berücksichtigt er zu wenig, dass die geistige Erbschaft die ursprüngliche Treue zum eigenen Denken nicht ausschließen muss.

Deshalb sei die kritische Frage erlaubt, ob diese späte Behauptung gedeckt ist? Der Rückblick Blondels scheint wenig Sensibilität gegenüber der eigenen philosophischen Herkunft zu verraten, war er doch – abgesehen von den aufzuweisenden strukturellen und inhaltlichen Indizien – durch seinen Lehrer Ollé-Laprune (zumindest indirekt) geistiger Deszendent, dann Erbe zweiten Grades auch des Denkens John Henry Newmans.

Über die Gründe von Blondels Skepsis gegenüber Newman lässt sich nur mutmaßen:

Entweder impliziert die Äußerung auch einen der indirekten Distanzierungsversuche gegenüber seinem Lehrer Ollé-Laprune und gehört somit zur philosophischen Selbstbehauptung Blondels, genuin und exklusiv die »philosophie de l'action« zu vertreten, also zum Selbstbewusstsein einer neuen Philosophengeneration, die Newmans Werk eine durchgehend *philosophische Konsistenz* und eine genuin *philosophische Intention* abspricht.

Oder aber dem religiös konservativen Katholiken Blondel bleibt die Überbetonung der »großen Konversion des 19. Jahrhunderts« suspekt. Jedenfalls ist ihm die Persönlichkeit Newmans offenbar so fremd, so dass er – vorsichtig gesagt – tiefe persönliche Sympathien ihm gegenüber nicht zu erkennen gibt. Vielmehr mahnt er Bremond, sich nicht zu sehr einem allzu streitsüchtigen Newman anzugleichen: »Lehnen Sie sich nicht zu stark an Newman an, der sich mit all seinen Freunden überwirft« (BrB I, 400).

Möglich ist auch eine »*philosophische*« Distanzierung vom *theologischen* Biographen Henri Bremond, zumal in einer Zeit, in der Newmans Denken von den »Modernisten« in Anspruch genommen wurde. Wir finden ja oftmals in den Briefen ein eher »belehrendes«, Überlegenheit beanspruchendes, fast charakterlich ein wenig unangenehmes Moment, das Blondel gegenüber seinen Korrespondenten zum Ausdruck bringt. Ob eine vorsichtige Verneigung Blondels vor der übermächtig werdenden Neuscholastik Platz greift, scheint eher unwahrscheinlich.

Eventuell einleuchtender ist einerseits die naheliegende Vermutung, dass die Werke Newmans in Blondels Bewusstsein (philosophisch) noch nicht als besonders entscheidend wahrgenommen wurden und dass sie für ihn sprachlich noch nicht in einer hinreichenden Weise zugänglich waren. Andererseits, und dies wäre sehr früh, nämlich im März 1895, machte Blondel in Rom die Bekanntschaft mit Baron *Friedrich von Hügel* (1852–1952), der, welt- und sprachgewandt, zwar in theologischen wie philosophischen Fragestellungen »reiner Autodidakt«[9] war, jedoch die mangelnde fachliche Professionalität durch Kontakte mit Denkern und Wissenschaftlern auszugleichen versuchte, von denen er eine Erneuerung von Theologie und Kirche erhoffte und »in deren Werk er etwas von dem verwirklicht sah, was ihn selbst bewegte: die positive Wertung der individuellen Frömmigkeit und die Begegnung ... mit den historischen Wissenschaften« (Neuner, 748).

Von Hügel war von der Lektüre von L'Action (1893) vollkommen begeistert. Deshalb entstand zwischen beiden eine Korrespondenz: »Hügel ist der Eifrigste. Er verlangt von Blondel Neues. Er bat ihn dringend um eine Photographie, um stets sein Antlitz im Blick zu behalten, dies in der Gemeinschaft mit Kardinal Newman, mit Eucken und Loisy«[10] (Coeur, 17).

Die Heirat mit Lady Mary Herbert of Lea, einer eifrigen Konvertitin, die in einer engen Zusammenarbeit mit Kardinal Newman stand, begründete mehrere wichtige Kontakte und das Entree in den Hochadel sowie in höhere kirchliche Kreise. Newman hatte großen Einfluss auf das Ehepaar (vgl. auch Coeur, 23). Im Juni 1876 verbrachte er eine Woche zum dichten Austausch bei ihnen (vgl. Neuner, 738).

Doch sollten im Anschluss an Blondels relativierend-negative Äußerungen die nachfolgenden Ausführungen positiv erbringen, um welche Aussagen es sich handelt und in welchem Kontext die Begriff-

---

[9] Vgl. Neuner, Peter: Friedrich von Hügel, in: Coreth, Emerich .../(Hg.): Christliche Philosophie im katholischen Denken des 19. u. 20. Jahrhunderts. Bd. 1. Graz/Wien/Köln (Styria) 1987. 737–749 (= Neuner (1987)).

[10] Vgl. Marlé, René: Au cœur de la crise moderniste. Le dosier inédit d'une controverse. Lettres de Maurice Blondel, Henri Bremond, Friedrich v. Hügel, Alfred Loisy, Fernand Mourret; Joannes Wehrlé, Paris (Aubier) 1950. 17 (= Coeur).

lichkeit zu finden ist. Zudem werden die Belegstellen gesichtet, die Blondel bei Newman entlehnt.

Auch der mit Blondel gleichaltrige Tyrell (1861–1909)[11], der Moralphilosophie im Scholastikat von Stonyhurst unterrichtete, stand mit diesem wie mit Newman in engem Kontakt (vgl. Coeur, 22.40.41). Ollé-Laprune hingegen kam *direkt*, bewusst und voller Stolz aus der »Schule der Oratorianer«. Er war Schüler des Oratorianers Gratry, der mit Newman selbst in Verbindung stand. Ollé schrieb die durch die »Académie des sciences morales« im Jahre 1870 preisgekrönte Arbeit über Malebranche[12] und war, wie etwa Fonsegrive in seinem Büchlein zu Ollé-Laprune bekundet[13], zeitlebens vom Oratorium geprägt und ihm eng verbunden.

Während Ollé demnach die *direkte Erbschaft* Newmans auch in seinem Hauptwerk »*De la certitude morale*« bezeugt und auch diese gerne antritt, müssen wir für den Denkweg Blondels nachfolgend hinsichtlich dieser »geistigen Erbschaft« mindestens von zwei Phasen ausgehen:

Einer *früheren* – indirekten und unbewussten – ersten Phase über Gratry und Ollé-Laprune und einer *späteren*, reflektiert-bewussteren, angestoßen vom Newman-Biographen und Blondel-Freund Henri Bremond, dessen Forschungen – so bezeugt es der Briefwechsel – Blondel regelmäßig verfolgte und mit philosophischem Rat begleitete. Hinzu kommen die Diskussionen mit Loisy[14] zum Modernismus, wobei Blondel sich von diesem wiederum – besonders im Umfeld der Modernismuskrise – ängstlich distanzierte.

---

[11] Loome, Thomas Michael: Liberal Catholicism-Reform Catholicism-Modernism. A contribution to a new orientation in modernist research. Mainz (Grünewald) 1979. 17[21]: »The ghost of John Henry Newman haunts almost all of Tyrell's writings from the late 1890's to his death in 1909 ...«

[12] Ollé-Laprune, Léon: La Philosophie de Malebranche, 2 vol. Paris (Lagrange) 1870.

[13] Vgl. Fonsegrive, George: Léon Ollé-Laprune. Paris (Bloud) 1912. 23: »Seit langem war M. Ollé ein Freund des Oratorianers, er bevorzugte die geschlossene Spiritualität und die Offenheit der Intelligenz und die Weite des Wissens und die Weltläufigkeit, die charakteristisch sind für diese illustre Kongregation.« Vgl. auch 29.

[14] Vgl. Vidler, Alec R.: A Variety of Catholic Modernists. Cambridge (The University Press) 1970. Insbes. 24–31, vgl. auch Henrici, Peter: Blondel und Loisy in der modernistischen Krise, in: Communio 16 (1987) 513–530.

III. Zur Tradierung und Wirkungsgeschichte Newmans in Frankreich[15]

Die *zweite These* argumentiert ideengeschichtlich und führt zu notwendigen tradierungs- und wirkungsgeschichtlichen Überlegungen:

Kardinal Newman war in gebildeten und eingeweihten Kreisen der christlichen Philosophie in Deutschland wie in Frankreich der große theologische wie philosophische Schatten, die einmalige Gestalt an Überzeugungskraft und Bekennermut, der Gewährsmann für eine Prävalenz der »Innerlichkeit«, für eine umfassende Bildung und für ein Denken, das – weit seiner Zeit voraus – nicht nur sprachlich, sondern auch inhaltlich den Menschen in seiner Umittelbarkeit zu seinem Gott lebt und im Blick auf Wandel, Zukunft, Verwirklichung des Christlichen Bahnbrechendes zu denken vermochte.

Newman ist *der* Themen setzende »*background-Denker*« des 19. und 20. Jahrhunderts schlechthin[16]. Sein Einfluss auf die Schwerpunkte des Zweiten Vatikanischen Konzils ist noch lange nicht ausgemessen. Diese Fakten wurden gerade wieder im Zusammenhang mit der Seligsprechung Newmans am 19. September 2010 deutlich gesehen[17], selbst wenn diese letztlich leider in unseren Tagen eine eigentlich notwendige »Newman-Renaissance« in der Theologie nicht auslösen konnte.

Doch seine Wirkung – direkt oder indirekt – gerade auf die Denker der »action« wie auf die sogenannten »Modernisten« kann nicht hoch genug veranschlagt werden[18].

Dabei muss man einen Schritt zurückgehen, denn es stehen einige im Vorfeld sehr knapp anzureißende Fragen im Raum:

---

[15] Zur Newman-Rezeption in Deutschland, vgl.: Grosche, Robert: Der Wandel des deutschen Newman-Bildes, in: Fries, Heinrich/Becker, Werner (Hg.): Newman-Studien (Vierte Folge). Nürnberg (Glock und Lutz) 1960. 331–345. (= Newman Studien IV).

[16] Vgl. Ravaisson, Félix: La Philosophie en France du XIXᵉ siècle (1867). Paris (Hachette) ⁴1895. 154.

[17] Vgl. Gerl-Falkovitz, Hanna-Barbara/Lehmann, Karl Kardinal/Reiser, Marius: Im Wandel treu: John Henry Kardinal Newman. (Mainzer Perspektiven: Orientierungen 6). Mainz 2011. (Lit. 27–31) (= Gerl, Im Wandel treu (2011)).

[18] Vgl. Foucher, Louis: La Philosophie catholique en France au XIXᵉ siècle. Paris (Vrin) (1955) 2003. 127.

Wie gestalteten sich die persönlichen Kontakte Newmans in Frankreich, welche Übersetzungen Newmans ins Französische lagen Ollé und Blondel vor, auf welche Bedürfnisse vermochten diese zu antworten und welche Probleme Newmans regten sie an?

1. Newmans Kontakte in Frankreich

Diese Kontakte waren vereinzelt, dafür aber elitär, wie die wenigen folgenden Beispiele im Detail aufzuzeigen versuchen:
Die Mehrzahl war nicht direkt, sondern ergaben sich durch die Zwischenkunft der englischen Freunde, die sich untereinander kannten: Zum einen kannten William Monsell, Ambroise Lisle Phillipps sehr gut, ebenso Montalambert (1810–1870), der sich selbst als großen Bewunderer Newmans bezeichnete sowie Bischof Dupanloup. Auf der anderen Seite existierte eine Freundschaft zwischen Chanoine Lorain de Langres, Dupanloup und Lacordaire (1802–1861), die mit Gratry (1805–1872) und Lamenais (1752–1854) folgten. Als Newman Mitstreiter für die Edition des Rambler in Frankreich rekrutierte, dachte er an Gratry, aber man zog diesem Maret, der Professor an der Sorbonne war, vor. Im Jahr 1865 sah Dupanloup Newman als seinen Konzilstheologen[19] vor (vgl. Billioque, 33). In diesen Tagen war Newman nicht sehr bekannt außer einer Gruppe von Theologen und dort auch nur als einer der berühmtesten Konvertiten des Jahrhunderts in Europa. »Was die brieflichen Beziehungen betrifft, war es eine große Anzahl und eine Vielfalt von Korrespondenten sowie eine Vielfalt von angesprochenen Fragen, auch die Besuche nahmen einen großen Platz ein. Briefe, Besuche, Bücher kennzeichnen den Weg, von dem aus die Oxford-Bewegung ihren Ausgang nahm, es ging weiter mit der Konversion und der Reise nach Frankreich und dem ersten Aufenthalt in Rom« (Billioque, 23). »In Paris besuchte Newman vom 8. bis 11. September Abbé Dubois von den Auswärtigen Missionen und seinen Übersetzer Jules Gondon. Gondon half ihm auch in der Krise um den Prozess mit Achilli, der einen hörbaren Lärm in Frankreich und in England hinterließ« (vgl. Billioque, 27 f.). Da Newman daran dachte, eine Kirche zu bauen, wandte er sich an

---

[19] Hierzu vgl. Billioque, Andrée: Newman et ses relations en France, in: Études Newmaniennes 11 (1995) 23–41. (= Billioque). Vgl. auch: Artz, Johannes: Newman-Lexikon. Mainz (Grünewald) 1975. 263 f.

Viollet-le Duc, der im Jahr 1851 zu ihm nach Birmingham kam. Im Zuge der Gründung der Universität Dublin hatte er Kontakt mit den Sulpicianern in Paris. Achille de Valroger machte sich mit Hilfe des Irländers Hogan, einem Bewunderer Newmans, daran – obwohl Newman Vorbehalte hatte –, die Apologia zu übersetzen. Newman wandte ein, »die Apologie trägt einen sehr englischen Charakter, kann sie also außerhalb Englands irgendjemand interessieren«? (Billioque, 28 f. 32). Pater Hogan, der ihn besuchte, brachte ihm die vierte Auflage des Buches von Gratry mit, mit dem Titel: »Souvenirs de ma jeunesse« (vgl. Billioque, 35). Newman schrieb minutiös alle Besuche, die er empfing, auf. Am 13.9.1860 empfing er z.b. den Abbé von Solemnes, Dom Guéranger (vgl. Billioque, 30 f.).

2. Französische Übersetzungen der Werke Newmans

2.1. Übersetzungen im Dienste von Konversion und Apologetik

Mit Pater Clavel[20] müssen wir drei Gruppen von französischen Übersetzungen der Werke Newmans in der Zeitepoche ihrer Erscheinung unterscheiden, die alle nach dem Eintritt Newmans in die katholische Kirche entstanden. Wir sind nur an den ersten beiden interessiert, weil Ollé und Blondel sie gekannt haben konnten:
»Die Übersetzungen, die während der Lebzeit Newmans entstanden, sind charakterisiert durch den quälenden Gedanken der großen Konversion; die Übersetzungen zu Beginn des 20. Jahrhunderts erlaubten jeweils eine Einführung in das Denken Newmans und die zeitgenössischen Übersetzungen, sie sind vielleicht orientiert an den Schwierigkeiten, die der Glaube und die Kirche mit sich brachten. Sie haben eine viel intimere und vollständigere Kenntnis des Denkens Newmans« (Clavel, 1997/133).
Newman beobachtete immer aufmerksam das Denken des französischen Katholizismus und erhielt wichtige Literatur. Aber vor allem war er an Übersetzungen seiner eigenen Werke interessiert (vgl. Billioque, 26f.):
Die intellektuellen Katholiken in Frankreich begannen sich für Newmans Werke seit seiner Konversion zur katholischen Kirche zu

---

[20] Clavel, Pierre: Les traductions françaises de Newman, in: Études Newmaniennes 13 (1997) 133–148 (= Clavel (1997)).

interessieren[21]. Gewiss ist es leicht übertrieben, dass ihn die Konversion erst in Frankreich berühmt machte. Richtig ist, dass auf Grund dieser großen Konversion eine rege Übersetzungstätigkeit begann, die zunächst auch einen apologetischen oder positiver formuliert einen missionarischen Einschlag hatte. Sie traf auch die Mitte einer intensiven religiösen Aufbruchstimmung mit einer Fülle von Neugründungen verschiedener Kongregationen und Ordensgemeinschaften (vgl. Clavel, 1997/136).

Nur einige wenige ausgewählte Übersetzungen seien beispielhaft – zunächst aus der ersten Periode – nachfolgend erwähnt:
Recht rasch und entsprechend fehlerbehaftet fiel die erste, bereits 1846 erschienene und von Newman nicht autorisierte Übersetzung von »Development« von L. Boyeldieu d'Auvigny aus, dessen Absicht sich schon vom Titel her verrät, »*Développement de la doctrine chrétienne, preuves de la vérité de la foi catholique*«. Es geht ihm zuvörderst um die »preuves dans la foi«, die Glaubensbeweise, und damit um ein apologetisches Moment. Newman distanzierte sich von dieser Übersetzung, mit der Jahre später Bremond seine Not hatte, um alle Fehler auszumerzen (vgl. Clavel, 1997/138–140).

Die Übersetzung des zuvor schon genannten sehr emsigen Jules Gondon »*Histoire du développement de la doctrine chrétienne ou Motifs de retour à l'Église catholique*« geschah mit der Genehmigung des Autors. Gondon übersetzte bereits 1850/51 die »Lectures on certain difficulties felt by Anglicans in submitting to the Catholic Church (Burns and Lambert 1850)« unter dem Titel »*Conférences aux catholiques et aux protestants*« und 1851 »*Conférences prêchées à l'oratoire de Londres*«. Ebenso früh, im Jahre 1850, erschienen ausgewählte Predigten unter dem Titel »*Sermons universitaires*« (Deferrière, 1850). Die »traduits par ›un prêtre de Tournai‹ sowie zwei Übersetzungen von le »*Songe de Gérontius*« aus den Jahren 1869 (von Mathilde Aussant) und 1882 (Amadée Blanc).
Zu nennen ist die Übersetzung der »*Apologia Pro Vita Sua*« von G. du Pré de St. Maur aus dem Jahre 1866, die auch ganz auf das Phänomen der Konversion fixiert war. Bis 1904 erfolgten einige Wiederabdrucke der Werke, doch keine nennenswerten Übersetzungen mehr.

---

[21] Vgl. Thureau-Dangin, Paul: Newman Catholique d'après des Documents Nouveaux. Paris (Plon) 1912. Bremond, Henri: Autour de Newman, in: APC (79) No. 4. janv. 1908. 338–369.

2.2 Forschung im Dienste von Leben, Denken und dem Glaubenszeugnis Newmans

Zu Beginn des 20. Jahrhunderts ragten in der Newman-Forschung vor allem zwei Persönlichkeiten hervor, denen es gelang, durch gezielte Biographien und Übersetzungen Newman in Frankreich bekannt zu machen: Zunächst der Dominikaner P. *Saleilles OP* und schließlich *Henri Bremond*[22], der sich übrigens mit dem literarischen Englisch Newmans schwertat. 1904 brachte er die Übersetzung von »*Développement du dogme*« (Paris 1904, Bloud et Cie) stark überarbeitet neu heraus und stellte ihm die XV. Universitätspredigt voran (vgl. Clavel, 1997/138 f.). Diese Ausgabe war auch Blondel bekannt. Es ging in der zweiten Periode der Newman-Rezeption sehr viel mehr um dessen Denken selbst sowie um das getreue Nachzeichnen eines vorbildhaften Glaubenszeugen. Bremond schreibt im »Avant-Propos« seines berühmten Buches »*Newman. Essai de Biographie Psychologique*« (Paris, Bloud et Gay 1906. [8]1933):

»›Le je et le moi sont à chaque ligne, mais quelles sont les connaissances qu'on peut avoir si ce n'est pas le je et le moi‹ ... Ainsi, Newman fixe lui-même la méthode qui s'impose, non seulement à l'historien de sa vie, mais encore et surtout au critique de sa pensée. Il ne s'agit pas ni de construire, ni de discuter une théorie, mais de sonder une âme« (V).

Denkt man dabei an Ollé-Laprunes Selbstverständnis und an seine Auslegung von Philosophie, so drängen sich durchaus Parallelen auf[23].

In einem zweiten Band seines Werkes sammelte Bremond Texte aus den *Sermons universitaires* und aus der *Grammaire de l'assentiment*, die 1907 in einer verdienstvollen Übersetzung von Mme. Marguerite Gaston erschien. »Das Ziel von Bremond ist eine Newmansche Vision der Evolution des Dogmas in einem ersten Band zu geben, eine des Glaubens, im zweiten Band und dies zu beenden im dritten Band ...« (Clavel, 1997/140).

---

[22] Vgl. Bremond, Henri: Newman. Essai de Biographie Psychologique Paris (La Pensée Chrétienne/Bloud et Gay) (1905) 1906. [7]1913. [8]1932.

[23] A. Gratry ist für Ollé-Laprune (neben Edme Caro) erste Bezugsquelle. Er erschloss ihm auch die Philosophie Platons, der er in »La Certitude Morale« auch den Maßstab seines Denkens entleiht: »C'est avec l'âme entière qu'il faut aller à la vérité (Ollé Certitude (1880) I.; vgl. Reifenberg, Peter: Verantwortung aus der Letztbestimmung. Maurice Blondels Ansatz zu einer Logik des sittlichen Lebens. Freiburg 1992. 41 mit Anm. 97. 129 mit Anm. 354 (= Reifenberg, Verantwortung (2002)).

P. Saleilles OP publizierte einen Band über »*Foi et raison*« im Jahr 1905, der die sechs Predigten der *Sermons universitaires* enthielt. In diesen Tagen wurde Newman zum Advokaten des liberalen Katholizismus und eines spirituellen Katholizismus, geführt von den Oratorianern, die in Frankreich nach 1880 auf der Suche nach einer Alternative zur Neuscholastik waren. Zum anderen war er der Mensch des Dialoges zwischen der modernen Welt und der Kirche in einer philosophischen, dynamischen, der ›action‹ und der Kultur nahen Weise.

In seinen sehr genauen Anmerkungen des dritten Bandes der »Correspondance Blondel-Valensin« (BV II, 182, Anm. 83.3.4.) informiert *Henri de Lubac* über den wenig bedachten Bekanntheitsgrad von Newman am Ende des Jahrhunderts:

»Am Ende des 19. Jahrhunderts war Newman in Frankreich wenig bekannt, die These von D. Joyce (Paris 1896) über Newmans *développement du dogme* fand nur wenig Widerhall. Der Artikel von H. Hemmer über *Manning und Newman* und die Frage des Katholizismus in Oxford behandelte nur einen einzigen Punkt. Der Artikel von FIRMIN (Pseudonym für Loisy) *Le développement chrétien d'après le cardinal Newman* (Revue du clergé français, 1er déc. 1898) sorgte weniger für einen Erfolg als für einen Skandal. Es waren die Arbeiten von G. Grappe, E. Dimnet und L. de Grandmaison und vor allen Dingen die von Bremond, die Blondel an Newman Interesse finden ließen«.

Aber zugleich müssen in einem anderen Kontext die von *de Lubac* aufgeführten Texte Beachtung finden. Es gab nämlich stets ein besonderes Interesse an dem Werk Newmans, das nicht oft studiert wurde, aber Konfliktsituationen hervorrief[24]. Die typischen Begriffe Newmans wie »probabilité«, »développement und »évolution« (Wahrscheinlichkeit, Entwicklung und Evolution) wurden von der Philosophie und der Theologie adaptiert und im gleichen Zuge durch Rom kritisiert (vgl. Denzinger (1991) 3484. 3464. 3425. Vgl. Siebenrock, 1997, 14).

Zu Beginn des 20. Jahrhunderts finden wir eine *dritte* Rezeptionswelle von Newmans Werken, die vom Modernismus und vom »re-

---

[24] Siebenrock, Roman: L'influence des écrits de John Henry Newman dans les pays germanophones. Une vue d'ensemble, in: Études Newmaniennes 12 (1996) 5–21. ebd. 7 (= Siebenrock (1996)).

nouveau catholique« in Frankreich und damit vom religiösen Erwachen der katholischen Kirche bedingt war. Henry Loisy (1857–1940) stützte sich auf die Schriften Newmans, um Harnack zurückweisen zu können. Die Themen der modernistischen Krise sind bis in unsere Tage hinein aktuell geblieben: so der Platz des Subjektes in der Geschichte, das Problem zwischen Erfahrung und Subjektivität, das Problem der Intuition und der Wahrscheinlichkeit, der Methode in der Theologie und Philosophie, wie der Immanenzmethode und der Würde des Gewissens.

3. Blondels Warnung vor einem »Kult für Kardinal Newman«

Sosehr Bremond vom Denken Newmans in Bann gezogen war, so sehr war er fasziniert von Blondels Denkweg. Dies geht auch aus einem der ersten Briefe hervor, in dem er sich Blondel gegenüber vorstellte und interessanterweise auch an Ollé rückbindet. Offenbar war »La certitude morale (1880)« für viele auch ein Schlüssel, um zum Verständnis Blondels vorzudringen:
»Das große intellektuelle Glück meines Lebens war, auf La Certitude morale von M. Ollé-Laprune gestoßen zu sein, das mich durch seinen Stil und die action dieser Seele faszinierte« (BrB I, 30; 22.3.1897). Verfolgt man aufmerksam diesen Brief weiter und besieht Blondels Antwort darauf (vgl. BrB I, 30–36), dann wird zum einen Blondels Haltung als »kritischer Erbe« Newman gegenüber aufs Neue verdeutlicht, zum anderen hebt sich Bremonds Abhängigkeit von Newman gegenüber Blondels schöpferischem Eigenstand im Denken deutlich ab. Bremond fährt fort:
»Ich wusste, dass Sie ein Freund und Schüler M. Ollé-Laprunes waren und ich wollte L'Action lesen; ich fand mich in einer Menge Eindrücke vor, die mich früher einmal durch ihren Meister ergreifen ließen. Fügen Sie dem eine besondere Bewunderung für Kardinal Newman hinzu und einige Brocken Scholastik und Sie können daraus folgern, dass Sie sich – wenn Sie wollen – als einen ihrer Schüler behandeln können« (BrB I, 31).
Ein solch »denkerisches Kochrezept« widerspricht freilich gänzlich Blondels Geschmack. Eine Kostprobe seiner denkerischen Kraft und Überlegenheit gibt Blondel mit seinem Antwortbrief vom 27.4.1897, in dem es – kurz gesagt – um eine erkenntnistheoretische Lehrstunde für Bremond geht, wie eine geschmeidige, möglichst umfassende *lo-*

gique de la vie morale, eine *moralische* Wahrheit für das Leben, zu erlangen ist:

»... Sie entwirren die Probleme, die sich hinter den Wörtern Vernunft, vernünftig und irrationell verbergen. Das ist im Hinblick auf den konkreten Sinn und auf die direkte Erfahrung des inneren Lebens gerechtfertigt und kommt zu einer Geschlossenheit im Urteil, einem Wunsch nach Einheitlichkeit im Licht nach einer vermögenden Kraft zu leben, um den Missverständnissen voraus zu kommen und die Geister zu einer Wahrheit hin zu begleiten, die immer vollständiger und toleranter wird« (BrB I, 33).

Nach diesen allgemeinen Linien über die »konkrete Wissenschaft« und die »innere Erfahrung« – die Motive lassen an Newman denken – entwickelt er seine Überlegungen konzise in drei Gedankenschritten. Besonders wichtig scheint der zweite Punkt, in dem Blondel zwei markante Wortpaare zunächst in ihrer Wertigkeit und Wirkkraft für eine »*science vivante et expérimentale*« Wissenschaft unterscheidet, um sie dann wieder aufeinander zu beziehen. Es geht um die Unterscheidung zwischen »der impliziten und direkten Vernunft« mit der »impliziten Erkenntnis *(en fait)*« und der »expliziten, reflexen oder wissenschaftlichen Vernunft« mit einer »expliziten Erkenntnis *(en droit)*«.

Diese Unterscheidung ist m. E. werkgeschichtlich gesehen bereits eine Präfiguration der Unterscheidung aus »*Point de départ (1906)*« zwischen réflexion/rétrospection und prospection[25].

Blondel entwirft in scharfen Strichen eine eigene »Zustimmungslehre«, in dem er »das Geheimnis der Zustimmung an essentielle und am meisten Leben vermittelnde Wahrheiten« in einer Vernunft sieht, die weder vernünftelt noch vernünftig ist. Er möchte eine »raison *non raisonnée ni raisonnante*« aufsuchen, die sich sowohl mit einem Gefühl, einem Instinkt, einer Intuition zu verschmelzen scheint, obwohl der intellektuelle und erhellende Charakter einer solchen Zustimmung nicht strittig ist (BrB I, 34). Er weist dabei Bremonds Formulierung zurück: »wir brauchen eigentlich nur Newman zu übersetzen« (vgl. BrB I, 32[1] et 35). Blondel führt die Unterscheidung zwischen Behauptung der Wahrheit »en fait« und »en droit« ein, welche

---

[25] Zu diesem Problem: Reifenberg, Peter: La science morale comme science de la pratique, in: Leclerc, Marc (Hg.): Blondel entre L'Action et la Trilogie. Bruxelles (Lessius) 2003. 168–190. Vgl. ebd. besonders 173.182 (= Reifenberg (2003)).

hinreichende Vernunftgründe und selbst notwendige und apodiktische Gründe findet, um unsere Zustimmung zu rechtfertigen und zu fordern. Doch er rückt sofort zurecht, dass selbst die vollständige Erkenntnis dieser wissenschaftlichen Vernunftgründe niemals eine implizierte Wissenschaft ersetzen, sondern eine direkte und konkrete Zustimmung (vgl. BrB I, 34) erforderlich ist. Denn die implizite Wissenschaft beheimatet eine Kraft und Überzeugung und beinhaltet eine virtuelle Dialektik.

Die explizite Erkenntnis kann den »*voie pratique*« nicht ersetzen und selbst ihre bestechenden Ergebnisse als rationale Wahrheiten (»verités rationnelles«), die von der Logik her und im Bereich der abstrakten Spekulation Oberhoheit des Spekulativen (»*supériorité* spéculative«) begründen, sind im Verhältnis zur impliziten, durchlebten und lebendigen Erkenntnis stets auf die Weise einer »*infériorité* réelle« gegeben. Da Letztere als Ausgangspunkt wichtig ist und die implizite Gewissheit (»certitude implicite«) theoretisch aufweist, ist sie dennoch der konkreten Zustimmung untergeordnet (vgl. BrB I, 35). Beide Vernunftbewegungen sind aufeinander bezogen und stehen in der Bewegung der ›action‹ auch untereinander in einem solidarischen, engen Verhältnis:
»Eine Bestimmung, ein Endziel, ein Nahrungsmittel und ein Endgrund ... die eine für die andere« (ebd.).
Andernfalls gerät man in die Netze eines Intellektualismus, der lediglich eine Abwandlungsform der Idolatrie darstellt. Was als Logik des moralischen Lebens, »*Principe élémentaire de la vie morale (1903)*« ausgearbeitet wird, findet man hier bereits präfiguriert. Blondel gemahnt Bremond, selbst zu denken und sich nicht in eine geistige Abhängigkeit zu begeben. Deutlich spürt man, dass er einen »Kult« für den Kardinal Newman verabscheut:
»Es scheint mir, dass Sie nicht nur, so wie Sie es sagen, Newman übersetzen wollen, sondern die asketische und lebendige Methode der Mystiker und die spekulative und abstrakte Methode der Dialektiker zu zeigen versuchen, die man nicht ungestraft isolieren kann, selbst in der Theorie nicht« (BrB I, 35).

IV. Ollé-Laprune et Blondel – Erben des Denkens Newmans

Die Überlegungen aus der »Correspondance« zwischen Bremond und Blondel führen inhaltlich zum philosophischen Kern unsrer Ausführungen: Im letzten Abschnitt geht es um philosophische Linien, die Denkparallelen zwischen Newman, Ollé und Blondel aufzeigen können. Dabei gehen wir methodologisch so vor, dass wir die *drei* wichtigen Bezugstellen auf Newman aus »*La certitude morale (1880)*« in zwei Abschnitten in ihrer Kontextualität aufzeigen, sie an Newman zurückspiegeln, um sie anschließend im Werk Blondels zu projizieren und damit sie auf ihren philosophischen Gehalt und Ertrag kurz untersuchen.

1. Newmans Unterscheidung von ›real‹ und ›notional‹ als Zugang zur ethischen Gestaltung der Wirklichkeit

Die *erste* Bezugnahme erfolgt bereits in der »*Introduction*« (Ollé, Certitude/18[1]). Es geht aus dem Text Ollés nicht hervor, ob er eine französische Übersetzung bemühte; vielmehr zitiert er den englischen Titel von »*An Essay in aid of a Grammar of Assent*«. Ollé gibt an, dass die Grundbegriffe seines Werkes gedanklich dem Essay entliehen sind:

»Was diese Worte betrifft, *certitude réelle, certitude abstraite* (reale Gewissheit, abstrakte Gewissheit), sind sie uns durch die Lektüre des Werks von P. Newman suggeriert worden ...«.

Hinsichtlich der Frage nach der ethischen Erkenntnisweise zeigt sich, dass die Vorüberlegungen zur ideengeschichtlichen Erbschaft unverzichtbar waren. Besonders das ethische Denken Blondels steht strukturell und inhaltlich unter indirektem Einfluss des großen Oratorianers.

Die fundamentale erkenntnistheoretische Unterscheidung in »*De la Certitude Morale (1880)*« zwischen der die konkreten Fakten (faits) und Lebensvollzüge erschließenden »*certitude réelle*« und der lediglich zu Abstraktionen führenden »*certitude abstraite*« begründet die Gewissheits-Lehre Ollé-Laprunes. Dieser wiederum entlehnt bewusst die unterschiedlichen Gewissheitsweisen, die wirklichkeitserschließende Erkenntnisweisen darstellen. Newman geht davon aus, dass »Sprache Wirklichkeitserschließung in der Beziehung zwischen Personen«[26] ermöglicht. Die Person zeichnet sich durch das Zustimmenkönnen als dem zentralen Akt des Subjektseins aus. Die Weise der *Weltaneignung* drückt Newman durch das programmatische Begriffspaar »*real assent*« einerseits und »*notional assent*« andererseits aus. Siebenrock geht davon aus, dass es lediglich unterscheidenden, nicht trennenden Charakter hat, »da es auf Entwicklung hin offen ist«[27], und damit stimmt er wiederum mit Blondels Intention vor allem in »*Le Procès de l'intelligence*« (1921 (= PI)) überein[28]. Die *begriffliche* Erkenntnis sollte durch die auf die Wirklichkeit gerichtete *reale* Erkenntnis ersetzt werden (vgl. PI, 242 f. 288. 291 ff.)[29]. Die »intelligence« ist demgemäß das Sprungbrett zwischen einer abstrakten Logik der Begriffe und einer lebendigen und wirklichkeitsbezogenen Logik.

Von diesem Begriffspaar her definiert Newman den Menschen in seinem *Wirklichkeitsbezug in Erfassen und Zustimmung*[30]. Dabei geht es ihm in seiner Grammatik, d.h. in der Analyse der Zustimmung, um eine »implizite Ontologie des Einzelnen«, in deren erkenntnistheoretischem Realismus die »Leerstelle der klassischen Logik« in der Wahrheit des Konkreten, des Individuellen gesehen wird.

Die abstrakten Begriffe vermögen dabei nur indirekt »aus zweiter Hand« die Wirklichkeitsbeziehung zu stiften, denn die Wirklichkeit selbst lässt sich nicht durch Begriffe einholen[31].

---

[26] Vgl. Siebenrock, Roman: Wahrheit, Gewissen und Geschichte. Eine systematisch-theologische Rekonstruktion des Wirkens John Henry Kardinal Newmans. Sigmaringendorf (Glock u. Lutz) 1996 (= Siebenrock, Wahrheit (1996) 232. Biemer, Günter: Die Wahrheit wird stärker sein. Das Leben Kardinal Newmans. Frankfurt (Lang) 2000 (= Biemer (2000) ebd. 399–427 (dritte überarbeitete Auflage 2009). Kitchen, Newman (1993) 2100–2101. Einführung: Müller, Gerhard Ludwig: John Henry Newman. Augsburg 2000 (2010) 76 f. Vgl. zur Wirklichkeitssicht Newmans: Wiedmann, Franz: Theorie des realen Denkens nach John Henry Newman, in: Newman-Studien IV, 144–249. Neuere, gerade auch englischsprachige Newman-Literatur findet sich bei: Gilley, Sheridan: Art. Newman, in: TRE Bd. 24. Berlin (de Gruyter) 1994. 416–422; auch bei: Gerl, Im Wandel treu (2011) 27–31.

[27] Siebenrock, Wahrheit (1996) 217.

[28] Vgl. PI, 243. 251. 258 mit den Bezügen auf Newman.

[29] Vgl. die bezeichnende Stelle aus PI: »... par la première, nous nous fabriquons un monde de répresentations ... – par la connaissance réelle ..., ce n'est pas des répresentations, des images, des symboles, des spéciments, des phénomènes, c'est la vive présence, l'action effective, l'intussuspection, l'union assimilatrice, la réalité « (PI, 236 f.).

[30] Vgl. Siebenrock, Wahrheit (1996) 216 ff.

[31] Vgl. Newman, Zustimmungslehre 34. 36: »Unsere Begriffe von den Dingen sind niemals mit den Dingen selbst kommensurabel. Sie sind Ansichten von ihnen ... Begriffe sind bloß Aspekte von Dingen.«

Ebenso eignet der Wissenschaft, die begrifflich erfasst, folgert und zustimmt, keine lebensspendende Kraft[32]. In ihr herrscht die formale Logik »auf einem begrenzten Feld«, ohne durch ihre Syllogismen das Herz des Menschen erreichen zu können[33]. Zwar besetzt Newman »notional« insgesamt gegenüber »real« negativ[34]; dabei ist jedoch die begriffliche Zustimmung keineswegs überflüssig, sondern sie bildet vielmehr die Basis der alltäglichen Weltorientierung[35]. Die bloß gedachte Welt der Ideen jedoch bewegt von sich aus nicht zum Handeln, sondern leistet vielmehr ihren vorbereitenden Dienst durch die Darbietung methodischer Alternativen.

Demgegenüber zeigt der »real assent« einen personalen und direkten Weg der Wirklichkeitsbegegnung auf[36]. Damit wird ein existenzieller Lebensakt beschritten. Denn die übergeordnete Bestimmung (»destiny«) und zugleich das Gesetz des Menschen (»law«) bestehen in der Verwirklichung seines Selbst-Schöpferseins:

»Realisieren (verwirklichen) heißt, die Wahrheit tun«[37].

Dabei ist nicht das Wissen und Denken, sondern das Handeln vorrangig: »Wissen ist nichts im Vergleich zum Tun«[38], wobei jede Tat eine Zustimmung voraussetzt[39]. Das faktische Weltverhältnis bewährt sich nicht im zum Zweifel und Skeptizismus führenden »Regress des Beweises der Beweisvoraussetzungen«[40], sondern im schlichten Handeln, denn:

»... das Leben ist zum Handeln da. Wenn wir für jedes Ding auf einem Beweis bestehen, werden wir niemals zum Handeln kommen: Um zu handeln, muss man etwas voraussetzen, etwas annehmen, und diese Annahme ist der Glaube«[41].

---

[32] Vgl. Siebenrock, Wahrheit (1996) 230 f.

[33] Newman, Zustimmungslehre, 64 f.66.

[34] Artz, Der Folgerungssinn 228 f. nach Siebenrock, Wahrheit (1996) 217[275].

[35] Vgl. Siebenrock, Wahrheit (1996) 221.

[36] Vgl. Siebenrock, Wahrheit (1996) 217 f.

[37] Vgl. Siebenrock, Wahrheit (1996) 218. 219.

[38] Vgl. Siebenrock, Wahrheit (1996) 218[279] aus: Newman, John Henry: Predigten. Gesamtausgabe. Stuttgart 1948–1962. Predigten I.31; Siebenrock führt noch eine zweite aussagekräftige Stelle an, die das Primat des Tuns vor dem Erkennen aufzeigt: »Der Umstand, dass etwas wahr ist, ist kein Grund es auszusprechen, sondern es zu tun, danach zu handeln, es zum innersten Besitztum zu machen« (Predigten V, 58 f.).

[39] Siebenrock, Wahrheit (1996) 232.

[40] Siebenrock, Wahrheit (1996) 231.

[41] Newman, Zustimmungslehre, 66.

Der kurze Blick auf die Zustimmungslehre Newmans zeigt die Verwandtschaft zu Blondel hinsichtlich der thematischen Vorgaben: In der Zustimmungslehre entwickelt sich die differenzierte Weise der Wirklichkeitsbetrachtung zwischen »notionalem« und »realem« Zugang und in der Folge die zur ethischen Wirklichkeitsgestaltung vorrangige *Reallogik* vor einer *Formallogik*, die zum *Primat des Handelns* vor der bloßen Idee des Handelns führt. Der Notwendigkeitscharakter des Handelns bedingt entschiedenes Handeln und setzt eine reale Wirklichkeitsbeziehung voraus. Für die Möglichkeit der Erkenntnis heißt dies, dass die »connaissance réelle« den eigentlichen Schlüssel zur Logik des Lebens und damit zum »ordre pratique« abgibt.

2. Die persönliche Entscheidung – die fundamentale Option und das Problem des »illative sense«

Mit dem die *Wirklichkeit erschließenden Wortpaar* »real-notional« ist die Voraussetzung geschaffen, eine umfassende Wahrheitsperspektive in einem nächsten Schritt durch die *zweite* Bezugsstelle Ollé Laprunes auf Newman im wichtigen zweiten Kapitel von »*De la Certitude morale (1880)*« aufzuweisen. Ollé nimmt an einem zentralen Punkt seines Werkes Bezug auf die argumentative Mitte von Newmans »Grammar«, wenn er von der Bestimmung der »intelligence« spricht und die Frage untersucht, wie es zur personalen, moralischen Wahrheit, zu einem »*consentement du cœur*« (Zustimmung des Herzens) (Ollé, Certitude (1880) 74/44) und damit zu einer eigentlichen Wahl im Willen kommt.

Dieser Akt des Willens übersteigt die abstrakte Erkenntnis: »Die moralischen Wahrheiten sind mit Dunkelheiten vermischt, die den Glauben möglich und notwendig machen« (Ollé, Certitude (1880) 73f. 44).

Während Ollé stets das Newman'sche Material liefert, arbeitet Blondel dies auf eine eigenständige Weise im Denken der »action« aus.

Die zentrale Frage für Ollé lautet: »Wie kann man über die Wahrheit sprechen und wie prägt sich der Sinn für die Wahrheit in die Aktionen des lebendigen und handelnden Geistes aus? Von welcher Art ist die personale Entscheidung? Jedenfalls ist sie nicht die Anwendung irgendwelcher abstrakter, reifer und kalter Formulierungen, sondern geschieht auf die Weise einer inneren Antwort (»réponse intérieure«):

»Die Entscheidung ist die Frucht der action eines Geistes, der geführt wird und die Regeln mit Sicherheit kennt, der gleichsam geschmeidig wie die Realität und das Leben ist und fähig, sich so auf die Gegebenheiten einzulassen und dadurch sie selbst zu beherrschen. Damit gewinnen wir die eigentliche Lebensklugheit, den guten Sinn (»phronaesis«), von der Aristoteles so gut sprach und die Pascal als ›Esprit de finesse‹ gekennzeichnet hatte ...« (Ollé, Certitude (1880) 75/45).

Mit dem Schlüsselbegriff der »Geschmeidigkeit« (»souplesse«) innerhalb der Logik übt Blondel Kritik in »Principe élémentaire« am aristotelischen Organon. Auch an dieser Stelle ist Blondel wiederum ein verdeckter Erbe des Kardinals. Denn er arbeitet das gesamte Thema der »option fondamentale« subtil im vierten Teil von L'Action (1893) und ideengeschichtlich-kritisch die gesamte Problematik einer Logik der action in »*Principe élementaire de la vie d'une logique morale (1900/1903)*« auf.

Von Grund auf ist »*La Certitude morale (1880)*« eine Meditation auf den »Grammar of Assent« von Newman. Ollé-Laprune ist der Zeuge und Erbe, der ganz im Geiste und in Gedanken des Kardinals lebt. Im Anmerkungsteil dieser wichtigen Passage (vgl. Ollé, Certitude (1880) 74/45[1]) gibt er den Bezugstext an: »Newman schrieb über dieses Thema sehr bemerkenswerte Seiten, besonders in Kapitel IX seines Essay«.

Ollé trifft damit die argumentative Mitte des Essays, in der es um den »*illative sense*« geht. Denn in »Newmans Konzeption wird – aristotelisch gesprochen – die (›phronaesis‹) zum architektonischen Vermögen der wahrheitsgeleiteten Vernunft«[42].

Was aber meint Newman mit dem »illative sense« und wo zeigen sich Berührungspunkte zum synthetischen Vermögen der »action«, zum ethischen Vermögen der »option fondamentale« und zum methodischen Lösungsweg aus dem extrinsischen Intellektualismus durch die Immanenzmethode[43]?

Sowohl für Ollé als auch stärker noch für Blondel – denken wir nur an die stilisierte »*Première notule*« war Aristoteles erster Gesprächspartner, seine Logik Grundlage und Anlass zur kritischen Auseinandersetzung. Dies aber trifft in gleichem Maße für Newman zu. Das Primat des »*real*« im Konkreten, schlicht die Wahrheitsfrage des

---

[42] Vgl. zum Folgenden: Siebenrock, Wahrheit (1996) 265–293. Hier: 270.
[43] An dieser Fragestellung schon zeigt sich die Nähe der Denkungsarten. In diesem Zusammenhang jedoch müssen Andeutungen genügen.

wirklich sich Ereignenden, Einzelnen, Geschichtlichen steht im Werke der drei Philosophen im Mittelpunkt. Aber Newman beibt in dieser Trias »le tronc« (der Stamm), die beiden Franzosen »les branches« (die Äste), wobei Blondel freilich ein besonderer Eigenstand zukommt. Der Weg zur wissenschaftstheoretischen Bestimmung des »illative sense« verläuft – wenn auch nicht immer »mit aller Klarheit« – über Aristoteles und impliziert ein stark ethisch-voluntatives Element[44].

Für Newman – wie für Blondel – steht fest, dass das formallogische Denken und Folgern die Wahrheit des Konkreten nicht erreichen kann, dass eine logisch-wissenschaftliche Daseinsinterpretation eines bloßen Rationalismus unzulänglich ist und die Annahme der Wahrheit insofern der traditionellen Erkenntnistheorie letztlich verborgen blieb. Deshalb suchen Newman wie Blondel nach einem Brückenschlag zwischen der abstrakten Syllogistik, die ihre Funktion nicht verliert, und einer »natürlichen« Form, welche mitten in die Wirklichkeiten des Lebens hineinführt[45]. Es ist dies eine »Läuterung theoretischer Blickverengung«, wie sie auch »Principe élémentaire« einfordert, es ist die Vermittlung zwischen *objektiv-argumentierender* Gewissheit (»certainty«) und *(subjektiv-)personaler* Gewissheit (»certitude«). Auffallend übereinstimmend bei Blondel wie bei Newman ist, dass beide an dieser Stelle den »Volksgeist«, die Höhen der Logik der »humbles et petits« gegenüber der Gelehrsamkeit der Gebildeten, hochloben[46], denn die Demütigen wissen mehr über das Geheimnis des Lebens als die Wissenden (vgl. A (85) 119/111). Sowohl die synthetische »action« bei Blondel als auch der »illative sense« Newmans werden durch eine phänomenologische Analyse erhoben. »Urteilskraft in allem Konkreten ist also die architektonische Fähigkeit; und was man den Folgerungssinn (illative sense) nennen kann oder das richtige Urteil beim Schlussfolgern, ist ein Zweig von

---

[44] Vgl. auch Siebenrock, Wahrheit (1996) 278. 279[416] . Ideengeschichtlich stehen wir damit an einem interessanten Berührungspunkt zweier philosophischer Landschaften, der angelsächsischen und der französischen: Newmans Denken wie die Kritik Bacons wollen die Vorherrschaft des aristotelischen Organons überwinden. Dasselbe trifft auch für das gesamte philosophische Leben Blondels zu.

[45] Newman, Zustimmungslehre, 211. 205: »Es folgt daraus, dass, was für den einen Intellekt ein Beweis ist, es für einen anderen nicht ist, und dass die objektive Gewissheit (certainty) eines Satzes eigentlich in der subjektiven Gewissheit (certitude) des Geistes besteht, der ihn betrachtet.«

[46] Newman, Zustimmungslehre, 212 mit A (474) 508/499.

ihr« (Newman, Zustimmungslehre, 240). Blondel hat die Antwort ethisch-religiös und handlungsorientierend in der »option«, seinsinterpretatorisch in der »Métaphysique à la seconde puissance« der ›action‹ gefunden und ausgearbeitet; Newman sucht während seines Lebens immer wieder nach einer geeigneten begrifflichen Einfassung des »illative sense«, findet ihn aber nur verwirklicht in den menschlich-selbstverständlich-alltäglichen Grundvollzügen, etwa des Hoffens, des Fühlens von Gewissheit (vgl. Newman, Zustimmungslehre, 241), in einem »induktiven Sinn«, welcher der Klugheit (phronaesis) des Aristoteles gleicht und die »inquisitio veri« ist, »der jenseits aller technischen Regeln für uns entscheidet, wann und wie wir von der Schlussfolgerung zur Zustimmung schreiten sollen ...« (Newman, Briefe, 689).

Die Zustimmung erfolgt als ganzmenschlich-personaler Akt zur Wahrheit, wobei Wahrheit, Erkenntnis und Wille Einigung erfahren. Auch Blondel sucht mit der Kritik des Lebens den gemeinsamen Knoten der Wissenschaft, der Moral und der Metaphysik und findet diesen vitalen Punkt der Intersektion in der Trias »connaître«, »vouloir« und »l'action« (A (480) 514/505).

Die grundlegenden Entscheidungen des Lebens wie die lebensentscheidenden Erkenntnisse geschehen für Blondel wie für Newman im Inneren des Menschen[47]. »Ein das Erkenntnissubjekt streng von außen determinierendes Kriterium fällt weg« (Siebenrock (1996) 272). Der Mensch konstituiert sich selbst (autonom) in der »auto-ontologischen« Option, die sich allerdings aus der Heteronomie des *Vinculums* speist. Demnach muss er stets die »option fondamentale« vollziehen, um die verwirklichte Wirklichkeit zu durchleben, die Sinn und Bestimmung der menschlichen Person aufzeigt[48]. Im »illative sense« wie in der ›action‹ treffen sich das spekulative wie das prakti-

---

[47] Newman, Zustimmungslehre 242: »Und die Vernunft gebietet uns, niemals gewiss zu sein, außer auf einen absoluten Beweis hin; und ein derartiger Beweis kann uns niemals durch die Logik der Worte geliefert werden, da, wie Gewissheit zum Geist gehört, so auch der Akt der Folgerung, der zu ihr führt. Jedermann, der folgerichtig denkt, ist sein eigenes Zentrum und kein Hilfsmittel zur Beschaffung eines gemeinsamen Maßes für die Geister kann diese Wahrheit umstürzen«. Vgl. die Ausführungen zur »méthode d'immanence«, in: Reifenberg, Verantwortung (2002) 182–192.

[48] Vgl. Pe (63/132) 374. Cf. Reifenberg, Verantwortung (2002) 589–596. Vgl. Reifenberg, Peter: La Logique de l'action humaine. Les perspectives ouvertes par Maurice Blondel sur la réalité comme fondement de la réflexion éthique, in: Tourpe, Emmanuel: Penser l'être de l'action. La métaphysique du »dernier« Blondel. Leuven (Peeters) 2000. 317–333. Hier: 327.

sche Vermögen zur Wahrheitserkenntnis des Konkreten. Dies gilt für die Selbst-Erkenntnis des Subjektes wie des anderen: So geschieht auch die personale Erkenntnis des anderen auf die Weise des überlogischen, dynamischen Erfassens über das Innere des Menschen selbst. Blondel würde argumentieren, hierin bestehe zuvörderst auch die Effizienz der Immanenzmethode.

Gerade die *dritte* von Ollé im dritten Kapitel »De la foi morale« von »De la Certitude (1880)« aufgeführte Newman-Perikope sei an dieser Stelle eingefasst: Wieder verweist er auf seinen Mentor, wenn es um die Erkenntnis des Nächsten durch die personale Erkenntnis – bei Newman – des illative sense geht. Ollé schreibt:
»... sans avoir conscience de ce qui se passe en nos semblables, nous leur attribuons la pensée et le sentiment, parce que nous saissisons chez eux des indices, des signes expressifs et révélateurs, analogues à ceux par lesquels nous manifestons nous-mêmes notre propre vie intétieure« (Ollé, Certitude (1880) 112/66).
Und dabei bezieht sich Ollé an dieser Stelle in der Anmerkung sofort auf Newman (und übrigens auch auf Janet):
»Voir dans l'Essay on a grammar of Assent du P. Newman une fort intéressante étude de la manière dont nous connaissons nos semblables, nottamment p. 99 ...«
Eine weitere Parallele zwischen der Denkungsart beider großer Denker, Newman und Blondel, deutet sich dadurch an, nämlich das gegenseitige Bedingen von ›action und pensée‹, das Blondel unübertroffen klar in der Observation des Lalande »Sur action (1902)« zum Ausdruck bringt[49]. Auch für Newman ist der »illative sense« von Spekulation und praktischer Wahrheitsorientierung zirkulär-personal angelegt. »Die Zirkularität menschlicher Erkenntnis liegt in seiner unaufhebbaren persönlichen Mitte« (Siebenrock (1996) 273). Und Newman beschreibt diese Rad-Bewegung folgendermaßen:
»Ich bin, was ich bin, oder ich bin nichts. Ich kann über mein Sein nicht denken, reflektieren oder urteilen, ohne gerade von dem Punkt auszugehen, den ich zu erschließen strebe. Alle meine Ideen sind Hingenommenes (assumptions), und ich bewege mich im Kreis« (Newman, Zustimmungslehre, 243).

---

[49] Vgl. Lalande, 1231 f.; Reifenberg, Verantwortung (2002) 154–157. Vgl. jetzt auch der Übersetzungsversuch von Patricia Rehm, in: Maurice Blondel. Der philosophische Weg. Freiburg (Alber) 2010. 163–166.

Beide fassen den Erkenntnisakt als Tatgeschehen in das Bild der »Herzenserkenntnis« (vgl. A (381) 415/405; (384) 418/409), ein wichtiges Relikt aus der beidseitigen eifrigen Pascal-Rezeption: »Die ganze Welt ist trübe, bis wir glauben, was unser Herz lehrt«.

Mit dem von Blondel rezipierten Motiv der »Herzenserkenntnis«[50] beschließen wir diese ersten Überlegungen:

»Et ce qu'il faut ici nommer Dieu, c'est un sentiment tout concret et pratique: pour le trouver, ce n'est point la tête qu'il faut se rompre, c'est le coeur« (A (375) 409/399).

---

[50] Vgl. Reifenberg, Et-et (2011) 160[22] mit weiteren Fundstellen.

PETER REIFENBERG

»Développement« und »tradition«

Lebendige Dynamik von Bewegtheit und ständiger Bewegung
Newman und Blondel (II)[1]

*»Jesus hat nur in den Sand geschrieben und hat seine Botschaft nur
dem Wind anvertraut: Seine lebendige Lehre trifft die schwankenden
und unbeständigen Herzen, die ihn hören«* (HD (213) 441/81).

I. Problemstellung: Schlichte Tat versus reflektierte Lehre?

Bei der Lektüre von Maurice Blondels »Histoire et Dogme« (1904)
findet meist ein eher am Rande stehendes, jedoch tiefgehendes Wort
nicht sofort die ihm gebührende Beachtung. Zu sehr überwältigt zunächst die befreiende Auflösung der Spannung zwischen Extrinsezis-
mus (»l'extrincecisme«) und Historismus (»l'historicisme«) durch die
vitale Rolle und das philosophische Fundament der Tradition (»rôle
vital et fondament philosophique de la tradition«), um die Durch-
schlagskraft des schlichten Worts wahrzunehmen, das Blondel in den
posthumen »Pensées sur l'Église« noch einmal aufnimmt und leicht
ausweitet. Zu sehr verwundert es auch, dass gerade die Philosophie
ein innertheologisches Problem zu lösen in der Lage sein soll.
Und doch lässt sich mit dem schlicht anmutenden Wort bereits die
Eingangsthese des zweiten Beitrags zu Blondel und Newman formu-
lieren: Denn gerade dieses Wort führt die Anfangskraft wie das Ziel
der Idee der *Entwicklung der Wirklichkeit des Christentums* in wenigen Strichen auf den Wurzelgrund zurück. Es zeigt exakt das Wesen
und die Aufgabe Jesu als Christus auf:

---

[1] Überarbeitete deutsche Fassung eines innerhalb des Internationalen Kongresses »La
crisi modernista nella cultura europea« am 21. u. 22.4.2005 auf Einladung der Ency-
klopedia Italiana und der Gregoriana in Rom in französischer Sprache gehaltenen
Vortrags. Dieser Tagungsband wird noch veröffentlicht. Zum Untertitel und zur gesamten Ausdeutung von »Histoire et Dogme«, vgl. auch die Beiträge, in: Reifenberg,
Peter/van Hooff, Anton (Hg.): Tradition – Dynamik von Bewegtheit und ständiger
Bewegung. 100 Jahre Maurice Blondels »Histoire et Dogme« (1904–2004). Würzburg (echter) 2005.

Nicht Richter, sondern göttlicher Allerbarmer, nicht dogmatischer Lehrer, sondern ins Innere treffendes, lebendiges Wort Gottes, das die ihm Nachfolgenden mitten in die Herzen (theologia cordis) trifft und sie befähigt, wie ER selbst durch die schlichte Tat – und nicht durch formelhafte Lehre – das Evangelium lebt und umsetzt. M. Nédoncelle stellt mehr instinktiv als ausdeutend die Worte Blondels an den Anfang seines Versuches, die Entwürfe Newmans und Blondels durch den Gedanken einer »Theologie der lehrhaften Entwicklung« (»théologie des développements doctrinaux«) einander näher zu bringen. Da er sich lediglich auf die »Pensées sur l'Église« beruft, scheint er der soeben beschriebenen Faszination erlegen zu sein:

»Le Christ n'a écrit qu'une fois et c'était sur le sable. Quel dédain de tous les moyens humainement propres à conserver sa parole extérieure! Ce sont donc les actes des chrétiens qui prêchent cette vérité et qui gardent l'empreinte ineffaçable: c'est dans les coeurs qu'il grave sa vivante doctrine par le Verbe intérieure«².

Geschieht hier eine Infragestellung, eine Relativierung der Lehre, des Gesetzes oder der Moral? Verunmöglicht Jesus gerade durch sein Tun nicht nur jede Theologie, jedwede Reflexion über das Handeln, sondern die institutionelle Fortführung der Lehre durch die Kirche selbst?

Die Wirkung des erschütternden Wortes, das sich auf eine der authentischsten und die christliche Botschaft am reinsten charakterisierenden Perikopen des Neuen Testaments bezieht (Joh 8,1–12), gleicht der Tiefenerfahrung des hl. Thomas am Ende seines Lebens. In ihm klingen nicht nur alle zu behandelnden Probleme an, die gleichsam Newman und Blondel umtreiben, sondern damit sind zugleich auch die unüberhöhbare Lösung des Problems in der schlichten ›action‹ Jesu Christi benannt, der gerade indem er offenbar nichts tut, der ›action‹ zu einem einfachen Höhepunkt verhilft, und zwar:

Negativ: Sowohl die Glaubens- und Sittenlehre der Menschen, alle wissenschaftlichen Ansätze, jeder Entwurf, die Geschichte, auch die Beschreibung der Wirklichkeitsgeschichte der Kirche von außen, jeder Versuch, sie in ein System zu zwingen, bleiben letztlich vor

---

² Zitiert nach: Nédoncelle, Maurice: Newman et Blondel: La théologie des développements doctrinaux, in: Fries, Heinrich/Becker, Werner: Newman Studien. Sechste Folge. Nürnberg (Glock und Lutz) 1964. 105–122. Ebd. 105 (= Nédoncelle (1964)).

Christi einfacher und schlichter ›action‹ der Liebe und der Vergebung bloße Spreu und lediglich menschliche Hilfsmittel. Jede Doktrin und Lehre von außen weichen der demonstrativen »Nicht-Lehre« der inneren (belehrenden) Begegnung, die – ungeschrieben – nicht verurteilt, sondern im unvoreingenommen, *vergebenden Blick der begegnenden und bergenden Annahme das Antlitz des andern trifft.* Anders: Sobald Philosophie und Theologie zur Lehre werden, verlieren sie die Tiefenwirkung des Denkens und des Gedachten.

Ist dann aber die Auslegung der menschlichen Existenz, wie sie im »Grammar« oder in L'Action (1893) geschieht, und die sie ansichtig werden lassende *geschichtliche Selbstauslegung* der Kirche auf dem Weg, wie sie Newmans gewaltiges Werk »Über die Entwicklung der Glaubenslehre« (1845/1878) darstellt und Blondels im Umfang erheblich bescheidenerer Entwurf von »Histoire et Dogme« (= HD) (1904) repräsentiert, überflüssig?

Allein schon deshalb nicht, weil die geschichtliche Situation selbst damals wie heute zur ›action‹ herausfordert, den Aufwand der bedenkenden und kommentierenden Relecture notwendig werden lässt, da mehr als einhundert Jahre nach dem Höhepunkt des Modernismusstreites offenbar die von Blondel aufgezeigten monolithischen Blöcke sich immer noch unversöhnt gegenüberzustehen scheinen, weil Ängstlichkeit und Glaubensverlust bei beiden gleichsam sich zu verstärken scheinen, ja, um ein Wort G. Walgraves aus dem Jahre 1964(!) zu zitieren: »Le danger d'une nouvelle vague de modernisme est loin d'être imaginaire. Plus que jamais on sent la nécessité de saisir clairement l'idée saine et profonde de développement et de la distinguer rigoureusement de tous ses travestissements transformistes«[3] (Walgrave (1964) 10).

Deshalb enthebt die *heilige ›action‹ Jesu* gerade nicht der Notwendigkeit eines geschichtstheologischen Entwerfens und Strukturierens des Menschen, der dieser schlichten ›action‹ im Grund zwar nichts entgegensetzen kann, dann aber auf die Systeme und Gedankengebäude als Hilfsmittel angewiesen bleibt.

Hieraus ergibt sich eine *zweite* These, die im Verlauf der Ausführungen einer genaueren Ausfaltung bedarf:

---

[3] Cf. Walgrave, J. H.: Préface, in: Newman, John Henry: Essai sur le développement de la doctrine chrétienne. Paris (Centurion) 1964. 7–48 (= Walgrave (1964)). Vgl. zum Problem insgesamt auch die umfassende Studie von Gauthier, Pierre: Newman et Blondel. Tradition et développement du dogme. Paris (Cerf) 1988.

Mit Newmans und Blondels Entwürfen dürfen wir uns auf verlässliche und weit tragende berufen; wir können sie jedoch nachfolgend in ihrer Bedeutungstiefe nur *ansatzweise* darstellen. Dabei wird methodisch und inhaltlich – *kontrapunktisch* zu Nédoncelles typisch sympathisch-paraphrasierendem »französischem ébauche«, der in sehr großen Strichen zeichnet – von *Blondels Denken ausgegangen* und dann erst auf Newman zurückgespiegelt[4].

Positiv sind die Gedanken von »*développement*« und »*tradition*« inhaltlich zunächst darzustellen und auszudeuten, bevor sie in ein Verhältnis zu bringen sind; sowohl die vermittelnde Tradition als auch die Grundbewegung des Rades von ›action und pensée‹ sowie die Lebensform der »*pratique littérale*« Blondels werden zu commemorieren sein.

Dabei wird die ›action‹ als Verwirklichungsform des »développement« interpretiert.

Wo sind weitere strukturelle Parallelen zwischen Blondel und Newman zu finden?

II. Blondels vitale und vermittelnde Kraft der Tradition – le tiers permis

»Das Wort Gottes »bewahren« heißt vor allem, es in die Tat umzusetzen« (HD (212) 440/79)

1. Überwindung des Extrinsezismus

Wie gelingt es Blondel im dritten Teil von Histoire et Dogme (1904), einander unversöhnliche Fundamentalismen, hinter denen sich zwei Fehlformen geschichtlicher Wirklichkeitswahrnehmung verbergen, nicht nur in ihren philosophischen Unzulänglichkeiten der Kritik zu unterziehen, sondern in der *Tradition* eine Lösung aus dem Konflikt anzubieten, die sie als zugelassene Dritte qualifiziert? (vgl. HD (200) 430/64). Denn beide theologische Fundamentalismen, sowohl die Dogmatik in ihrer extrinsezistischen Form als auch die Geschichtswissenschaft in der Form einer verabsolutierenden Exegese, führen –

---

[4] Vgl. den voranstehenden Text des Verf., dessen Ergebnisse für den zweiten Teil vorausgesetzt werden.

jede für sich genommen und absolut gefasst – in die Isolation und verunmöglichen eine saubere theoretische Begründung kirchlichen Tuns sowie ein gedeihliches Wirken des die Lehre durch die Zeit bewahren und leiten müssenden unfehlbaren Kircheseins. Zwischen Geschichte und Dogma tut sich jene Lücke auf, durch die der *Tradition als zugelassenem Dritten* ein umfassender Lebensraum eröffnet wird, in dem die notwendige Zusammengehörigkeit beider aufleuchtet und dabei beiden Einzelwissenschaften trotzdem eine relative Unabhängigkeit (»indépendance relative«) belassen wird. Diese verlebendigende Kraft (»puissance vivifiante«) (cf. HD (201) 431/65) erfüllt das Kriterium eines einenden Bandes (»lien«), welches sich von den reinen amtlichen Texten unterscheidet:

»Das Prinzip der Synthese liegt weder allein in den Tatsachen noch allein in den Ideen, sondern in der Tradition, welche die Gegebenheiten der Geschichte, die Anstrengung der Vernunft und die durch den Vollzug des Glaubens zusammengetragenen Erfahrungen in sich vereinigt« (HD (206s.) 436/72f.).

Durch die Tradition kann die »gelebte Implizität« in die »bewusste Explizität« übergehen und auf diese Weise können sich die »gehäuften Erfahrungen des gläubigen Vollzugs« (»action fidèle«) auswirken[5].

»Durch die zielgerichtete Kraft einer die innere Finalität eines Organismus ordnenden und festgelegten Entwicklung unterscheidet die action sich bereits im Ansatz ihrer Gestalt deutlich von den Metamorphosen einer unbestimmten Evolution« (HD (207) 436/74).

Die methodische Frage ist die nach der *Weise der Möglichkeit der philosophischen Erhebung* der eigenen Vollmacht und der klaren Zuständigkeit (vgl. HD (207 f.) 437/74) der Tradition. Am deutlichsten wird die Wirkweise der Tradition als dynamisierende Kraft in der Weise zu erblicken sein, in welcher die Kirche voranschreitet (HD (208) 437/74). Dieses Voranschreiten geschieht weder durch die gelehrte

---

[5] Vgl. Artz, Johannes: Einführung in Newmans Essay, in: Newman, John Henry Kardinal: Über die Entwicklung der Glaubenslehre. Durchges. Neuausg. d. Übers. v. Th. Haecker, besorgt, kommentiert und erg. v. Artz, Johannes. Bd. VII der Ausgewählten Werke von John Henry Kard. Newman. Hrsg. v. Mathias Laros, Werner Becker und Johannes Artz. Mainz (Grünewald) 1969 (= AW VIII) IX–LII. Siglum der Einführung: Artz (1969), hier: Artz (1969) XXXVIII. (Siglum für den Text der deutschen Ausg.: E). Frz. Ausgabe: John Henry Cardinal Newman: Essai sur le développement de la doctrine chrétienne. Traduit de l'anglais par Luce Gérard. Préface de J. H. Walgrave o.p. Paris (Centurion) 1964 (= D).

Wissenschaft noch dialektisch durch ein System wie etwa durch den Aristotelismus – und damit erst recht nicht durch die Neuscholastik (!) – noch durch eine »Art mystischen Empirismus« (vgl. HD (207f.) 437 f./74 f; vgl. (HD (227) 552/98).

Vor allem aber muss sich die *philosophische* Vorgehensweise jedweder Form enthalten, die verabsolutierend oder separierend nur mit den Begriffen arbeitet und dabei die Wirklichkeit vergisst, also eine Weise der »philosophie séparée« darstellt, da sie wiederum nur in separierende theologische Einzelwissenschaften verfallen würde: Die »dogmatique séparée«, die »exégèse séparée« und die »histoire séparée« bleiben notwendigerweise unvollständig[6], da sie durch bloße Abstraktion isolieren und zerteilen, statt zu verbinden und keine Autonomie der Wissenschaften ermöglichen. Da die Tradition der Kirche in einem gewissen Maße einen »normalen Gebrauch« der Aktivität sowie eine »rationelle Rechtfertigung« voraussetzt (HD (209) 438/76), erfüllt für Blondel erwartungsgemäß gerade auch im Streit der zwei feindlich sich gegenüberstehenden Haltungen innerhalb der *Theologie* nur die eigene *zwischen* beiden agierende »*philosophie de l'action*« alle notwendigen Kriterien, das Problem des développement in der Kirche angemessen zu untersuchen und dabei jede »attitude antagoniste« zu vermeiden. Dies ist eine Prämisse, die gewiss auch heute nicht in jedem Lager auf Gegenliebe stieße. Nach Blondel kann die »philosophie de l'action« in diesem Streit ihre praktische Bedeutung unter Beweis stellen.

Inhaltlich geht es Blondels geschichtstheologischer Interpretation um die *Identität des Chalcedonense* für die jeweilige Lebenswirklichkeit durch die Zeit, letztlich also um die philosophische Erhebung des zenralen theologischen *Christusgeheimnisses für die Welt* durch eine dessen Einheit garantierende »philosophie de l'action«, die sich in der geschichtlichen Wirklichkeit der lebendig handelnden Kirche, im Leben des Christentums ausspricht:

»Man muss das Christentum zugleich konkreter und weiter, göttlicher und menschlicher sehen, als man es je aussprechen kann« (HD (227) 552/98).

---

[6] HD (227 452/98; vgl. De la valeur historique (233) 497).

Weil man gerade nicht historische Fakten und theologische Gegebenheiten scharf voneinander trennen kann, verbleibt als einziger Weg,
bis zu den »Quellen des Lebens und der action« empor-/zurückzu-
steigen, um die unteilbare Synthese ausfindig zu machen, die als Vinculum alles zusammenhält und jede Entwicklung trägt. Wie verläuft
diese Entwicklung? Welchen Vollzugsrahmen bietet Blondel an?

2. Entwicklungsmäßige Grunddynamik von »action und pensée«

Diese suchend-finalisierende Entwicklung stellt Blondel schon in
L'Action (1893) als wechselwirkenden dynamischen Kreislauf von
»action und pensée« dar. Es ist die rhythmisierende Bewegung der
einzelnen Existenz wie des kirchlich-universellen Lebens zur lebendigen »édification«, die als Wirkform allein in der »pratique littérale«
als lebensspendende Kraft zu finden ist (cf. A (408–413) 442–447/
434–439).
Die nach vorne drängende »logique concrète« eröffnet den Blick auf
eine das menschliche Leben bestimmende Asymmetrie, ein Ungenügen, mit dem Leben, Wollen und Handeln nicht in einen Einklang zu
geraten. Blondel geht es um »le développement complet de la volonté humaine« (vgl. A (405) 439/431). Aus eigenen Kräften ist die Übereinstimmung des Menschen mit sich selbst nicht zu erlangen. Deshalb
lässt sich der allem zugrunde liegende tätige Wurzelgrund nur »negativ« als das »Unendliche«, »Über-Natürliche« und für den Menschen
nicht zu Erreichende, »absolut Unmögliche« angeben (vgl. A (388)
422/412). Dabei vermag die ›action‹ je mehr, als wozu sie sich augen-
blicklich fähig zeigt, weil sie sich je übersteigt. Selbst die gedankliche
Einsicht vermag sie nicht zu leisten. Das Rad der ›action‹ drängt sich
jedoch davon unabhängig als steter Rhythmus nach vorne, ›action
und pensée‹ bilden inhaltlich das ab, was sich äußerlich als kontinu-
ierliche Entwicklung zeigt, um das Leben zu seiner Vollendungsgestalt zu führen. Die »Einrollung« von ›action‹ und pensée‹ ist zugleich
auch immer eine nach vorne drängende »Ausrollung«[7]. Nur die
Selbstgabe des Übernatürlichen kann die Entwicklung der Menschen
in der Geschichte zur Übereinstimmung bringen; die annehmende

---

[7] Vgl. Reifenberg, Peter: Verantwortung aus der Letztbestimmung. Maurice Blondels
Ansatz zu einer Logik des sittlichen Lebens. Freiburg (Herder) 2002 (= Reifenberg
(2002)). Hier: Reifenberg (2002) 161 f.

Integrationsleistung jedoch muss er in ›action‹ verstehend oder nicht-verstehend, jedenfalls nicht *durch* die ›pensée‹ (allein) selbst vollbringen. Die co-action geschieht durch die glaubensgetragene ›action‹ in der »pratique littérale« einerseits und andererseits in der Selbstgabe der übermächtigen ›action‹ Gottes. »Die ›action‹ ist das einzige Gefäß, das die Gabe fassen kann« (A (402) 436/428), oder in Historie et Dogme (1904): »Die gläubige ›action‹ ist die Bundeslade, auf der das Vertrauen Gottes ruht; sie ist der Tatbestand, in dem er seine Gegenwart und seine Weisungen stets anwesend sein lässt« (HD (212) 440/79).

Die Grundform des Lebens ist nicht das Begreifen, sondern das Tun, denn in ihm vollzieht sich die innere Bekehrung.

Was auch heute in der philosophischen Diskussion gänzlich auf Unverständnis stieße, war für einen Philosophen des ausgehenden 19. Jahrhunderts inmitten säkularer Felder gewiss nicht leichter: nämlich sich mit der Einsicht zu positionieren, dass in der »pratique littérale« der allein sinntragende Weg zum Heil besteht. Die »pratique littérale« spiegelt gerade jenes kirchen- und glaubenstreue Leben in sakramentalem Vollzug und legalistischem Einhalten der äußeren Gesetze wider, was die Philosophie im Grunde weder zum Gegenstand hat noch überhaupt zur Kenntnis nähme.

Blondel würde auch heute Schiffbruch erleiden. Doch er ist sich darüber schon in L'Action (1893) bewusst (vgl. A (409) 443/435), dass die Selbsterneuerung in der Haltung der totalen Aufrichtigkeit (»sincérité totale«) nur über den Weg des Gehorsams und der Beugung wider sich selbst, nämlich in der »pratique littérale« zu erreichen ist. Aus ihr entwickelt er einen asketisch anmutenden Tugendkatalog als einen Weg, »der das ganze Zartgefühl des Gewissens wahrt und bis ins Letzte aufrichtig bleibt«[8].

Widerspricht Blondel mit der Betonung der »pratique littérale« nicht der Intention des im Eingangszitat Ausgedrückten? In seinem Ver-

---

[8] Vgl. A (410) 444/436: »Man darf weder beim Zweifel noch bei der Gewissheit stehen bleiben; man darf nie sich an die Wahrheit klammern, wie andere ihre Götzen anbeten; selbst wenn man ewige Treue verspricht, soll man in Furcht und Freiheit verharren; man soll stets fürchten, das Licht zu verlieren, und soll es stets erhoffen; man soll in seinem Herzen die Angst des Suchenden mit der Heiterkeit und der gläubigen Lenksamkeit des Kindes vereinen: Darin liegt ohne Zweifel der Weg nicht zur Versklavung, sondern zur Freiheit.«
Vgl. auch A (380 ff.) 414 ff./404 ff. »La voie de l'agbnégation volontaire: agnégation; souffrance, sacrifice.«

ständnis wohl nicht, da im Tun der Tradition (der Kirche) sich Christus dynamisch durch die Zeit weiter ereignet und nur die Unterwerfung unter diese Dynamik des inneren Wortes auch die schlichte Tat des Christen ihre Vollendungsgestalt erreicht. Ziel dieser auch ethischen Vollendung ist das langsame Werk einer Wesensverwandlung und Bekehrung (»une lente œuvre de transsubstantation et de conversion«) (A (412) 446/438) des Menschen und damit seine Teilhabe am göttlichen Leben: »Der unverständliche und der unterwerfende Buchstabe ist der Weg, um göttlich zu denken und zu handeln« (A (411) 445 /437). Erstaunlich, dass Blondel fast wortgleich zu Newman diesen Weg der »corruption« als dem Weg zum Tode gegenüberstellt (vgl. A (408) 442/ 434). Diese grundstürzende Einsicht leitet den Theologen Newman etwa in seiner XV. Predigt, »Die Theorie der Entwicklung in der religiösen Lehre« vom 2. Februar 1843, Werke VI, 231–261, genauso wie den Philosophen Blondel, der sie in L'Action (1893) wie in Histoire et Dogme (1904) kundgibt: »Was man nicht klar erkennen, noch vor allem verstehen kann, das vermag man zu tun und ins Werk zu setzen. Darin liegt der Nutzen, der überragende Sinn der ›action‹[9].

3. Die Grundgestalt der Tradition als »action«

Die These Blondels lautet, dass *die Grundgestalt der Tradition die ›action‹ ist*. Da die ›action‹ die *konkrete Wirklichkeitsgestalt des Menschen wie auch der Kirche* ist, übersteigt ihr innerer Gehalt jeweils den äußeren Erkenntnisakt. Das Handeln geht dem Erkennen voraus und seine Wirkmacht übersteigt es. Das Unendliche übersteigt je die Wirkmacht des Erkenntnisaktes. So ist es verständlich, dass für Blondel allein der Glaubensvollzug als lebendige ›action‹ und damit das Glaubensleben der Kirche im »développement« die Tradition gestaltet[10].

---

[9] A (408) 442/434; vgl. HD (211) 440/79. »Was der Mensch nicht begreifen kann, vermag er dennoch ganz und gar zu tun; und indem er es tut, erhält er das Bewusstsein von dieser Wirklichkeit, die für ihn noch halb im Dunkel liegt, in sich lebendig«.

[10] A (411 f.) 445 f./437 f.: »La foi n'est donc pas seulement un acte et l'effet d'un acte; par une nécessité naturelle (gemeint ist die logique de l'action), elle est, à son tour, un principe d'action. De même que, dans le dynamisme de la réflexion, la pensée qui est le fruit de l'expérience de la vie devient elle-même un motif et le point de départ d'une expérience ultérieure, de même la la foi, qu'on pourrait nommer l'expérience divine en nous, est l'origine d'une activité qui intéresse l'homme entier et lui fait produire, par tous ses membres, la croyance dont il vit.«

Dabei bezeichnet Blondel die »expérimentation« *oder* »expérience« als die kollektiv[11](-kirchliche) Weise der möglichen praktizierten Gottesbegegnung. Der Glaubensvollzug bestätigt als lebendiger Kommentar (vgl. A (409) 443/435) das Depositum.

Dabei bilden sich aus dem Glaubensvollzug die Tradition und die Glaubensdisziplin sowie der deutend-autorisierende Kommentar der Wahrheit, die sich bei jedem Einzelnen im Innern entwickeln muss: »Die Tradition und Disziplin vergegenwärtigen die dauernde Auslegung des Denkens durch die Akte und liefern damit jedem in geheiligtem Erleben gleichsam eine vorweggenommene Kontrolle, einen autorisierten Kommentar und überpersönliche Nachprüfung und eine personelle Bewahrheitung der Wahrheit, die jeder in sich selbst erwecken muss ...« (A (413) 447/439).

Der Prozess des »vivant commentaire« geschieht im Glaubensvollzug als sich stets entwickelnder Takt von jeweils größerer ›action und reflektierender pensée‹ und bildet im eigentlichen Sinne die Zielgerichtetheit von Wahrheitsentwicklung in der Tradition. Sie lebt durch das innere Verschränktsein der sich entwickelnden Glaubenseinsicht und stets nach vorne treibenden, prospektiven Glaubenspraxis. Dies ist der innere Sinn des schwierigen Wortes aus Histoire et Dogme (1904), welches die sich stets entwickelnde Grunddynamik der Tradition im lebendigen Verhältnis von ›action und pensée‹ zu beschreiben versucht:

Die Tradition leitet »vom implizit Gelebten zum explizit Erkannten« hinüber (HD (204 f.) 434/70). Nicht das Denken gebiert die Wahrheit, die pensée bestätigt nur reflektierend das, was in der Glaubenspraxis an Wahrheit vollzogen worden ist, *sondern aus der Glaubenspraxis entwickelt sich die lebendige Tradition.*

Die innere Rhythmik und damit der Ausgleich zwischen gelebter Gegenwart, Vergangenheit und prospektiver Zukünftigkeit werden durch die »logique de l'action« vorgegeben. Dabei behält die Tradition stets ihren geschichtlichen Charakter. Das Absolute ereignet sich in der konkreten Situation des Jetzt, dann, wenn der Mensch in der »option fondamentale« die Wirklichkeit vollzieht[12]; gerade auch der Glaubensvollzug und die Glaubenserfahrung haben jeweils lebens-

---

[11] Vgl. A (200) 234/226.
[12] Zum Problem der »option fondamentale«, vgl. Reifenberg (2002) 252–355; vgl. (HD (187) 419/47 f. (179) 414/39).

entscheidenden Charakter. Insofern nimmt die Tradition Zukünftiges vorweg – denken wir hier an Newmans fünftes Kriterium »Vorwegnahme der Zukunft der Entwicklung« (»Anticipation de son développement futur«) (D 218–221)) –, da sie in ihrer konkreten Option die vollendende Endgültigkeit tangiert, die die Tradition erst im Omega erreicht (vgl. HD (214) 442/82). Die Theologie hat demnach die Aufgabe, stets die Glaubenspraxis zu orten und ihre reflektierende Kraft ihr angemessen anzupassen. Was ist die Tradition als erhaltende und zugleich erobernde Kraft nun zu leisten in der Lage? In der »logique réelle« hat sie ihr eigenes Erkenntnisinstrumentarium, das die »logique de la vie morale« auf das Ethische hin tätig unterstützt. Sie ist als drängendes »développement« Bindeglied zwischen Vergangenem und Zukünftigem, wobei das Gegenwärtige und Künftige im Vordergrund stehen, obschon sie das entdeckt, was schon gelebte Wirklichkeit war. Die Tradition »entdeckt und formuliert Wahrheiten, von denen die Vergangenheit gelebt hat, ohne sie ausdrücklich aussprechen oder definieren zu können« ..., »sie versteht es, von der Vergangenheit nicht so sehr den individuellen Aspekt als vielmehr die lebendige Wirklichkeit zu bewahren« (HD (204) 433 f./69). Als sich ereignende (tätige) Erfahrung (»expérience ... en acte«) bleibt sie stets Herrin der Texte (»maîtresse des textes«). Damit tritt sie auch in Glaubenskrisen schützend und bewahrend wie zugleich belehrend und schöpferisch auf. Sie bildet die Kraft der Entwicklung ab und ist damit gerade nicht bloß Weitergabeinstrument der kodifizierten Glaubenslehre.

Eine hervorragende Zusammenfassung der Zielbestimmung der Tradition nach Blondel bietet das Ende des o.s. Wortes, das Nédoncelle aus den »Pensées sur l'Église« zitiert. Hier treten noch einmal die Zentralmotive auf: Die Tradition ist die Verwirklichungsform kirchlichen Tuns, um den lebendigen Christus zu erinnern und sich in einer steten Entwicklung einem Erneuerungsprozess zu öffnen. Die Tradition ist eine lebendige Selbsterwirkung:

»*La Tradition est dans l'Église ce que, au sein de la Trinité, est le perpétuel engendrement du Verbe. En vivant parmi ce qui passe, l'Église se renouvelle par une transfusion incessante de vie et elle fait passer le périssable de la nature à l'immortalité divine de la grâce et de la gloire. La tradition est une sorte d'autogénération*«[13].

---

[13] Zitiert nach: Nédoncelle (1964) 105.

III. Newmans Theorie der Entwicklung der christlichen Lehre

1. Herkunft und Einordnung des Entwicklungsgedankens

Eine bessere Brücke zum Denken des »développement« bei J. H. Newman als Maurice Blondels »passage entre Charybde et Scylla« (vgl. Walgrave (1964) 42) ließe sich nicht schlagen, selbst wenn der hier gewählte methodische Weg quer zur Zeit verläuft. Nédoncelle ist mit seinem Urteil, Blondel habe den Begriff der Tradition wahrscheinlich von Newman, unbesorgter als Walgrave, der Parallelen sieht, jedoch die Kausalitäten nicht platt benennt, sondern Blondel einen durchaus eigenständigen Platz im Bedenken der Probleme zuweist. Bemerkenswert ist allein schon das Faktum, dass Walgrave bereits auf den ersten Seiten seiner Einleitung in die Entwicklungslehre Newmans auf Blondels Entwurf zu sprechen kommt[14].

Richtig ist, dass Blondel stets als *Philosoph* spricht und nicht wie Newman als (Kirchen-)Historiker (vgl. Nédoncelle (1964) 107).

In der Unterscheidung Walgraves vertreten Blondel wie Newman den gleichen *Typos* zur Lösung des Problems von Offenbarung und Glauben sowie von Entwicklungsgestalt und christlicher Lehre. Nachdem Newman in der Typologie die logischen Theorien sowie die Theorien der Abstammungslehre entlang der Kirchengeschichte beschreibt und zeitlich einzelne Entwürfe zuordnet, weist er beide als Repräsentanten der theologischen Theorie ein (vgl. Walgrave (1964) 37–44), im Grunde ein gewagtes Unterfangen, das Blondel selbst als Eigenbezeichnung abgelehnt hätte.

Während die »*théories logiques*« neoscholastischer Strömungen aus dem XVI. und XVII. Jahrhundert voraussetzen, »que la révélation objective, qui est la foi divine, se laisse réduire de manière exhaustive à un ensemble de propositions« und lediglich aufgestellt worden sind, »pour se prononcer sur la définibilité de la conclusion théologique« (vgl. Walgrave (1964) 29), finden die »*théories transformistes*« zu Leb-

---

[14] »Maurice Blondel, qui, d'une manière étonnante et originale, ressuscitait dans son *Histoire et Dogme* la pensée la plus profonde et la plus authentique de Newman, ne fut pas plus écouté ni mieux compris que son illustre devancier« (Walgrave (1964) 8 f.). Nédoncelle macht es sich in seiner Einschätzung des Verhältnisses zwischen Newman und Blondel zu leicht und bleibt meist im Unbestimmten, auch wenn er mit einigen seiner wenig nachgewiesenen Vermutungen gewiss nicht falsch liegt, etwa: »... Blondel ne semble pas avoir été un lecteur direct et assidu de l'Essai sur le Développement ... Son point de vue reste toujours celui d'un philosophe et non d'un historien« (Nédoncelle (1964) 106).

zeiten Newmans durch ihre Unterscheidung zwischen *Lehre* und *Wesen* im Hinblick auf ihre modernistische Relevanz größere Beachtung: »La ... variété, à laquelle se rattache le modernisme catholique, est la seule qui nous intéresse ici. Elle suppose une conception de la révélation qui en voit l'essence exclusivement dans une expérience religieuse tout intérieure. Cette expérience n'est pas limitée à un temps précis de l'histoire« (Walgrave (1964) 32). Die Lehrsätze sind in dieser immanentistischen Variante, gegen die sich auch Blondel mit der Herausarbeitung seiner Immanenzmethode[15] zur Wehr setzen musste, entbehrlich. Walgrave leitet die Herkunft dieser Variante einer Religion der Innerlichkeit aus dem Pietismus Ph. J. Speners (1635–1705) und in der Theologie der Aufklärung S. Semmlers (1725–1791) her, der sich besonders im Entwicklungs-Gedanken Schleiermachers festsetzt. Schleiermacher (1768–1834) betont das Anwachsen der Christusförmigkeit im Innern des Menschen durch die religiöse Erfahrung als aktives Prinzip, was sich auch auf die Entwicklung der Normen des Denkens positiv auswirkt: »Il faut concevoir l'Eglise chrétienne ›comme un tout en mouvement, capable de progrès et de développement‹« (Walgrave (1964) 33). Es folgt Walgraves Urteil für Schleiermachers Ansatz, der sich fortgeführt bei Ritschl, dann aber auch ähnlich später bei A. Loisy (1857–1940), wiederfindet: »Il s'agit d'un véritable développement puisque la perfection visée par l'histoire n'est pas donnée de manière implicite dans une doctrine apostolique, mais dans la personnalité du Christ, qui nous communique son esprit ... Le développement de la doctrine n'est que l'aspect intellectuel d'une croissance totale au cours de laquelle l'expérience du Christ pénètre peu à peu, la transformant, l'expérience et la vie de l'humanité jusqu'à l'achèvement de celle-ci dans la communauté universelle des personnes« (Walgrave (1964) 33 f.). Loisy entwickelte seinen Ansatz ursprünglich als Gegenbewegung zum liberalen Protestantismus, insbesondere gegen den Individualismus, den Dualismus und den Pessimismus von Harnack. Nach seiner Auffassung verwirklicht sich das Wesen des Christentums nach und nach im geschichtlichen Leben, in seiner Entwicklungsgestalt und in seinem Wandel hinsichtlich der Humanität. Eine übernatürliche Intuition und eine religiöse Erfahrung garantieren die Einheit ihres

---

[15] Vgl. hierzu: Reifenberg (2002) 182–197.

Geistes und die Kreativität ihrer Entwicklungsgestalt (so Walgrave (1964) 35)[16]. Dabei hält Loisy an der Notwendigkeit eines unfehlbaren Lehramtes fest. Allerdings entwickelten sich heftige Auseinandersetzungen zwischen Blondel und Loisy im Umfeld von Loisys Buch »L'Évangile et l'Église«, dem bekanntlich Blondel mit seiner Gegenschrift »Historie et Dogme« (1904) brillant antwortete (vgl. Œuvres II, 387–389).

Am deutlichsten spricht G. Tyrell (1861–1909) die modernistische These aus. Er ersetzt die herkömmliche Theologie (»vieille théologie«), welche lediglich ein Souvenir der Vergangenheit verwaltet und aus der der Entwicklungsgedanke wie eine logische Folge aus dem Vergangenen entstammt, durch die »Théologie nouvelle«, für welche die Lehrtradition der Kirche »sich auf eine lebendige Erfahrung bezieht, eine ohne Unterlass gegenwärtige Vision, der jeder begrifflichen Fassung misstraut« (Walgrave (1964) 36). Er setzt dem die dynamische Erfahrung entgegen, einem mystischen Moment der Religion, welches die Kirche zur Erfüllung bringen kann und zu einem lebendigen Ort der Spiritualität werden lässt. Der entscheidende Punkt ist die Überbetonung der Idee des sich in der Geschichte entwickelnden und sich fortsetzenden Offenbarungsgeschehens, das sich in der Lehre niederschlägt und im Laufe der Entwicklung das menschliche Bewusstsein umwandelt.

Was zeichnet nun die kurz skizzierten theologischen Lehren aus? Es ist der Brückenschlag zwischen einer in der Vergangenheit ergangenen abgeschlossenen objektiven und äußeren Offenbarung und einer subjektiven inneren Erleuchtung, die ihre Wahrheit und ihren Sinn in den Augen des Glaubens fortsetzt und sich erschließt. Walgrave startet einen genialen Parcoursritt durch die Tradition der Kirchengeschichte über Bonaventura, Albert d. Großen, vor allem Thomas, Rahner, Moehler, Soloviev, Barth und schließlich Blondel. Entscheidend ist folgender von Walgrave ins Wort gefasster Gedanke: »... le développement, conçu comme un dévoilement des richesses chachées du mystère au moyen d'une réflexion sur les données explicites, qui, par la foi, nous mettent en contact avec le mystère qui les pénètre et les enveloppe, devient une idée pleinement compréhensible et justifiée« (Walgrave (1964) 40). So geht etwa J. A. Moehler (1796–1838) von einer organischen, durch Christus dynamisierten und vom

---

[16] Loisy, Alfred: Autour d'un petit livre. Paris 1903. 199.

Geist belebten Kirche aus. Die Geschichte der Kirche ist durchdrungen vom Entwicklungsgedanken, der die Kirche wie ihre gelebte Lehre durchdringt. Zwar nennt Newman Moehler ein Mal in seinem Essay (vgl. E 29), doch ist er von seiner Symbolik unabhängig, auch wenn indirekt über Vertreter der Oxford-Bewegung ihn einzelne Gedanken erreichten (vgl. Artz (1969) XVIII). Der Gedanke der Entwicklung durchherrschte das 19. Jahhrundert[17]. Bei Spencer wie bei Hegel kann man eine Philosophie des geschichtlichen Wandels finden, der eine Typ ist ein mechanischer, der andere ein logischer[18]. Die inhaltliche Nähe zu Hegels Entwurf ist evident; doch Newman hat 1845 diesen Entwurf noch nicht gekannt und im Original niemals studiert (vgl. Artz (1969) XIX).

2. Der Entwicklungsgedanke bei Newman mit Bezügen zu Blondel

2.1 Zur »Theorie der Entwicklung in der religiösen Lehre (1843)«

»Maria aber bewahrte diese Geschehnisse in ihrem Gedächtnis und erwog sie in ihrem Herzen« (Lk 2,19).

Das Wort aus dem Lukasevangelium durchwirkt die XV., die letzte Oxforder Universitätspredigt mit dem Titel »The Theory of Development in Religious Doctrine«[19]. Newman schrieb dieses wichtige Dokument während der entscheidenden Umbruchzeit seines Lebens in Littlemore[20], ein genialer Vorbote seines 1845 in der ersten Auflage

---

[17] Vgl. Baur, L.: Art. Entwicklung, in LThK[1]. Freiburg (Herder) 1931. Sp. 699–702. »Entwicklung bedeutet eine Auseinanderfaltung dessen, was zusammengefaltet, verborgen, enwicklungsfähig war, od. Auswickelung. ... Im E.sgedanken ist also logisch notwendig mitgesetzt ein Anfangszustand (Potenz), ein Endzustand (Akt) als Ziel u. eine Bewegung auf Grund einer inneren Tendenz von dem Anfangs- auf den Endzustand hin in der Zeit u. auf der Basis substanzialer Einheit. Man unterscheidet logische u. reale E.«

[18] Vgl. Guitton, Jean: La Philosophie de Newman. Essai sur l'idée de développement. Paris (Bovin) 1933. (= Guitton (1933)). Vgl. hier: Guitton (1933) 142 f.

[19] Newman, John Henry Kardinal: Zur Philosophie und Theologie des Glaubens. Oxforder Universitätspredigt. Ins Deutsche übersetzt von Max Hofmann und Werner Becker. Mit einem Kommentar von Werner Becker. VI. Bd. der Ausgewählten Werke von John Henry Kard. Newman. Hg. v. Mathias Laros und Werner Becker. Mainz (Grünewald) 1964. 231–258. (= AW VI.). Die Wirkung der Predigt war durchaus ambivalent, vgl. AW VI, 524[444].

[20] Unverzichtbar für den Zusammenhang von Biographie und sachlicher Auseinandersetzung ist die Studie von Biemer, Günter: Die Wahrheit wird stärker sein. Das Leben Kardinal Newmans. Frankfurt (Lang) 2000. (= Biemer (2000)). Vgl. auch jetzt die dritte überarbeitete Auflage Frankfurt (Lang) 2009. Vgl. zum Studium der Kirchenväter, Biemer (2000) 81 ff. Zur XV. Predigt vgl. Biemer (2000) 183 f.

erschienenen wirkmächtigen Werkes »Essay on the Development of the Christian Doctrine (³1878)«. Blondel kannte die Predigt, weniger den Essay, den er nicht las, sondern nur über Bremond hierüber Information hatte (vgl. Nédoncelle (1964) 106). Die Problematik begleitete Newman bereits seit seinen gründlichen Studien der Kirchenväter (vgl. Biemer (2000) 81 ff.). Christliches Sprechen vom Glauben muss sich in geschichtlicher Dimension bewahrheiten.

Die XV. Predigt bindet das wichtige Entwicklungsthema kraftvoll an Maria, das Urbild der Kirche und das Vorbild eines jeden im Glauben. Denn ihr Glaube blieb nicht bei der »bloßen Annahme« göttlicher Ratschlüsse und der Offenbarungen stehen, dafür zeugt das Im-Herzen-Erwägen. Newman bindet die Person Mariens ganz in sein Denken des »assent« und des »development« ein, eine einzigartige Passage, die beide Grundbegriffe seines Denkens in auffälliger Weise nebeneinanderstellt und die Aufgabe von Kirche durch die Geschichte konzise zusammenfasst:

»So ist Maria unser Vorbild in beidem, in der Aufnahme und im Studium der göttlichen Wahrheit. Es genügt ihr nicht, sie anzunehmen; sie verweilt bei ihr. Es genügt ihr nicht, sie zu besitzen; sie benutzt sie. Es genügt ihr nicht, ihr *zuzustimmen*, sie *entwickelt* sie« (AW VI, 231 f. Hervgeh. PR).

Im Hinblick auf das Leben der Kirche bindet Newman die zentrale Problematik des Verhältnisses von Vernunft und Glaube an das konkrete Leben und Handeln Mariens. Wie in Blondels Entwurf durchdacht, geht bei ihr das Handeln dem Denken voraus, wobei die tätige Liebe vor dem Reflektieren steht. Der Glaubensakt in Blondels Ansatz ist je schon vollzogen, bevor die ›action‹ der ›pensée‹ einsetzt:

»Es genügt ihr nicht, ihr die Vernunft zu unterwerfen; sie denkt auch darüber nach. Allerdings nicht so, dass sie zuerst ihre Vernunft gebrauchte und nachher glaubte ... Vielmehr glaubt sie zuerst, ohne nachzuforschen; und dann fängt sie aus Liebe und Ehrfurcht an zu überlegen, nachdem der Glaubensakt schon vollzogen ist« (AW VI, 232).

Dabei entsprechen Maria und die Kirche nicht nur dem vollendeten Bild der Demütigen und Kleinen bei Newman und Blondel[21], son-

---

[21] Vgl. A (85) 119/110, (409) 443/435, (474) 508/499: »La logique de l'action cherche uniquement à découvrir un itinéraire qui permette à l'intelligence des doctes de rejoindre lentement et sûrement les hauteurs des humbles et des petits«. Vgl. Reifenberg (2002) 411. Dieser wissenschaftskritische Gedanke enthält eine scharfe Scientismus-

dern gerade in ihrem Glaubensmut ist sie Vorbild für alle den Glauben reflektierenden Theologen.

Unter dem Aspekt der lehrhaften Entwicklung der Kirche interessiert Newman – dies ist besonders auch in biographischer Hinsicht von Belang –, wie die »innere Idee der göttlichen Wahrheit« durch die Reflexion »in eine explizite Form« gebracht werden kann (AW VI,236), wobei das innere Ergriffensein von einer Idee gerade der im Alltag nicht oder weniger Reflektierenden oft dem bewusst Reflektierten im Sinne der inneren Glaubenskraft durch unbewusste Eindrücke überlegen, jedenfalls keine absolute Defizienz zu sein scheint: »Wenn jemand sich einer Idee nicht bewusst ist, so ist das noch kein Beweis dafür, dass sie ihn nicht ergriffen hat ...« (ebd.).

Das stete Bewusstwerden des inneren Entwicklungsprozesses – Newman gebraucht das Bild vom organischen Wachstum (ähnlich wie vor ihm Drey, Moehler und nach ihm Blondel) – berücksichtigt die lebensgeschichtlichen Entwicklungsformen der latent in ihm lebenden Ideen im Geist des Christen:

»Denn sein Gedankensystem befand sich während der ganzen Zeit in beständiger, allmählicher und ruhiger Expansion ... Das Leben mancher Menschen, und nicht der unbedeutendsten unter den Gottesgelehrten und Philosophen, stand im Zeichen der Entwicklung einer einzigen Idee. Ja, vielleicht war ihr Leben für diesen Entwicklungsprozess noch zu kurz« (AW VI, 237. 239). Es besteht zwar ein Unterschied zwischen dem inneren Wissen und dem ausdrücklichen Bekenntnis, doch die Unvollständigkeit hinsichtlich dogmatischer Festlegungen ist kein hinreichender Beweis für »das Fehlen von Eindrücken oder impliziten Urteilen im Geist der Kirche« (AW VI, 238). Für die Weitung des Geistes auf die Weise einer steten Vorwärtsbewegung muss das Neue mit dem schon vorhandenen Wissen in einen Zusammenhang gebracht werden. Zudem bestimmt Newman zunächst das Dogma sekundär gegenüber dem meditierenden und gelebten Glaubenswachstumsprozess. Denn das Dogma ist erst das Ergebnis einer unmittelbaren Betrachtung des Unendlichen, also die »Darstellung einer Idee durch ein ihr wesensfremdes Mittel; nicht ursprünglich

---

kritik. Vgl. jetzt auch: Siebenrock, Roman: Gott ruft jeden einzelnen. John Henry Newmans »Essay in aid of a Grammar of Assent« als Paradigma der Glaubensverantwortung in der Moderne, in: Arnold, Claus/Trocholepczy, Bernd/Wenzel, Knut (Hg.): John Henry Newman. Kirchenlehrer der Moderne. Freiburg (Herder) 2009. 145.

und unmittelbar konzipiert, sondern gleichsam in einer Widerspiegelung« (AW VI, 240). Ihre geheimnisvolle Wirklichkeit ist im eigentlichen Sinne sprachlich nicht einzuholen, denn Dogmen sind »nur Symbole einer göttlichen Tatsache« (AW VI, 245). Wie die Buße etwa die Entwicklung der Lehre von der Taufe ist, so beschreibt die Entwicklung als solche nichts anderes »als die Durchführung der Idee bis in ihre Konsequenzen hinein« (AW VI, 243). Die theologische Lehre nimmt auch neue Begriffe auf und deutet sie aus: Person, Menschwerdung, Gottesnatur ... werden durch die Lebendigkeit gläubigen Nachdenkens geboren und thematisieren insofern das Alte in einer neuen sprachlichen Form. Doch sind alle Aussagen über Gott letztlich relativ, weil das menschliche Verstehen endlich und begrenzt ist (vgl. AW VI, 257s.). Entscheidend ist die *Realisierung* des Bekenntnisses im Glaubensakt und in der geistigen Aufnahme, um dem religiösen Akt Dauer zu verleihen (vgl. AW VI, 246). Die Bedeutung des Schlüsselbegriffs »*to realize*« liegt gerade darin, »eine Idee oder einen Gedanken zu einer geistigen Realität in sich« zu machen, das begrifflich Erfasste in seinem Gehalt zu verarbeiten und zu durchdringen« (vgl. AW VI, 523[438]), und zwar *aposteriorisch*, nachdem die Handlung verwirklichte Wirklichkeit geworden ist.

»*To realize*« heißt dann in der Zustimmungslehre, in die Wirklichkeit eindringen, sie begreifen, indem sie stets intimer erkannt wird und sich Rechenschaft über die »Individualität eines Seins« ablegt. Aus diesem reflektierenden Schritt erwächst im »Realizing« wiederum der Schritt in die geschichtliche Verwirklichung hinein. Die hieraus erstehende Erkenntnis kann eine »Änderung des Herzens und des Lebens bewirken« (AW VI, 245). Für Newman ist das »Realizing« die Verwirklichungsform des »development«:
»Realisierung ist überhaupt das Leben der echten Entwicklung; sie ist der Kirche eigentümlich und die Rechtfertigung ihrer Definitionen« (AW VI, 248).
Es ist durchaus berechtigt, das »Realizing« als ekklesiale Handlungsform mit der personal-konkreten ›action‹ »de la pensée/la pensée de l'action« Blondels in eine inhaltliche Nähe zu bringen. Die Verwirklichung der Wirklichkeit geht einem rationalen Reflexions- und Definitionsakt voraus. Die Theologie ist »liebende Reflexion über eine geoffenbarte und ausgesagte Gegebenheit ... in einer endgültig dogmatischen Botschaft, oder in lebendigen Begriffen und in einer religiösen Vorstellungswelt vielmehr als in einer Vernunftwelt« (Walgrave

(1964) 12). Dieser antirationalistische und antiintellektualistische Zug entspricht auch der Stoßrichtung Blondels[22]. Etwa Pierre Rousselot, der sonst Newman sehr schätzte, stellt beim englischen Kardinal eine Tendenz zur Unterschätzung und Verkennung des Intellektuellen fest[23]. Zusammenfassend lässt sich sagen, dass Newman mit den Kerngedanken seiner letzten Universitätspredigt, »Fortschritt und Entwicklung«, »Zeichen des Lebens« (Artz (1969) XVI) setzen möchte. Gegen die Relativierung des Dogmas durch den Liberalismus betont Newman dessen wesentliche wahrheitsvermittelnde und unveränderliche Kraft. Der Glaube wird zunächst schlicht als erst in zweiter Linie zu reflektierender »ursprünglich einfacher Eindruck«, den das Wort Gottes auf den menschlichen Geist macht, gefasst. In der Predigt werden alle wichtigen Denkmotive vorgegeben, um den Entwicklungsgedanken in seinem Kernbestand noch einmal anhand des Essays kurz zur Sprache zu bringen.

2.2 Einige Aspekte zum »Essay on the Development of the Christian Doctrine« (1845/³1878)

»auf der Welt leben heißt sich wandeln, und vollkommen sein heißt sich oft gewandelt haben« (D 83/E 41).

Auch der »Essay on the Development of the Christian Doctrine« (³1878), »der sich immer mehr als Hauptwerk seines Denkens herausstellt« (Nédoncelle (1964) 109), trägt zutiefst autobiographische Spuren und stellt zugleich eine gewaltige »Interpretatio Historiae« dar, welche Newman als genialen Historiker und Exegeten der Katholizität in systematischer Absicht ausweist. Der erstmals 1845 veröffentlichte Essay ist aus »persönlicher Gewissensnot« heraus geboren[24], er ringt auf die Weise einer Lebensfrage mit dem historischen Problem und markiert den deutlichen Bruch mit der englischen Staatskirche. Seine Entstehungsgeschichte verläuft parallel zur Konversion Newmans am 9.10.1845. Doch eine rein autobiographische Interpre-

---

[22] Vgl. den o.s. Beitrag des Verf.: Praktische Lebensnähe als intellektuelle Grundhaltung, sowie zur näheren Auseinandersetzung Blondels mit dem Intellektualismus, Reifenberg (2002) 167–182.

[23] Vgl. Artz (1969) XX mit 438[30.63].

[24] Vgl. Artz (1969) IX.

tation einer Rechtfertigung der Konversion wäre genauso zu kurz gegriffen wie eine einseitige Ausdeutung in Richtung einer enggefassten dogmengeschichtlichen Theorie: Mit dem Essay wird die menschliche Existenz in ihrer geschichtlichen Tragweite ansichtig. Dass Newman mit dem durchweg eigenständigen Ansatz[25] der Einführung des geschichtlichen Denkens in der Systematik Neuland erschließt, macht den Essay unter *theologiegeschichtlichem* Aspekt besonders wertvoll:

Die Lehrentfaltung wird aus den logischen Theorien der Deduktion von Sätzen herausgeführt und in einen gewaltigen geschichtlichen Gestaltwandel von Kirche hineingestellt[26]. Auf die innere Kohärenz zum späteren »Grammar of assent (1870)« wird in der Literatur[27] stets hingewiesen:

Denn gerade weil die Zustimmungslehre eine Selbstauslegung der christlichen Existenz vorlegt und die erkenntnistheoretischen Voraussetzungen zu ihr schafft (vgl. Artz (1969) XXV), erwächst die Relevanz der geschichtlichen Selbst- und Christentumshermeneutik in der Entwicklungslehre: »zunächst persönlich als Verhältnis von Glaube und Biographie, dann mittelbar als Beziehung der persönlichen Glaubensgeschichte zur Heilsgeschichte insgesamt sowie zur Geschichte der christlichen Glaubensgemeinschaft. Die Grammatik endet dort, wo die Entwicklungslehre einsetzt: mit der Geschichte des Christentums (Siebenrock (1996) 351); und gerade deshalb liegt die Entwicklungslehre dem Grammar logisch zugrunde. Der Entwicklungslehre geht es um die »Wahrheits- und Legitimationsfrage« des Christentums, um die Echtheit der Überlieferung seiner Lehre sowie um eine geeignete Kriteriologie zur Überprüfung der Entwicklung innerhalb der Geschichte (vgl. Artz (1969) XXV).

Wie sind die verschiedenen Wandlungen und Änderungen innerhalb der christlichen Lehre zu erklären? Wie ist ihr unterschiedliches Ver-

---

[25] Vgl. hierzu Artz (1969) XVIII f. »Was Newman zur Konzeption seiner Theorie befähigte, war sein eigenes Ingenium, sein historischer Sinn, seine Fähigkeit, Zusammenhänge zu überschauen, seine gründliche Kenntnis der Väter und des kirchlichen Altertums« (Artz (1969) XIX f.).

[26] Vgl. Artz (1969) XII.; Siebenrock, Roman: Wahrheit, Gewissen und Geschichte. Eine systematisch-theologische Rekonstruktion des Wirkens John Henry Kardinal Newmans. Sigmaringendorf (Glock u. Lutz) 1996 (= Siebenrock (1996)). Vgl. Siebenrock (2000) 355[12].

[27] Vgl. Artz (1969) XXII f. Zur Entstehungsgeschichte des Essays vgl. Siebenrock (1996) 351 f.[2]

stehen theologisch zu deuten und argumentativ aufzurichten (vgl. D 74/E 30)? Was kann man dann unter dem »développement« der Lehre verstehen?[28]
Der Essay vertritt in seiner apologetischen Intention (vgl. D 51/E 3) eine Sehweise von Identität und Kontinuität der Lehre, welche die faktisch historische Wirklichkeit der Lebensvollzüge des Christentums in ihrem Subjektsein fasst. Das Christentum ist durchdrungen von der Kraft der Offenbarung in der dynamisierenden Lebensform des Geistes, der eine Entwicklung im Glaubensvollzug vorantreibt und einbeschließt. Die Geschichte als Entwicklung bedingt eine umfassende Geschichtshermeneutik, und zwar mittels einer phänomenologischen Methode, eines Ansetzens bei den Phänomenen der Lebenswelten des Glaubens.
Auch wenn hier methodologische Berührungspunkte zwischen Blondel und Newman aufleuchten, so muss nüchtern festgestellt werden, dass die Methode bei Newman eine historisch-praktische Intention aufweist, wohingegen Blondels »réalisme intégral« mit dem Gedanken eines philosophischen Ausschlusses einer zu frühen Ontologisierung der Wirklichkeit[29] arbeitet, der rein philosophisch bleibt, d.h. anthropologisch und ethisch im Sinne einer »métaphysique à la seconde puissance« motiviert ist (vgl. A (464) 498/490).
Den knappen Überblick zum Essay gewinnt man durch ein Abarbeiten der nachfolgenden Schlüsselbegriffe: Idee (idea); menschlicher Geist (human mind) und Entwicklung (development).

2.3 Die Idee des Christentums

Wo lässt sich angemessen einsetzen, um dem Christentum als historischer Tatsache am besten gerecht zu werden? Wenn Newman mit dem *menschlichen Geist* als dem Organ der Theoriebildung beginnt, dann fasst er damit den Ort des Urteilens und der Begegnung stets neuer Phänomene und Situationen mit den Anwendungsweisen der

---

[28] Newman gibt darauf Antwort: »... Die höchsten und staunenswertesten Wahrheiten können ... nicht alle mit einem Mal von den Empfängern verstanden werden. Da sie vielmehr von nicht-inspirierten Geistern durch menschliche Mittel empfangen und weitergegeben wurden, erfordern sie nur umso längere Zeit und tieferes Nachdenken zu ihrer vollen Erhellung. Das mag man nun die Theorie von der Entwicklung der Lehre nennen« (D 73/E 29).
[29] Vgl. A (42) 76/66; (95) 129/112. Soutenance (1907) 86/711.

Begriffe, die nur aus dem Vollzug verstanden werden können und: Er beschreitet mit dem anthropologischen Ansatzpunkt in der Theologie Neuland[30]. Freilich entwickelt gerade Blondel in L'Action (1893) die »philosophie de l'action« auf die Weise einer »science de la conscience« (vgl. A (86) 120/112). Urteile und Begriffe bilden im Essay Newmans die »Idee« ab. Dieser zunächst philosophiegeschichtlich – gerade platonisch – eher belastete Begriff wird von Newman sehr eigenständig und eigen*willig* gefüllt: Sie ist Repräsentationsform eines Gegenstandes (D 52 f./E36) wie des Wirklichen und Wirksamen überhaupt und bezeichnet damit auch die Wirklichkeit hinter den »sichtbaren Erscheinungen der Lehrentwicklung« (Artz (1969) XXVIII). Wie Blondel geht Newman von der Einheit des menschlichen Erkennens aus. Mit seinem Begriff »Idee« begibt sich Newman erkenntnistheoretisch in die Auseinandersetzung mit dem Rationalismus; zudem drängt sich der Vergleich zum Ideenbegriff Hegels auf, der zwar strukturell durchaus Berührungspunkte zeigt (so etwa die Bewegtheit und Prozesshaftigkeit der Idee; die real offene Geschichte, die Wirkmächtigkeit der Idee sowie ihre gestaltende Kraft etc.), jedoch weder vom jeweiligen Erkenntnisideal noch lebensgeschichtlich eingelöst werden kann: Newman stand dem deutschen Idealismus zudem kritisch gegenüber[31].

Auch ließe sich mühelos ein Vergleich mit dem dynamischen Verständnis der Idee nach Blondel (pensée-pensée/pensée pensante) anführen; doch würde das in die ›philosophie de l'action‹ und damit in die ›action‹ selbst als ›l'idée de l'action‹ eingebundene zunächst hochspekulative Ideenverständnis dem Verstehen von »Idee« nach Newman weder Blondel noch Newman gerecht. Äußere übereinstimmende Merkmale ließen sich zur Genüge finden; hierfür eignete sich besonders auch ein Vergleich anhand Blondels »Monophorisme (1910)«[32].

---

[30] Eine ausführliche Darstellung bietet Siebenrock (1996) 364 ff.

[31] Vgl. ausführlich: Artz (1969) 444 f.[47] sowie Siebenrock (1996) 366[39]. Auch hier ließen sich wiederum Parallelen zu Blondel und Hegel aufstellen, was P. Henrici zum Gegenstand einer frühen Studie machte. Vgl. Henrici, Peter: Hegel und Blondel. Eine Untersuchung über Form und Sinn der Dialektik in der »Phänomenologie des Geistes« und der ersten »Action«. Pullach 1958.

[32] Vgl. insgesamt: »Testis« = Blondel, Maurice: Une alliance contre nature: catholicisme et intégrisme. La semaine sociale de Bordeaux 1910. Bruxelles (Lessius) 2000. (= Monophorisme) – Dies bedürfte jedoch einer eigenen Untersuchung. Blondel diversifiziert Newman und ordnet die »philosophie de l'idée« einem »réalisme notionnel« zu

Newman stellt sich die Frage, wann eine Idee *real* ist und demnach einen Gegenstand repräsentiert. Die Mannigfaltigkeit der Aspekte im Geist und die Möglichkeit der Entwicklung geben der Idee Tiefenschärfe und Kraft und entscheiden darüber, ob die Idee real und objektiv ist. Sie hat die Macht, den Menschen zu fesseln und ihn in Besitz zu nehmen. Sie kann jedoch gerade deshalb von der Erkenntnis nicht gänzlich eingeholt weden (vgl. D 78 f./E 37). Am deutlichsten zeigt sich die Idee durch ihre *ideengeschichtliche Entwicklung*, durch ihr Verstehen und Nicht-Verstehen, durch Verwirrungen, Kämpfe, unterschiedliche Lehrmeinungen bis hin zu ihrem »vollkommenen Bild«, zum aus vielen Erfahrungen gewonnnenen einheitlichen Gedankensystem (vgl. D 81/E 39). Die verschiedenen Aspekte der dynamischen Idee machen ihre Entwicklung aus:
»Diesen – ob nun der Zeit nach engeren oder kürzeren – Prozess, durch den die Aspekte einer Idee in Form und Zusammenhang gebracht werden, nenne ich ihre Entwicklung, ist er doch das Keimen und Reifen einer Wahrheit ... Allerdings wird dieser Prozess nur dann eine Entwicklung sein, wenn die Aspekte, deren Fülle die endgültige Gestalt der Idee ausmachen, wirklich zu der Idee passen, von der sie ausgehen« (D 81/E 39).
Gerade in der Entwicklung der Idee durch Assimilation und Ausschluss von »Korruption« liegt ihre Wesensbestimmung, ihre Lebendigkeit und Kraft. Die Schwierigkeit besteht darin, die Korruption von der Wahrheit einer Idee zu unterscheiden: »Cette distinction, imprimée dans son esprit par une longue expérience de la vie intellectuelle et de son histoire, il la saisit *per modum unionis* par une intuition synthétique« (vgl. Walgrave (1969) 16).
Hier zeigen sich hinsichtlich des Erkenntnismodus Parallelen zu Blondel, besonders in »Le Procès de l'Intelligence (1921/1922)« (vgl. PI 271), übrigens die Veröffentlichung aus der mittleren Schaffenspe-

(Monophorisme, 33). Vgl. etwa: »Les idées n'ont pas seulement une existence abstraite, une valeur logique, une réalité objective, générique et intelligible: elles ont une vie subjective; elles communient de façon concrète et singulière à toutes les réalités physiques, sociales, religieuses, par les expériences positives qu'elles suscitent et par les réactions qu'elles provoquent. La philosophie statique de l'idée est un aspect vrai et utile, mais elle n'est qu'un aspect fragmentaire d'une philosophie dynamiste, qui est à la fois celle de la pensée et de l'action.« ... »aucun qui méconnaisse, contre toute évidence, ... que nos pensées sont en rapport intime non seulement avec les réalités qu'elles représentent, mais aussi avec la vie profonde de l'âme, avec nos habitudes morales, avec tout nous-mêmes« (Monophorisme, 32 f. 43.) vgl. D 89 ff/ E 47 f.

riode Blondels, in der er am stärksten (nämlich drei Mal) auf Newmans erkenntnistheoretischen Ansatz, insbesondere auf die Unterscheidung zwischen *wirklichkeitsgetragener Erkenntnis*, »connaissance notionelle«, und *realer Erkenntnis*, »connaissance réelle«, rekurriert (vgl. PI 243, 251, 258).

In der sich stets entwickelnden Wandlung bei gleichzeitiger Ursprungstreue bewahrheitet sich die reale Idee. Newman fasst den Weg der Idee in ein anschauliches Bild:

»Freilich sagt man zuweilen, ein Strom sei am klarsten bei seiner Quelle. Welchen Gebrauch man auch immer von diesem Bild billigerweise machen mag, es lässt sich nicht anwenden auf die Geschichte einer Philosophie oder eines Glaubens. Diese sind im Gegenteil gleichmäßiger, reiner und kräftiger, wenn ihr Bett tief geworden ist und breit und voll« (D 83/E 41).

Das Spätere erhellt das Ursprüngliche. Die Entwicklung ist hierfür unabdingbar.

»Mit der Zeit dringt sie auf fremdem Gebiet vor ... Gefahren und Hoffnungen tauchen auf bei neuen Beziehungen; und alte Prinzipien erscheinen wieder unter neuen Formen. Sie wandelt sich mit ihnen, um dieselbe zu verbleiben« (D 83/E 41).

Entwicklung ist demnach sowohl der Entwicklungs*vollzug* in actu als auch das Ergebnis der Entwicklung (vgl. Siebenrock (1996) 369 f.).

Newmans Ziel ist es, die Entwicklungsidee anhand der zentralen Idee des Christentums, der Inkarnation, *inhaltlich* und *methodisch* zu bewahrheiten (vgl. D 79/E 37). Auch in diesem Punkt stimmen Newman und Blondel überein.

Denn die Idee des Christentums kulminiert in der inkarnatorischen Vermittlung zwischen Wahrheit und Geschichte (vgl. Siebenrock (1996) 364 ff.) und die Entwicklung ist selbst »Methode der Offenbarung« (D 105/E 62), das Christentum eine »Philosophie des Kreuzes« (AW VI 233), denn dieses ist Interpretationsmaßstab der Welt und der geschichtlichen Ereignisse in ihr. Aus der Menschwerdung gehen die Hauptaspekte der Lehre hervor, wie der sakramentale Aspekt, der hierarchische und der asketische (vgl. D 94s./E 53). Die *inkarnatorische Struktur* ist die Stärke der Idee des Christentums (vgl. Siebenrock (1996) 372). Seine Geschichte ist als eine »universalgeschichtliche Auslegung des Offenbarungsereignisses in Jesus Christus«, dann als »unabschließbarer Entfaltungsprozess« und nie endender »Dialog zwischen dem Schöpfer und seinem Geschöpf in der Geschichte« zu verstehen (Siebenrock (1996) 374 f.). Wie bei Blondel die Tradition, so vermittelt bei Newman die Idee den »Anspruch einer universalen Wahrheit«, auch in ihrer Verwirklichungsform. Da die inkarnatorische Idee echte Entwicklungen zulässt, so folgert Newman, ist dies auch ein *apriorisches* Argument für eine es besiegelnde Autorität. Wenn eine Entwicklung von Beginn an gewollt war, dann muss es eine Korruption vermeidende, schützende Instanz für die unfehlbare Offenbarung geben, die er im Kontinuität garantierenden höchsten Lehramt findet (vgl. D 123 f.153/E 80.111). Die Apriorität der Offenbarung gewinnt Newman aus den verwirklichten, erfahrenen Vollzügen in der Offenbarungsgeschichte. Diese Struktur entspricht durchaus der Struktur der ›action‹, die als apriorische Wirklichkeit im Aposteriori der verwirklichten Wirklichkeit einzuholen ist. Diese Leitidee kann sich durch die Spontaneität des menschlichen Geistes in verschiedene Entwicklungsrichtungen ausbreiten. Newman klassifiziert die Entwicklungslinien in fünf Serien: »Sie sind logisch dort, wo ihr intellektuelles Moment dominiert, historisch diejenigen, die sich im Maße der Ereignisse langsam formieren. Newman sieht die Entwicklungslinien in moralischer Hinsicht, wenn sie aus einem friedvollen Wachstum der Idee und ohne die einengende Logik resultieren«[33] (hier wäre eventuell ein Berührungspunkt zur geschmeidigen Logik des moralischen Lebens bei Blondel zu beobachten). Und schließlich nennt er die Entwicklungslinien metaphysisch, die in der Analyse der Idee bestehen und sich um der Endgültigkeit der Lehre willen in einer Definition vollenden[34].

2.4 Kriteriologie zur »Vermeidung der corruption«

Es bleibt zu prüfen, ob sich mit der Entwicklung die Kontinuität die Ursprungstreue zeigt, ohne dass eine »corruption« (vgl. D 187/E 153)

---

[33] Vgl. Nédoncelle (1964) 113.
[34] In seiner unverwechselbaren anschaulichen Art fasst Newman die verschiedenen Weisen des développement zusammen: »Nimmt man die Menschwerdung als eine Zentrallehre, so wird der Episkopat, wie ihn der heilige Ignatius lehrt, ein Beispiel für politische Entwicklung sein, die *theotokos* für logische, die Bestimmung des Datums der Geburt unseres Herrn für historische, die heilige Eucharistie für moralische und das Athanasianische Glaubensbekenntnis für metaphysische Entwicklung« (D 95/E 53). »Ich meine die, die eine bloße Analyse der gerade betrachteten Idee sind und in deren exakte und vollständige Beschreibung auslaufen« (E 51).

diese verwässert oder verfälscht[35]. Newman entwickelt zur Ermöglichung der Entwicklung als Identitätsgeschehen eine Kriteriologie, welche das »Herzstück« und das »tragende Konstruktionssystem« des Essays bildet, und erarbeitet die nachfolgend kurz zu skizzierenden sieben Kennzeichnungen (»notes« oder Tests), die eine innere Kohärenz aufweisen und die in einer Konvergenzargumentation die legitime Lehrentwicklung bewahrheiten sollen[36]. Artz fasst sie im Anschluss an Guitton (1933) 112 ff. in drei Sinnbereichen zusammen: Zunächst den Sinnbereich des Organisch-Lebendigen (1–3), der Logik (4) und der Zeit (5–7).
Zur ersten Gruppe gehören:

1. *Als erstes Kennzeichen der echten Entwicklung einer Idee die Erhaltung ihres Typus*: Sie betrifft die Erscheinungsform in der Fremdwahrnehmung durch die dem Christentum gegenüber neutralen oder es ablehnenden Beobachter, durch die die Bewahrung des Typus Bestätigung und letztlich ihre Gestalt in der Bestimmung der römisch-katholischen Kirche findet (cf. D 261–284/E 218–241).
2. *Das Kennzeichen der Kontinuität der Prinzipien:* Mit den Prinzipien werden die dynamischen Wirk- und Denkformen einer Idee beschrieben, welche den Typus und damit die Kirche selbst formen (D 203/E 159). Newman entfaltet neun Prinzipien (D 327 f./ E 282): so 1. das *Prinzip des Dogmas*, der menschlichen Sprache anvertraut und deshalb unvollkommen, aber definitiv und notwendig. Es hat eine innere Nähe zum Lebensvollzug, zum Gewissen genauso wie zum Geheimnis und zur Liturgie. 2. das *Prinzip des Glaubens* als Korrelat zum Dogma. Der Glaube fordert die absolute innere Zustimmung selbst im Gegensatz zum Verstand. 3. Der Glaube ermöglicht den Akt des Intellekts, dem er vorausgeht, und eröffnet damit die Möglichkeit zum wissenschaftlichen *Prinzip der Theologie*. 4. Das *sakramentale Prinzip* expliziert die Leitidee der Inkarnation als absolute göttliche Gabe. 5. Das *Prinzip der Notwendigkeit menschlicher Sprache* in der Schrift oder im mystischen Sinne schafft die Möglichkeit der Lehre und der Verkündigung. 6. Das *Prinzip der heiligen und heiligmachenden Gnade* eröffnet die Möglichkeit zur Christusförmigkeit. 7. Die Gnade fordert

---

[35] Denn »La corruption est .... une décomposition d'un corps en ses éléments, est le stade préparatoire à sa dissolution« (D 196/E 152).

[36] Vgl. zum Folgenden etwa: Guitton (1933) 94–112; Artz (1969) XXIX f..; Siebenrock (1996) 386–409.

durch das *Prinzip der Askese* die Abtötung der niederen Natur (hier Parallelen in A (380 ff.) 414 ff.:»Der Weg der willentlichen Abtötung«). 8. Das *Gewissens(prinzip)* zeigt dem Menschen die *Sündhaftigkeit.* 9. Das *Prinzip der Heiligung* ermöglicht ein Heilwerden von Materie und Geist. Eine Übereinkunft der Gläubigen hinsichtlich der Prinzipien sowie die Treue ihnen gegenüber garantieren wahre Entwicklung.

3. *Das dritte Kennzeichen des Assimilationsvermögens:* Das Konvergenzargument der Assimilation testet die Konkurrenzfähigkeit aus und prüft, ob die Idee einer geschichtlichen Rivalität standhält. Aber auch alle Leistung zur Inkulturation zeigt die Kraft der Leitidee des Christentums.

4. *Das Kennzeichen der logischen Folgerichtigkeit:* Die hier vertretene Folgerichtigkeit (vgl. D 378/E 331) stimmt mit dem überein, was der »Grammar of assent«»implizites Denken« nennt. Es soll gezeigt werden, dass sich auch aufgrund historisch nachprüfbarer Entwicklung Lehren mit logischer Konsequenz entwickelt haben und damit eine innere Kohärenz der Lehre insgesamt aufgezeigt werden kann (vgl. D 213.215 f./E 169.171).

5. *Vorwegnahme ihrer Zukunft:* Der fünfte Test beschreibt den Verhalt, dass infolge der Notwendigkeit der »Erhaltung des Typs« in der Gegenwart bereits spätere Konsequenzen sichtbar werden, die wiederum ursprungstreu sind. Dieses Argument entwickelt Newman besonders unter der Hinsicht der ethischen und politischen Entwicklung (vgl. D 392/E 345).

6. *Das Kennzeichen der erhaltenden Wirkung auf ihre Vergangenheit:* In dieser Entwicklung steht wiederum die Ursprungstreue im Mittelpunkt, um die »corruption« zu verhindern; jede Entwicklung hat demnach eine konservierende Tendenz (vgl. D 222/E 178). Das Neue erhält in der Entwicklung vom Ursprung her die Kraft.

7. *Fortdauernde Lebenskraft:* Mit diesem letzten Test wird die fortdauernde Lebenskraft der Idee unterstrichen. Das Argument faltet deshalb alle anderen in sich ein.

Die sieben Tests bilden mit den Überlegungen zur Idee eine Ganzheit ab. Die Wesensfrage nach dem Christentum lässt sich am besten durch das Ablesen ihrer Vollzüge und ihrer konkreten Realisierung in der Geschichte beantworten. Insgesamt spielt das Moment der *inne-*

ren Kohärenz die entscheidende Rolle. Dieses Argument bildet sich auch bei Blondel in der Spirale von »action und pensée« ab[37].

Die je folgende ›action‹ schöpft die Kraft aus der vorhergehenden, die Kette des Determinismus von l'action weist eine innere Kohärenz der Wirklichkeit auf.

Aus der breiten Wirkungsgeschichte des Essays seien lediglich wenige Reaktionen erwähnt, die im Zusammenhang mit der Einflussnahme auf sog. Modernisten sprechen (vgl. Artz (1969) XXXVI ff.). Zunächst: G. Tyrell lässt Newman nicht als Modernisten gelten[38]; er machte A. Loisy auf den Essay aufmerksam, der sich mit ihm kritisch auseinandersetzte[39]. Dennoch wurden Person und Werk zum Teil für die Anliegen des Modernismus instrumentalisiert, selbst wenn etwa die Zielsetzung Newmans, die Legitimierung der (neueren) dogmatischen Entwicklungen, ja gerade von den Modernisten kritisch angesehen wurden oder wenn Newmans einheitliche Sehweise von Kirche und Evangelium gerade von Loisy heftig angezweifelt wurde. Jedenfalls waren die Veröffentlichungen über den Essay Legion, und selbst Bergson hat ihn studiert und spricht gar in einem Brief aus dem Jahre 1939 von einer »pensée géniale du Cardinal Newman«[40].

IV. Zusammenfassende Schlussüberlegung

Selbst wenn man die verschiedenen Lebenszeiten berücksichtigt, selbst wenn man Blondel einen kritischen Erben Newmans aus der zweiten Generation nennen kann, so bleibt festzuhalten, dass trotz überraschender Berührungspunkte und mancher inhaltlicher Übereinstimmung beide Denker *eigenständig* in ihrer Denkwelt operieren und deshalb ein *direkter Vergleich* nicht angezeigt ist. An vielen Stellen gewinnt man gar den Eindruck, Blondel sei eigenständiger philosophischer Interpret Newmans, jedoch ohne Kenntnis der Texte Newmans.

---

[37] Vgl. Reifenberg (2002) 409.
[38] Zum vermeintlichen »Modernismus« Newmans, vgl. Guitton (1933) 167–174; Artz (1969) 456[69], a.a.O. ebenso zum Immanenzproblem; Über den »geheimen Einfluss Newmans auf den Modernismus i. Frankreich, vgl. Guitton (1933) 171–174.
[39] Dazu Firmin, A. (Ps. = A. Loisy): Le développement chrétien d'après le Cardinal Newman, in: Revue du clergé français. Bd. 17 (1899) 5–20.
[40] Vgl. Artz (1969) 457[70].

Für Blondel sind hier persönliche und sachliche Gründe anzuführen[41]:

1. Das Verhältnis Blondels zu Newman war distanziert, ja nahezu gespalten. Blondel denkt zuerst schöpferisch im Eigenstand. Newman gehört nicht zu den ersten Gewährsleuten seines Denkens. Hier haben Aristoteles, Leibniz[42], Pascal[43] und Kant, selbst auch sein Lehrer Ollé-Laprune einen ganz anderen Stellenwert. Vielmehr »garniert« er da und dort seine Argumente mit angelesenen Newman-Zitaten, die er meist nicht näher ausweist. Dies betrifft vor allem die Briefwechsel mit Bremond und Valensin. Im Briefwechsel mit Bremond wird deutlich, dass einerseits Blondel dem Freund entgegenschreibt, ihm mit dem Bezug-Nehmen auf Newman Wohlwollen, Zuneigung an Interesse und Person und Arbeit entgegenbringen will – andererseits ihn in einer Art »correctio fraterna« anmahnt, eben nicht in geistige Abhängigkeit zu verfallen und selbst zu denken (vgl. etwa BrB I, 35.400). Ein tieferes Anliegen ist ihm offenbar der Rückbezug auf Newman nicht.

2. Zudem steht eine distanzierende Aussage Blondels im Raum, an welcher kein Interpret vorbeisehen kann: »Newman habe ich erst spät kennengelernt; er hat mir zu nichts genutzt, allenfalls zum Gebrauch einiger Zitationen und zum Abstützen einiger Referenzstellen« (BV III, 178). Entweder impliziert die Äußerung auch eine der indirekten Distanzierungsversuche gegenüber seinem Lehrer Ollé-Laprune und gehört somit zur philosophischen Selbstbehauptung Blondels, genuin und exklusiv die »philosophie de l'action« zu vertreten. Dann beschreibt sie das Selbstbewusstsein einer neuen Philosophengeneration, die in Newmans Werk eine durchgehende philosophische Konsistenz und eine genuin philosophische Intention vermisst. Oder aber dem religiös-konservativen Katholiken Blondel bleibt die wirkmächtige Konversion des 19. Jahrhunderts »suspekt«. Jedenfalls ist ihm die Persönlichkeit Newmans offenbar so fremd, dass er, vorsichtig gesagt, tiefe persönliche Sympathien ihm gegenüber nicht empfinden kann. Vielmehr mahnt er Bremond, sich nicht

---

[41] An dieser Stelle werden einige Punkte zu wiederholen sein, die bereits im vorangehenden Beitrag zu lesen waren. Vgl. auch Reifenberg (2007) 80 ff.
[42] Vgl. die o.s. Beiträge von Hubertus Busche und Simone D'Agostino; auch: Reifenberg (2002) 415–446.
[43] Vgl. Reifenberg, Et-et (2011) 133–167.

zu sehr einem allzu streitsüchtigen Newman anzugleichen (BrB I, 400).

Möglich ist auch ein *philosophisches* Absetzen vom *theologischen* Biographen *Henri Bremond*, zumal in einer Zeit, in der Newmans Denken von den Modernisten in Anspruch genommen wurde. Wir finden ja oftmals in Blondels Briefen eine eher belehrende Überlegenheit beanspruchende, fast ein wenig unangenehme Art, die Blondel gegenüber seinen Korrespondenten zum Ausdruck bringt. Ob eine vorsichtige Verneigung Blondels vor der übermächtig werdenden Scholastik Platz greift, scheint hier eher unwahrscheinlich. Einleuchtender ist einerseits die naheliegende Vermutung, dass die Werke Newmans in Blondels Bewusstsein noch nicht (philosophisch) als entscheidend wahrgenommen wurden und dass sie sprachlich noch nicht in einer hinreichenden Weise für ihn zugänglich waren.

3. Unmöglich lassen sich Äpfel mit Birnen vergleichen: Blondels drei Gelegenheits-Artikel, die erst später zum Büchlein »Histoire et Dogme« zusammengefasst wurden, sind drei situationsgebundene »Kampfartikel« gegen Loisy, mit denen Blondel sich gegen diesen abzugrenzen versuchte, um seine Orthodoxie sowie seine Fähigkeit zur ausgleichenden Synthese unter Beweis zu stellen. In Umfang und Bedeutung lassen sie sich selbstverständlich nicht messen mit dem gewaltigen Essay der selbstrechtfertigenden Entwicklungslehre Newmans, für den die Problemstellung ein Lebensthema darstellte[44]. Wenn Nédoncelle in Blondel den Historiker vermisst, ist dies gewiss seine persönliche Sehweise, die man genauso umgekehrt darstellen könnte: Weil Blondel den historischen Ballast nicht mitnimmt, kann er das Problem der Entwicklung in der Lehre konzise mit der ›philosophie de l'action‹ lösen. Die Wissenschaft von der Praxis ist der äußere und innere Vollzugsrahmen, mit dem er das Problem der Tradition löst. Auf philosophischen Grundkoordinaten als hermeneutischen Faden verzichtet Newman. Blondel hat sich (vielleicht gottlob) niemals als Historiker verstanden; er kämpfte vielmehr um die *Anerkennung als Philosoph* und hatte gerade Mühe, Vorwürfe abzuwehren, die ihn zu sehr in Richtung der Religionsphilosophie oder gar der Theologie drängen wollten.

---

[44] Vgl. die »Entwicklungslehre« kommentierenden und sehr wichtigen Ergänzungen Newmans im Anhang von E 393–419, dort besonders der Brief an Flanagan (1868).

194

4. Newman ist genialer Autodidakt, der als ehemaliger anglikanischer Geistlicher, als Konvertit und als katholischer Priester schreibt: Er hat eine gewaltige persönliche Entwicklung durchgemacht, er hat eine theologische Vision und bemüht zu deren »Systematisierung« deshalb alle sich ihm bietenden Wissenschaften. Eine klare philosophische Denk- und Schreibweise ist diesem eher erzählenden Stil fremd, die gesamte Anlage des Essays in hohem Maße autobiographisch geprägt. Deshalb sollte man vernünftigerweise nicht behaupten: »C'est précisément par son sens historique que Newman complète Blondel« (Nédoncelle (1964) 116).

Beide Denker haben je ihren eigenen »Sitz im Leben« innerhalb der Ideengeschichte und sind je in ihrer Gestalt einmalig und unverzichtbar: Sie denken aus den je eigenen zeitbedingten Nöten heraus. Freilich liegt auf beiden Ansätzen ein antiintellektualistischer Zug, der sich stets in der Gegnerschaft zum Rationalismus, zum Idealismus sowie zu Fundamentalismen und zur Kleingeisterei jedweder Art verstehen lässt.

Will man Blondel gerecht werden, was Nédoncelle letztlich nicht tut, so muss man »Histoire et Dogme (1904)« ohnehin auf dem Hintergrund von L'Action (1893) verstehen. Dann aber fällt hinsichtlich der Dichte und der Klarheit, hinsichtlich der Konsistenz der Gedanken ein Vergleich sicherlich für Blondel nicht nachteilig aus.

IV.
Das offene Denken heute wagen

Jean Leclercq

Les rapports de la religion et de la rationalité

Problèmes et défis de la pensée de Maurice Blondel

Blondel a toujours souhaité donner une représentation intégrale de la philosophie et a choisi, pour cette raison, l'action comme un lieu large et précis, capable de fonder et de donner sens à la réflexion philosophique. R. Virgoulay, reprenant les articulations de la pensée de Blondel, définit l'action en ces termes: «C'est d'abord un point de départ, le plus universel, plus que le Cogito cartésien ou que l'impératif moral kantien. C'est non seulement un fait mais une nécessité. Et ce n'est pas seulement un point de départ que l'on pourrait quitter pour aller plus loin. C'est une synthèse a priori que la philosophie a pour but d'analyser, de déployer, de telle sorte que son contenu apparaisse peu à peu»[1].

On peut ainsi soutenir que l'action, librement examinée, et non pas d'abord la religion ou encore l'idée de Dieu, est le véritable point de départ de la recherche et que, par son étude critique, tout discours sur la religion ou l'herméneutique de l'acte religieux devient effectif. Il est intéressant de noter, d'un point de vue historique, que Boutroux – le maître de Blondel à l'Ecole normale – a précisément retenu cette dimension particulière dans le rapport qu'il donna sur l'état de la pensée française:

«Dans son livre de *L'Action*, 1893, M. Blondel expose que nulle croyance ne pourrait pénétrer et vivifier la nature d'un sujet voulant et agissant, s'il était sans rapport avec cette nature même. Si l'âme humaine doit devenir religieuse, c'est qu'elle l'est déjà, en quelque manière, dans le fond de son être. Et de fait, l'action où tend la volonté proprement humaine est telle qu'elle ne peut être accomplie qu'en collaboration avec Dieu. Ou vouloir sans pouvoir, ou pouvoir en renonçant à se vouloir soi-même; telle est la condition de l'homme»[2].

---

[1] Virgoulay, René: Originalité et actualité de la philosophie de l'action, in: Bulletin de l'Institut catholique de Lyon, n° 107 (1994) 74.

[2] Boutroux, Emile: La philosophie en France depuis 1867, in: Revue de Métaphysique et de Morale 16 (1908) 706.

La voie méthodologique retenue par Blondel est donc celle d'une critique, dans le sens kantien de ce mot, tendant à établir, d'une part, la valeur et la portée de toute connaissance et, d'autre part, la tâche de toute la raison. Ainsi, la portée universelle de la rationalité importe grandement car le philosophe ne pense pas que l'étude de l'action, au niveau du seul moi, pourrait être la solution du problème envisagé; de fait, elle ne conviendrait alors que pour celui qui en ferait l'expérience et il n'y aurait dès lors aucune démonstration universalisable, mais plutôt la reconduction à un solipsisme de la connaissance.

Le philosophe, mais non sans risque, insiste fortement sur le caractère universel et conceptuel de sa démarche, d'autant qu'il veut faire œuvre scientifique comme il l'écrit en sous-titre de sa thèse doctorale: «Essai d'une critique de la vie et d'une science de la pratique». Il entend de la sorte examiner toutes les réponses à sa question existentielle du sens de la vie, telle qu'elle est posée dans le célèbre prologue, et en particulier lors de la réponse qui se dira dans le texte sous la forme de l'action religieuse. Pour cette raison, l'approche philosophique de la religion par Blondel est apparue éloquente et digne d'être retenue pour être succinctement exposée. Nous pensons même que ce qu'il dit de la «pensée religieuse» mérite reconnaissance et doit être lu à la lumière des efforts acquis lors du second concile du Vatican. Jean Ferrari a fait très justement remarquer:

«Toute la philosophie de Blondel est en effet une philosophie du *Vinculum*, une philosophie, non pas du rapport, mais du lien, en ce sens elle est religieuse de part en part si l'on s'en tient à l'étymologie du mot religion. Et ce lien est toujours un principe supérieur qui fait que la matière peut être définie comme ce qui est vitalisable, la vie comme ce qui est spiritualisable, l'esprit enfin comme ce qui est déifiable. Là s'arrête la philosophie. Mais cet appel au surnaturel qui est inscrit en l'homme ne saurait être sans objet: le christianisme pour Blondel y répond en présentant la figure du Christ, à la fois homme et Dieu, récapitulant en lui-même toute la création, médiateur et véritable *vinculum substantiale*»[3].

Dans notre propos, nous voudrions montrer comment l'action choisie comme fondement, voire comme matériau de la philosophie et analysée dans toutes ses dimensions manifeste la possibilité d'un dis-

---

[3] Ferrari, Jean: Blondel, lecteur de Leibniz, in: Journée Maurice Blondel. Colloque de Dijon-Mayence le 30 avril 1989. Dijon (E.U.D.) 1989. 49.

cours équilibré sur la religion et permet rationnellement de faire valoir que, pour autant qu'elle soit déployée dans toute sa plénitude, l'action de l'homme peut devenir le «lieu-tenant» véritable d'un Dieu qui n'apparaît pas d'emblée, mais qui en serait à la fois, l'en-deçà, l'au-delà et le par-delà, au point qu'il ait besoin d'elle pour se dire. Ainsi, l'action, dans toutes ses dimensions, serait le lieu à partir duquel toute topologie du divin devrait s'envisager (ce qui est finalement très biblique), avec bien sûr les conséquences éthiques de cette vision de l'action de l'homme, puisque Blondel fait valoir très audacieusement cette affirmation d'une singulière modernité:

«Tous, nous avons à nous enfanter, en enfantant Dieu en nous, θεο-τόκοι. Et, comme s'il fallait être Dieu pour être pleinement homme, l'homme, malgré son incompréhensible faiblesse, est tel qu'il a en lui assez pour que nul autre être ne puisse être plus grand»[4].

La méthode retenue est, en somme, respectueuse des aspirations les plus légitimes et les plus profondes de l'homme. Philosophiquement parlant, il s'agit de la méthode réflexive d'immanence, avec l'utilisation fréquente du principe rhétorique de la rétorsion. Elle est certes critique, en particulier quand Blondel stigmatise le faux mysticisme, les faux cultes – en bref l'action superstitieuse – mais elle y fait cependant droit et cherche initialement à sauver toute réalité issue de la raison humaine ou du comportement de l'homme. Par exemple, on se rappellera que le philosophe est parvenu à exposer que le dilettantisme dissimule encore un amour de soi, tout comme le pessimisme occulte peut-être un amour de l'être. Relativement au phénomène religieux, il avance dans cet esprit cette proposition:

«Et il ne faut pas s'étonner du développement spontané et universel de la pensée religieuse, aussi bien chez les Australiens qu'aux Etats-Unis dans l'ignorance ou dans la civilisation la plus avancée, puisque même sous cette affirmation réfléchie du néant il y a une croyance enveloppée et un hommage détourné à l'Etre inconnu»[5].

De la sorte, le commencement de la recherche philosophique est dans une observation anthropologique, affirmant la réalité concrète de l'abîme existentiel que chaque homme découvre en lui, c'est-à-dire ce sentiment pratique qui lui fait éprouver, dans sa chair, une distance de

---

[4] A (421) 455/447.
[5] A (35) 69/58.

soi à soi, un écart entre le vouloir et le pouvoir, un espacement entre le voulant et le voulu, le pensé et le pensant.

Or, au cours de cette réflexion sur l'inadéquation du sujet et sur la manière dont pour y répondre l'homme recherche l'également dans son action, Blondel rencontre ce qu'il appelle l'action superstitieuse, un point qu'il nous importe de mettre en exergue en raison de sa modernité. C'est, en effet, dans la cinquième étape de la troisième partie de *L'Action* (1893) qu'il faut suivre de très près la dialogique de Blondel, pour comprendre comment il en vient à penser la religion, à partir d'une description de l'action superstitieuse. Ainsi, on se remémorera qu'à ce moment, il est parvenu à cette étape de la pensée où il constate que l'action est issue de la «puissance infinie du sujet» et qu'une énergie profonde – qui est la marque de la vie en elle – la conduit malgré les obstacles. Mais, ce sceau d'infinité qui irrigue l'action fait aussi qu'elle ne semble pouvoir recevoir son achèvement que d'une «réalité infinie» qui établirait «une réciprocité entre l'expansion nécessaire et le retour d'une liberté toujours en progrès»[6]. Il y a donc, dans l'action, un «besoin» à la fois nécessaire et réel – ce qui est plus qu'un désir – que les seules polarités de la liberté et du déterminisme, ou encore de la morale et de la métaphysique, ne parviennent pas à combler. Néanmoins, la réalité même du besoin oblige à s'interroger, quelle que soit la réponse – illusion ou vérité – qu'on lui trouvera.

Blondel pose bien une exigence de vérité pour l'homme et une volonté marquée de lui éviter de se «contenter d'un quelque chose» qui ne serait que la forme de l'idolâtrie, c'est-à-dire le don d'une idole qui demeure malgré tout la conséquence possible de l'action voulant s'achever par sa seule toute puissance et son auto-suffisance. Or, pour le philosophe, si l'homme porte en lui une obscure infinitude, il vit surtout «un mystère dont on n'échappe pas au désir de se rendre maître»[7]. Blondel étudie par conséquent la raison visible selon laquelle un homme peut parvenir à mettre hors de lui, dans un mouvement d'extase, cette énergie mystérieuse et comment, en quête d'infinitude, il pourrait la transformer, en l'accaparant et l'absorbant, en un objet, un culte, ou une idole. C'est en fait la réification de l'énergie de la vie et par conséquent du divin. Il importe de bien comprendre que la

---

[6] A (305) 339/331.
[7] A (306) 340/332.

considération de cette orientation de l'action ne vise qu'à purifier «l'aspiration religieuse de tout alliage»[8] et, ainsi, à éviter, d'une part, l'illusion de l'action et, très pratiquement, le phénomène de l'aliénation qui viendrait contredire le dynamisme de l'action libre et voulante. Dans le résumé qu'il donne lui-même à la fin de chaque étape de sa pensée, Blondel a noté ceci: «On n'a purifié de tout alliage la science des phénomènes, on ne l'a débarrassée de toute ontologie que pour aboutir, par une sorte de méthode des résidus, à manifester ce qui, dans l'action, n'est plus simplement un phénomène»[9].

Affirmation à laquelle il ajoute que cela revient à «tout ramener à la suprême option qui est la grande et l'unique affaire de l'homme»[10]. Mais, avant de parvenir à ce terme, l'enjeu de cette étape consiste à éviter de rendre l'infini fini, à le posséder et l'employer. Le culte est critiqué selon ce que Blondel appelle très finement le «culte du double» et le «culte du fétiche». Le premier est «ce qui dans l'homme survit à l'homme, ce qui reste inaccessible à l'homme, ce qui commande et obéit à l'homme»[11] et le second est cet «objet visible et mystérieux, incompréhensible et accessible, menaçant et protecteur qui résume le divin; comme si le fini pouvait devenir la réalité même de l'infini»[12]. Bien sûr, toute forme de culte n'est pas refusée, mais dans une dialogique ascendante, Blondel montre que l'objet, le culte et le sentiment sont des formes à intégrer et à dépasser pour que l'homme prenne conscience de l'intimité exigeante qui est en lui, bien qu'il ne doive ni les supprimer, ni les «sublimer», note-t-il très singulièrement. Peut-être est-ce en raison du fait que la notion de médiation est assez connexe aux notions de culte et d'image. Cependant, s'arrêter à une création fictive serait précisément commettre l'acte superstitieux. Tout l'art consiste désormais à trouver la véritable réponse à l'infinitude de la vie intérieure qui ne soit pas une pure objectivation idolâtrique où «l'objet sacré» arrêterait à lui et non à son rôle symbolique. Dans ce cadre de la réflexion sur l'acte cultuel, Blondel s'accorde pour dire que «ce n est donc pas sans raison qu'on a soutenu que la religion

---

[8] A (304) 338/330.
[9] A (322) 356/347 f.
[10] Idem.
[11] A (307) 341/333.
[12] Idem.

est surtout un phénomène de solidarité et un corollaire de la société organisée»[13]. Au passage, c'est peut-être ici qu'il convient de mentionner qu'il y a aussi dans la thèse de 1893 une réflexion opérante sur le lien entre la politique et la religion, pour mettre en vis à vis deux conceptions de la Cité: la grecque et la judaïque. Dans la Cité grecque, note Blondel, morale et religion lui sont subordonnées, puisque la «politique» est, en fait, la fin dernière. La cité n'est pas une étape de la vie humaine mais elle en est le «le couronnement universel». En revanche, le peuple juif a fait coïncider le culte religieux et le culte patriotique, non sans difficultés mais, ajoute Blondel, à la condition de «considérer le présent, étroit et fermé, comme le symbole et le germe d'un immense élargissement de la conscience; à la condition de porter dans chacun des actes de la vie nationale la promesse de toute l'humanité future»[14].

Pourtant, la superstition est latente en toute forme de vie humaine et Blondel admet que même chez ceux qui s'en prétendent affranchis, il y a toujours une ritualisation du quotidien qui est une sorte de solennité conférée à sa pauvreté. Mais le risque de s'arrêter à ce stade est celui de former comme un système clos, de boucler la vie humaine sur elle-même et, d'un point de vue politique, d'organiser une cité artificiellement parfaite où fins et moyens seraient confondus. Ces réticences manifestées comme des mises en garde, il convient encore de noter la délicatesse blondélienne qui veut faire valoir qu'en «tout acte humain, il y a donc une ébauche de mysticité naissante»[15]. La conclusion semble alors naturelle, puisque c'est par l'acte de la réflexivité que l'homme parvient à se dégager de ces réductions successives de son agir qui sont comme la trahison de ce désir nécessaire et réel qui l'habite et le creuse:

«Partout où il est amené à réfléchir sur ce qu'il fait et sur ce qu'il peut par ses seules forces, l'individu ne veut, ne peut pas être seul. Car il ne se sent maître ni de toute sa puissance, ni des résultats de son effort»[16]. Dans une seconde étape, Blondel étudie ce qui pourrait être appelé «l'idole intérieure», cette attitude qui supprime la transcendance culturelle extériorisée et cherche à mettre l'homme dans un sentiment de présence immédiate du mystère qu'il porte dans sa propre conscience,

---

[13] A (310) 344/336.
[14] A (276) 242/301.
[15] A (311) 345/336.
[16] Idem.

comme si ultimement l'action pouvait se suffire à elle-même sous la forme d'une immanence sans possible transcendance. Or ici, c'est le formalisme moral de Kant que Blondel semble mettre en jeu puisque, selon lui, Kant conclut que «tout ce que l'homme croit pouvoir faire, si ce n'est de tenir une bonne conduite, pour se rendre agréable à Dieu, est pure superstition»[17], ce qu'il commente ainsi:
«Qu'est-ce à dire, sinon que l'action humaine, par ses propres forces, prétend s'assimiler, jusqu'à l'épuiser, ce que la connaissance ne réussit pas à atteindre, ni la volonté à embrasser complètement»[18]?
Mais c'est aussi la métaphysique qui est critiquée quand elle décide que par ses créations et ses lois internes, par «ses systèmes et par sa religion naturelle», elle peut s'accaparer l'Etre. Ainsi, que l'absolu soit placé hors de l'action comme sa conclusion ou dans l'action comme marque de son autonomie suffisante, ce que Blondel cherche à montrer est la condition de possibilité d'une divinité qui ne serait pas la production personnelle – une «auto-immanence» – de l'homme qui n'aurait pour tâche finale que d'en faire découler des dogmes et des préceptes. Voilà pourquoi il refuse la religiosité du scientisme, le pseudo-culte naturaliste, en bref les formes du «nouveau mysticisme» qui marquât son temps et dont on sait les ravages qu'il fit en Europe. Sa description est terrible et mérite d'être citée en partie:
«La disposition religieuse des nouveaux mystiques semble composée, ainsi qu'un parfum léger, de ces deux essences: nul acte où l'on ne sente comme un enivrement et une exaltation salutaire, ainsi qu'au souffle de l'infini passant sur l'âme; nul acte où l'on ne sente que l'objet du dévouement, que le résultat de l'effort est chimérique, fini, nul. Et c'est parce qu'il est vain, parce qu'il est décevant d'agir qu'il est beau, désintéressé et pieux de le faire. Plus l'acte, semble-t-il, est vide de tout objet, plus aussi se développe la conscience satisfaite d'une suffisance et d'une plénitude subjective. (…) Non seulement le raffiné, en sa souveraineté divine, ne veut plus s'astreindre à aucun acte spécial d'aucune religion naturelle; mais, pour lui, il n'y a plus aucune règle spéciale en aucun acte; en raison de l'infinie variété des circonstances et des sentiments qu'il traverse, nul critérium de conduite ne s'impose à lui»[19].

---

[17] A (314) 348/340.
[18] Idem.
[19] A (317) 351/342 f.

Blondel a voulu «faire évanouir successivement» toutes les superstitions pour parvenir à manifester à l'homme sa propre attente religieuse dans toute la vérité de ce qu'elle est et surtout de ce que la rationalité philosophique attend d'elle. On l'a bien vu, il ne faut perdre ni «le bénéfice de l'impitoyable Critique», ni le «grand courant du mysticisme aujourd'hui renaissant», car il y a là la manifestation de la générosité fondamentale de l'homme. «Le métaphysicien épris de ses constructions», «l'artiste amoureux de son œuvre», «le dévot de l'idéal moral», «l'apôtre de l'action pour l'action» sont les interlocuteurs passionnés de Blondel qui veut leur éviter de «faire leur dieu sans Dieu»[20]. Il y a, par conséquent, une forme de sincérité dans l'action superstitieuse mais qui doit être sauvée, car l'action n'est pas faite pour être sacralisée et pour produire un objet idolâtrique. Aussi, si l'action de l'homme révèle bien un abîme de soi à soi, celui-ci ne peut devenir le sépulcre de la subjectivité autonome de l'homme, mais bien plus le lieu d'un surgissement tout divin. Non un ensevelissement de soi dans l'abîme, mais une assomption de soi. La conclusion blondélienne, qui est aussi une «crise désespérée» de la méthode, est limpide:

«Il est impossible de ne pas reconnaître l'insuffisance de tout l'ordre naturel et de ne point éprouver un besoin ultérieur; il est impossible de trouver en soi de quoi contenter ce besoin religieux. C'est nécessaire; et c'est impraticable. Voilà, toutes brutes, les conclusions du déterminisme de l'action humaine»[21].

L'irréligion mystique, le fétichisme, le faux mysticisme de la science, les «rêveries de la théosophie»[22] sont à déconstruire pour parvenir à la nécessité philosophique et rationnelle d'une révélation véritablement digne de l'homme. Pour y parvenir, Blondel s'est attaché à montrer qu'il y a une surabondance de la vie et un excès du vouloir sur elle. L'action ne peut s'achever dans le seul ordre des phénomènes, car en raison de ce qu'elle est et en fonction de son être-même, elle exige plus. Bien entendu, il reste la question de savoir où placer cet infini et comment le rejoindre. Sur ce point, Blondel utilise à nouveau l'argument de rétorsion quand il écrit:

---

[20] Les citations successives sont dans A (319) 353/344 f.
[21] Idem.
[22] A (320) 354/346.

«La prétention qu'a l'homme de se borner aux phénomènes et de se suffire est donc radicalement inconséquente. En la posant, il la dément et la dépasse»[23].

L'homme ne parvient donc pas, par sa seule autonomie, à mettre en son action voulue tout le voulant qui est en elle et qui appelle un achèvement réel et efficace. Conséquemment, la superstition qui consiste à poser le désir infini hors de soi ou en soi, en le réifiant, est critiquée à la base, puisqu'on ne peut saisir l'infini dans le seul fini, au risque de n'y rencontrer encore que du fini ou un infini illusoire et aliénant. Le travail de la rationalité consiste donc à dégager les conditions de la juste effectivité de l'infini et à décrire les conditions de sa possibilité comme les exigences dont il doit être pourvu pour être à la juste mesure de la nature de l'homme. Pour nourrir le propos, on notera encore ce que Blondel affirme en corollaire:

«Ainsi, autant toute religion naturelle est artificielle, autant l'attente d'une religion est naturelle»[24].

C'est sans doute avec cette réflexion qui vient dans le prolongement de l'étude critique de l'action superstitieuse que l'on touche le mieux l'originalité de Blondel, en matière de philosophie de la religion. Le caractère artificiel consiste en ceci que la religion naturelle ne serait qu'une pure construction théorique dépourvue de toute réalité pratique, une invention imaginaire de l'homme pour adorer en lui un être supérieur et suprême, mais avec lequel il ne serait pas en relation. Ainsi, chez Blondel, concevoir le divin, ou mieux, montrer les conditions de sa venue dans l'action de l'homme oblige aussi à penser le don le plus approprié qu'il est capable de faire de lui-même en la faveur de l'homme.

Contrairement à la tendance spinoziste, il ne suffit pas de penser pour réaliser la plénitude de l'acte, il faut encore agir. D'où l'insistance marquée sur le lien à penser entre l'attente d'une religion capable de donner humainement un Dieu et l'achèvement de l'action qui trouverait dans ce don une solution engagée et existentielle à l'aspiration de l'adéquation de la volonté humaine. La parole blondélienne est sur ce point sans équivoque possible:

«Il n'y a point d'absolu approximatif ou symbolique. Non; l'acte religieux ne saurait être un symbole; il est ou il n'est pas une réalité:

---

[23] A (321) 355/346.
[24] Idem.

207

pour que les rapports essentiels de l'homme avec l'absolu s'établissent d'une façon exacte, il faut qu'ils soient absolument définis et que, dans ce divin commerce, il y ait un don et une consécration qui ne sauraient venir de nous. Si le bien infini ne peut être réalisé en l'homme que par des actes finis, encore faut-il que, par une surnaturelle condescendance, ce fini même soit donné comme le vêtement, mieux encore comme le corps même du transcendant. Si Dieu ne s'y met pour que l'homme l'y trouve et s'en nourrisse, l'homme ne l'y mettra pas»[25].

La conception de la philosophie que Blondel illustre dans cette approche critique et constructive du fait religieux montre qu'il s'agit d'une philosophie du dépassement ou la religion est un moyen pour parvenir, d'une part, à l'accomplissement et, d'autre part, au dépassement de soi. Bien évidemment, selon cette méthode d'immanence réflexive, la philosophie ne donne ni l'Etre, ni Dieu, mais elle fait valoir que c'est en voulant toujours et encore que l'on progresse dans un ordre autre qui permet de posséder, mais aussi de se priver, de l'Etre et de Dieu, ce qui est plus que la seule logique de l'affirmation ou de la négation.

Ainsi, en voulant et en optant, l'homme possède l'Etre autrement qu'en l'affirmant dans la connaissance. De même, en ce qui regarde Dieu, c'est bien au cœur de l'action qu'il vient à la conscience de l'homme et s'impose à lui d'abord comme la réalité capable de lui offrir l'également tant recherché. Il est un moyen tout pratique et, ensuite, il est comme un médiateur présent dans le monde, capable de lui donner toute la consistance ontologique qu'il appelle. La philosophie ainsi mise en œuvre fait bien droit aux exigences de la conscience qui est de la sorte justifiée et éclairée, par l'hétéronomie de la volonté d'un autre que soi. R. Virgoulay a bien étudié le mouvement de la pensée blondélienne:

«L'analyse de la volonté permet à la philosophie d'étendre son investigation jusqu'au bout d'elle-même par l'élucidation complète des conditions et des requêtes du vouloir. La science de l'action manifeste que l'homme ne peut jamais s'égaler lui-même; aussi doit-elle faire l'hypothèse ultime du surnaturel, c'est-à-dire d'un achèvement de l'homme par grâce, par don reçu d'en haut. C'est cette notion de surnaturel qui ouvre la philosophie au problème religieux et qui consti-

---

[25] A (417) 451/443.

tue en tant que notion a priori l'instrument capable de s'appliquer au donné de la religion positive pour en extraire l'intelligibilité rationnelle, donc de constituer une philosophie le la religion»[26].

L'action est donc ce lieu choisi pour mettre en œuvre le rapprochement entre l'immanence du sujet et la transcendance qui le passe infiniment, au point que le respect de la transcendance de l'action, telle que la philosophie intégrale le demande, est finalement la condition efficace d'une réflexion complète et rationnelle sur la place du surnaturel dans le monde de l'homme. La philosophie le pense, mais le respecte aussi dans la mesure où cette idée demeure nôtre et dans la mesure où la philosophie n'empiète nullement sur la spécificité de l'acte de foi qui affirme le surnaturel dans sa réalité complète. On peut dès lors parler de la présence d'une véritable philosophie critique de la religion dans *L'Action* de 1893 et on sera particulièrement attentif au côté très moderne de la démonstration basée sur une enquête dont le premier moment fondateur est bien l'immanence de l'action.

On sera aussi vigilant à la nécessité d'esquisser un rapprochement avec l'ambiance «fin de siècle» dans laquelle vécut Blondel et qui n'est pas sans similitude avec la mentalité occidentale dans laquelle nous vivons. Les faux mysticismes, les fanatismes religieux, les négations irrationnelles d'un au-delà de la rationalité sont encore présentes sous bien des formes. Sans doute, la pensée de Blondel permet-elle de penser la vérité de l'action de l'homme et d'éviter qu'elle ne se replie dans un non-sens indigne de la grandeur constitutive de l'homme. Il faut reconnaître que l'enjeu de cette philosophie est d'une portée certes anthropologique, car il y va d'une conception du sujet, mais aussi éthique car le philosophe s'est efforcé de manifester que l'homme véritable n'est pas celui qui pense, illusoirement, se saisir dans une sorte d'immédiate transparence de soi à soi, mais bien cet être de conscience et de rationalité ouverte qui prend la voie longue du chemin de l'herméneutique de soi, au gré de toutes les expansions de l'action, y compris celle de l'action religieuse.

Dans cette mesure, Blondel accepte d'étudier, mais pour les purifier, critiquer voire nier, les formes les plus inédites de la sensibilité religieuse. Il se refuse, dès lors, à limiter la nature de l'homme et pense

---

[26] Virgoulay, René: Philosophie séparée et philosophie intégrale d'après la Lettre de 1896, in: Maurice Blondel et la quête du sens, sous la direction de Marie-Jeanne Coutagne. Paris (Beauchesne) 1998. 29.

que c'est encore par l'action que le sentiment pratique de Dieu vient en l'homme, y offre sa présence discrète et cachée, puis y introduit une pensée et une vie nouvelles dont on connaît les exigences, puisque ici la théonomie veut élargir les espaces de l'autonomie et de l'hétéronomie. L'articulation est forte et subtile à la fois. La voici dans une de ses formes les plus patentes :

«On a bien pu montrer comment, par une disposition toute subjective, naît la pensée d'une révélation possible et le besoin d'une révélation réelle. On a pu voir comment, du dehors, elle doit offrir des caractères appropriés aux exigences intimes. (...) Comment croire et que sert de croire à ce qu'on ne peut comprendre ? C'est ici, encore et surtout, que se manifeste la souveraine efficacité et la puissance médiatrice de l'action. Car, d'une part, c'est par le canal de l'action que la vérité révélée pénètre jusqu'à la pensée sans rien perdre de son intégrité surnaturelle; et, d'autre part, si la pensée croyante, tout obscure qu'elle demeure parmi les rayons que la foi répand de son inaccessible foyer, a un sens et une valeur, c'est parce qu'elle aboutit à l'action et trouve dans la pratique littérale son commentaire et sa vive réalité»[27].

La synthèse et l'adéquation du vouloir de l'homme ne peut trouver sa forme dans une action vaguement religieuse, car l'équation de la volonté se trouve dans la combinaison pratique et vivante qu'est l'action qui donne à voir la part de l'homme et part de Dieu, cet acte qui est «tout entier l'œuvre de chaque coopérateur»[28], d'autant qu'il s'agit d'un «don, mais un don qu'on acquiert comme s'il était un gain»[29]. Blondel note :

«De même que, dans le dynamisme de la réflexion, la pensée qui est le fruit de l'expérience de la vie devient elle-même un motif et le point de départ d'une expérience ultérieure, de même la foi, qu'on pourrait nommer l'expérience divine en nous, est l'origine d'une activité qui intéresse l'homme entier et lui fait produire, par tous ses membres, la croyance dont il vit»[30].

Il y a, sans doute, une exigence religieuse qui vient de la reconnaissance de l'unique nécessaire, si bien que la pratique religieuse n'est

---

[27] A (400) 434/425 f.
[28] A (402) 436/428.
[29] A (403) 437/429.
[30] A (411–412) 445–446/437 f.

«pas comme une dépendance subalterne et comme un accessoire arbitraire ou accidentel du sentiment qui l'inspire»[31]. De même, la découverte au cœur de l'action de la présence d'actes qui sont appelés des «actes de foi», fait partie de ce caractère sans cesse renouvelé de la vie de l'action en l'homme et du côté inattendu du déploiement de la vie qui l'affecte. La philosophie est ici un moyen offert pour éviter la réduction de ces actes, dont elle n'est pas la cause mais dont elle peut devenir la garantie, à une «fiction idolâtrique», au point qu'ils viendraient à ne plus être la manifestation de la requête laborieuse qui les motive. Blondel est intraitable sur ce point:
«Il ne suffit pas qu'ils deviennent le véhicule du transcendant; il faut qu'ils en contiennent la présence réelle et qu'ils en soient la vérité immanente. *Caro Verbum facta*»[32].
Sans doute le renversement de la parole johannique dit bien quelque chose du seuil sur lequel la philosophie critique de l'action pratique est parvenue. L'infini s'est présenté aux actes de la volonté et il n'est pas possible à l'homme de le tenir dans sa seule réflexion, encore moins de le reproduire par une illusion humaine. Il faut donc bien penser que le renversement puisse s'opérer et que l'infini lui-même devienne fini, afin que le sujet soit capable de se le donner et plus encore de demeurer en communion avec lui. Mais toute la critique de l'action superstitieuse, c'est-à-dire cette fausse religion, aura servi à démontrer qu'il ne revient pas à l'homme de produire comme il le voudrait et selon ses désirs cette infini fini. C'est bien plutôt à lui de se donner selon la mesure de l'homme, sous les traits d'un médiateur qui puisse dans un mouvement de condescendance venir vers nous et nous «exalter et nous élargir à son immensité»[33]. Blondel réfléchissant à la question de la médiation dit ainsi:
«Peut-être que, destiné à recevoir en lui la vie divine, l'homme eût pu jouer ce rôle de lien universel et suffire à cette médiation créatrice, parce que cette immanence de Dieu en nous serait comme le centre magnétique qui relierait toutes choses, ainsi qu'un faisceau d'aiguilles invisiblement rattachées par un puissant aimant. Mais aussi pour que, malgré tout, la médiation fût totale, permanente, volontaire, (...) peut-être fallait-il un Médiateur qui se rendît patient de cette réalité

---

[31] A (415) 449/441.
[32] A (416) 450/442.
[33] A (418) 452/444.

intégrale et qui fût comme l'*Amen* de l'univers, *testis verus et fidelis qui est principium creaturae Dei*»[34].

En ce sens, la raison reconnaîtra ce à quoi la volonté aspirait sans pouvoir se le donner. Ne pourrait-on dire que l'allégorie de la chouette veillant dans la nuit fonctionne bien pour la philosophie de la religion telle que Blondel la conçoit, puisqu'il y a une attente stimulante et rigoureuse, à la fois. Sa conclusion est d'une admirable simplicité logique et pourtant bouleversante :

«C'était la grande tentation de devenir «comme des dieux»; rêve impossible. Et pourtant il semble donné à l'homme d'opérer un plus merveilleux prodige: pour être, nous devons, nous pouvons faire que Dieu soit pour nous et par nous»[35].

Là, se trouve le terme existentiel et nécessaire pour que la volonté trouve sa plus parfaite adéquation, «en rapportant sa fin à son principe»[36], selon une belle formule du philosophe qui s'impose encore comme un philosophie de la vie de l'action, telle qu'elle se donne à voir dans toutes les manifestations de la Vie qui se dit en elle. A dire vraie cette «critique de la vie», quand elle pense l'action, est d'une force singulière et nous savons combien Blondel nous importe pour comprendre et penser ce qu'il appelle «l'œuvre essentielle de la raison».

Pourtant, quelques lignes avant le renversement du paradigme johannique, Blondel avance que «[…] la foi n'est possible que sous l'espèce d'une lettre définie et par l'efficacité d'une soumission pratique» et que «le véritable infini ne saurait être immanent que dans l'action». Mais il n'en reste pas moins que «c'est donc une nécessité que cette action soit elle-même l'objet d'un précepte positif, et qu'elle parte, non plus du mouvement de notre nature, mais de l'ordre divin». Blonde évoque ainsi une «autorité distincte de nous-mêmes» dont il importe d'en faire l'«aveu». Ainsi, «l'expression de préceptes positifs» et la nécessité de «l'imitation originale du dogme divinement transcrit dans des commandements distincts» font déboucher sur cette proposition que nous rappelons avec une certaine insistance: «Il ne suffit pas qu'ils deviennent le véhicule du transcendant; il faut qu'ils en contiennent la présence réelle et qu'ils en soient la vérité immanente. *Caro Verbum facta.*»

---

[34] A (461) 495/487.
[35] A (421) 455/447.
[36] Idem.

212

ANTON VAN HOOFF

Das Konkrete und das Ganze

Was Blondels »philosophie de l'action« erblicken lässt

I. Das Widerspruchsprinzip im Widerspruch

Maurice Blondel notiert zu seiner Grundeinsicht am 1. März 1886: »Die klassische Vernunft, auf dem Prinzip des Nichtwiderspruchs gegründet, ist wie eine Geometrie der Flächen. Die christliche Philosophie, der echte Mystizismus, auch er in der Vernunft begründet, ist nicht dualistisch, es gibt Dreieinigkeit. Man hat ihr seit Parmenides Zugeständnisse gemacht; man hat die christliche Philosophie vorbereitet, sich aber nicht in ihr eigentliches Zentrum versetzt; man hat die Ausnahme (die zweidimensionale Geometrie) zur Regel gemacht, die Abstraktion (ausschließendes Schlussverfahren) zur eigentlichen Realität«[1]. Einige Jahre später, als er die Arbeit am ersten Entwurf *(»premier brouillon«)* seines Werkes *L'Action* (1893) wegen schulischer Verpflichtungen unterbrechen musste, erwähnt er diese seine Grundidee nochmals: »Wo hätte ich mir gewünscht hinzukommen? Bis hierhin (und könnte ich davon in meiner Dissertation, wenn es sie eines Tages gäbe, doch einiges zeigen): Die peripatetische, scholastische, französische Logik des Nichtwiderspruchs gewiss, sie ist wahr, diese simplistische Logik, und mehr wahr, als sie selbst weiß. Die pantheistische Logik, der Widerspruch, die Dunkelheit, das Geheimnis, das Unbewusste, das Unerkennbare, dies alles zum Deutungsprinzip und zum Gesetz des Denkens erhoben, gewiss, auch dies ist noch die Wahrheit. Aber die Logik des Evangeliums, die Dialektik des heiligen Paulus hat die eine und die andere aufgenommen und indem sie sie aufnimmt, geht sie über beide hinaus. [...] Weil sie vor allem eine Dialektik von Taten [actions] ist, und weil die Tat sich ganz woanders vollzieht als im Bereich der klar abgegrenzten Ideen, ist diese Dialektik von einer Weite, die das Denken nicht zu ermessen vermag«[2].

---

[1] CI 80/97.
[2] In einem Brief an seinen Freund Victor Delbos in: LP, 18. Die hier gleichsam ersehnte Dissertation erschien 1893. Sie hat sich im Nachhinein als Blondels Hauptwerk erwiesen; dessen, zumindest in der damaligen philosophischen Umwelt, mar-

In *L'Action* (1893) wird die hier umrisshaft festgehaltene Grundeinsicht begründet und praktiziert, in *Principe élémentaire* (1900/1903) eigens reflektiert.[3] Blondel wehrt sich gegen eine Seinslehre, welche die Konzepte und das Verfahren der formalen Logik als Seinsgesetze gelten lässt. Die Frage nach dem Stellenwert des Widerspruchs- bzw. Nichtwiderspruchsprinzips spielt hier eine entscheidende Rolle. Auf welcher Ebene, in welcher Region oder Dimension von Wirklichkeit ist das Widersprüchliche anzusiedeln? Es liegt – so Blondel – weder in der Wirklichkeit als solcher vor, gleichsam als ontischer Sachverhalt, noch ist es ein bloßes Konstrukt des abstrakten Denkens. Widersprüchlichkeit ist nirgendwo vorgegeben, sondern es entsteht erst und immer wieder neu aufgrund einer sittlichen Entscheidung des Menschen. Der Widerspruch ist die ethische Qualität einer Tathandlung, die ihrerseits in ihrem Realitätsbestand frei von jeglichem Widerspruch ist. Er ereignet sich als Qualität, wenn die Handlung ihrer als Möglichkeitsbedingung vorgegebenen Wirklichkeit nicht gerecht wird, sie nicht aposteriorisch ver-wirklicht.

Im Hintergrund steht die für Blondel fundamentale Einsicht, dass Wirklichkeit im Ganzen keine Summe, sondern eine Synthese ist. Als solche ereignet sie sich stets aufs Neue in der Tathandlung als konkreter Gestalt dieses umfassenden Ganzen; sie ist dem Konkreten somit immanent. Alle Handlungen kennzeichnet eine je konkrete Realitätsgestalt, weswegen sie sich auch jeweils voneinander unterscheiden. Zugleich jedoch eignet einer jeden Handlung ein universaler Charakter, insofern die Wirklichkeit als Ganzes ihr als eingelöste Bedingungsmöglichkeit jeweils innewohnt. »Die synthetische Einheit jeglicher realen Tatsache umfasst die ganze Welt in sich und beherrscht sie; denn indem sie in der Welt existiert, trägt sie diese auch in sich«[4]. Auch die Handlung, die gewiss ihrer Intention nach, manchmal ebenso ihrer konkreten Gestalt gemäß die Übereinstimmung mit dem sie tragenden Ganzen verweigert, verdankt sich noch

---

kanter Titel bleibt mit Blondels Namen unzertrennlich verbunden: L'Action. Essai d'une critique de la vie et d'une science de la pratique. Paris 1893.

[3] Blondel, Maurice: Principe élémentaire d'une logique de la vie morale, in: Les premiers écrits de Maurice Blondel [II]. Paris 1956. 123–147; Œuvres complètes II. Paris 1997. 367–386 (= Pe); deutsche Übersetzung mit Kommentar, in: Reifenberg, Peter: Verantwortung aus der Letztbestimmung. Maurice Blondels Ansatz zu einer Logik des sittlichen Lebens. Freiburg 2002 (= Freiburger theologische Studien 166). 524–537 (= Pe).

[4] A (95) 129/122.

diesem Ganzen der Wirklichkeit. Sogar in der Verneinung bringt Wirklichkeit als Ganzes die wirkliche Tathandlung hervor. Wenn der Mensch sich demnach so entscheidet, dass seine ethische Absicht die Gewähr und insofern die Bejahung von Seiten der Wirklichkeit verneint, dann geschieht Widerspruch. Dem ethischen Verhalten kommt eine »auto-ontologische« Qualität zu.

Wenn der Widerspruch aus der Dimension des Ethischen einfachhin in die Dimension der ontischen Sachverhalte übertragen wird, dann erliegt man der Versuchung, der das philosophische Denken gerade wegen seines Wirklichkeitsbezugs und seines Wahrheitsanspruchs ständig ausgesetzt ist: die das Denken schlechthin transzendierende konkrete Realität mit den sie bezeichnenden Begriffen und Konzepten gleichzusetzen. Der Ansatz der Ontologie ist von vornherein verfehlt, wenn man – wie Blondel sich ausdrückt – »Substanz und Substantiv« identifiziert[5]. In unserem Zusammenhang besagt dies ein Zweifaches: Zum einen bedürfen wir des unvermeidlichen Wissens um den ethischen Widerspruch. Sollten wir den Unterschied nicht erfassen zwischen einer wirklichkeitsgerechten Tathandlung und einer, die ihrem Ganzen nicht entspricht, sondern es missbraucht, dann wären wir ebenso wenig imstande, Identität, Nichtwiderspruch also, gewahr zu werden. Uns fehlten infolgedessen auch die Idee des Anderen, die Begriffe »Gegensatz« und »Entgegensetzung«[6]. Auf diese Weise wären wir schließlich unfähig, Beziehung oder Dialektik wahrzunehmen. Bliebe es uns Menschen versagt, oder würden wir uns selbst daran hindern, uns in Freiheit – und dies besagt auch: mit gewusstem ethischem Risiko – zur Wirklichkeit ins Verhältnis zu setzen, dann befänden wir uns im Weltganzen wie mitten in einem platten Einerlei.

Zum anderen wären wir genauso blind für »Beziehung« und überhaupt für die dialektischen Prozesse, in denen Wirklichkeit sich ereignet, wenn wir Affirmation und Negation, die die formale Logik

---

[5] Pe (134) 375/530. Vgl. ebd. (135) 376/531: »... c'est l'alliance hybride de la grammaire et de la physique qui engendre une métaphysique frauduleuse et tyrannique: car, d'une part, elle attribue aux modalités phénoménales et aux données sensibles tout ce que les concepts, substantifiés par les mots, ont emprunté à l'être vivant et pensant; d'autre part, ces usurpatrices une fois intronisées imposent leur propre mode comme loi de l'être à l'activité intellectuelle et morale qui seule pourtant devrait mesurer ce qu'elles comportent de vérité ontologique et logique«.

[6] Vgl. Pe (131) 373/528.

aus dem ethischen Widerspruchsgeschehen herleitet, in der Wirklichkeit jenseits des Denkens ansiedeln. Das bzw. der Andere wäre nur als Negation, somit als Nicht-Ich aus der Perspektive des Ich denkbar. Wirklichkeit lässt sich aber als alles umfassende Bezogenheit begreifen, wenn sie als umfassendes Differenzgeschehen betrachtet werden kann. Die Bedingung dafür ist jedoch, dass Identität einerseits und Nicht-Identität andererseits sich »in Wirklichkeit« nicht gegenseitig ausschließen wie Affirmation und Negation, sondern ständig neu zueinander vermittelt werden. Und diese Vermittlung verdankt sich nicht der Wirkmächtigkeit des reinen Denkens. Das Geschehen von Wirklichkeit durchläuft unablässig alle Abstufungen zwischen gedachter absoluter Identität und gedachter absoluter Nicht-Identität. »Die Zusammenhänge [rapports – nicht relations] der Ideen lösen sich durch das Ja oder das Nein. Und damit ist alles gesagt. Es ist wie eine Geometrie der Flächen, in der zwei Linien sich in einem einzigen Punkt schneiden. Die wirklichen Beziehungen [relations] sind bis ins Unendliche organisch; ständig werden sie absolut sicher zurückgeprallt und integriert«[7]. Wenn das Widerspruchsprinzip zu allgemeingültigem ontologischem Gesetz erhoben, die konkrete Wirklichkeit in dieses abstrakte Raster hineingezwungen wird, dann entziehen sich sowohl die Dialektik der Wirklichkeit als Ganzes als auch die innere ereignishafte Logik sittlichen Handelns unserer Einsicht[8].

Die Tragweite des Widerspruchs als ethischen Geschehens stellt Blondel entschieden heraus. Genauso klar und deutlich markiert er die Grenzen des Widerspruchs als eines logischen Prinzips. Die Sicht auf Wirklichkeit, die ihn dazu antreibt, ist bereits angeklungen. »Im Unterschied zur abstrakten Wissenschaft des Denkens, welche die Ideen isoliert und durch Einschluss oder völligen Ausschluss vorgeht, versöhnt die konkrete Wirklichkeit des Lebens die gegensätzlichen Aspekte fortwährend. Was vom spekulativen Gesichtspunkt aus nicht zusammengeht und formal widersprüchlich ist, vereinigt sich faktisch so, dass sich neue Synthesen bilden, die sich von ihren Elementen un-

---

[7] Pe (139) 380/533.
[8] Vgl. Pe (135) 376f./531: »... s'il est vrai que le principe de contradiction est extrait de la vie, qu'on ne le dénature pas en l'isolant et l'érigeant en norme *a priori* d'une réalité qui ne rentre plus en lui. Quand donc on veut soumettre absolument le concret à cette loi ainsi désséchée et rétrécie, il n'est pas surprenant que ... on se heurte à l'impossibilité d'une dialectique réelle ou d'une logique morale.«

terscheiden«[9]. Die ›action‹ als Handlung, Tathandlung, Tat und Ereignis zeichnet sich eben durch eine effektive synthetische Kraft aus, die Blondel mit »vinculum« andeutet, eine Kraft indes, die kein Element neben oder mit den anderen Elementen der Synthese ist. Die konkrete Tat ist das »zugelassene Dritte«, das allem Widersprüchlichen vorausliegt, es in sich birgt, ohne dass Bejahung und Verneinung sich darin gegenseitig vernichten. Auf diese Weise ist die Denkbarkeit des Widerspruchs erst begründet.

Die klassische Metaphysik betrachtet das »agere«, das Wirken oder Handeln aus der Perspektive des »esse«, des Seins, wie Sein auch immer zu denken ist. Ausgangspunkt, dort, wo das Denken sich in seinem Schwung festmacht, ist dabei die in sich feststehende Substanz. Infolge der in der Wesensart der Substanz als grund- und festgelegt gedachten aktiven Möglichkeiten übt sie von sich her eine Wirkung auf Anderes aus, wobei auch das Andere wiederum als Substanz gedacht wird. So gesehen kann die Beziehung lediglich als eine Art Zutat in den Blick kommen, als »seinsschwächstes Akzidenz«[10]. Zwei in ihrer konstituierten Seinsfülle bereits ausgewiesenen Substanzen wird sie gleichsam nachträglich hinzugefügt, ohne dass sie deren Seinsgestalt mitzubestimmen oder gar zu ändern vermag.

Blondel, gerade 21 Jahre alt geworden, hält seine ursprüngliche Sichtweise in der so genannten *première notule* fest, der Urzelle von *L'Action* (1893).[11] Er dreht die Perspektive um: Das »esse« erscheint nunmehr im Blickwinkel des »agere«. Der innere Bestand der je einzelnen Wirklichkeit ist nicht zu erfassen, wenn wir jede an und für sich betrachten, losgelöst vom lebendigen, ständig agierenden Gefüge, in dem es beheimatet ist. Alles, was ist, ist, was es ist. Zugleich wird es dies auch fortwährend, und zwar so, dass es seine Eigenheit in diesem mit dem Ganzen der Wirklichkeit gemeinsamen Werdegang zum Vorschein bringt. Was da erscheint, ist ein Eigenes, indem es vom Anderen her ist; es ist nur vom Anderen her, indem es von sich her Eigenes

[9] A (472) 506/496.
[10] Hemmerle, Klaus: Thesen zu einer trinitarischen Ontologie. Einsiedeln 1976 (= Kriterien 40). 38 = ders.: Ausgewählte Schriften 2: Unterwegs mit dem dreieinen Gott. Freiburg 1996. 141.
[11] Vgl. dazu die gründliche Monographie von D'Agostino, Simone: Dall'atto all'azione. Blondel e Aristotele nel progetto de »L'Action« (1893). Rom 1999 (= Analecta gregoriana 279). 15–40.

ist. Das maßgebende Lexikon der französischen Philosophen, das mit dem Namen seines Herausgebers André Lalande bezeichnet wird, enthält diesbezüglich eine Bemerkung Blondels: »In allen Wissenschaften strebt man danach, die *wesenhafte* oder *reale* Definition durch die Definition *per generationem* zu ersetzen. Das *fieri* erklärt das *esse*, weil es ›das, was ist‹, verstehen lässt durch die Gesetzlichkeit des Entwicklungsgangs. Sie ermöglicht es, die Möglichkeit ›dessen, was ist‹ in den Blick zu bekommen, dessen Wirklichkeit zu rekonstruieren, dessen Ergiebigkeit zu reproduzieren oder zu vermehren«[12].

Eine Philosophie, die dem ständigen Austausch Rechnung trägt, die jede einzelne Wirklichkeit in ihrer unablässigen Dialektik zwischen dem, was sie ist, und dem, was sie zugleich nicht ist, zu erfassen sucht, die diesen Werdegang und diese Dialektik nicht als Einzelgeschehen der abstrakt isolierten Substanz betrachtet, sondern als Selbstwerdung in fortwährender Integration – eine solche Philosophie muss nach Blondel bei der ›action‹ ansetzen. ›Action‹ bezeichnet dann sowohl die einzelne Tätigkeit, vor allem die menschliche Tathandlung, als auch das Agieren alles Wirklichen überhaupt. Die Philosophie begibt sich in das hinein, was sich als ›Zwischen‹ (das Wort ›Zwischenbereich‹ trifft hier nicht zu) abspielt, als Zwischen der jeweiligen Wirklichkeit zu sich selbst, das zugleich Zwischen ist zu Wirklichkeit überhaupt. »Die Tat ist das ›Zwischen-Beide‹ [entre-deux] und gleichsam der Durchgang, durch den die Wirkursache, die erst nur die Idee der Finalursache hat, *intellectu et appetitu*, die Finalursache erreicht, die sich ihrerseits nach und nach der Wirkursache einverleibt, um ihr die Vollkommenheit mitzuteilen, der sie nachstrebte, *re*. Sie scheint uns zu erschöpfen; sie erfüllt uns. Aber, was so aus unserem intimsten Grund hervorfließt, führt uns zu, was außerhalb wie ein zu erlangendes Ziel ist, und macht immanent die gesamte Reihenfolge von Mitteln, denen entlang wir von unserem Grundansatz [principe] zu unserem Zielpunkt streben«[13].

---

[12] »Observation« in: Lalande, André (Hg.): Vocabulaire technique et critique de la philosophie. Paris 1992, Bd. I. 211. In einem Brief, der ebenfalls in diesem Lexikon veröffentlicht ist (Bd. II. 1232), schreibt Blondel: »... dieses ständige fieri, das jedes Gleichgewicht in uns zerschlägt und die Unruhe zur normalen Verfassung eines jeden Menschen macht.« Vgl. Soutenance, 723.
[13] A (468) 502/492 f.; vgl. Soutenance, 707.

Wenn Relation nicht bloß als gedachtes Verhältnis zwischen in sich stehenden Einzelwirklichkeiten, zwischen abstrakt isolierten, selbstgenügsamen Substanzen aufgefasst wird, sondern wahrhaft als Vollzug, Leben, Aktualität und sie sich folglich als eigene Wirklichkeitsgestalt von ihren jeweiligen »Bezugspolen« abhebt, dann ist Beziehung genau dieses vor reiner Tätigkeit pulsierende Zwischen. Beziehung im Vollzug – denn nur so ist sie wirklich und soll sie in den Blick genommen werden – ist »action«. Dass in der »action« alles Wirkliche nur als Konkretes existiert, davon lässt sich nicht mehr abstrahieren. Die wesenseigene Anfechtung des Denkens, zu wuchern gegen den Preis der »Individualitätsvergessenheit« (Hans Urs von Balthasar), ist von vornherein überwunden[14].

Was als Erstes ins Auge fällt, ist gerade nicht die Zweipoligkeit der Beziehung, sondern ihre einende Kraft, durch die den einzelnen aufeinander bezogenen Realitäten erst Seins-Stand zukommt. Das Merkmal, das das Zwischen, die Beziehung, d.h. wiederum die »action«, schlechthin auszeichnet, ist Synthese zu sein. Dies ist schließlich nicht statisch oder gar als Addition substantivisch zu verstehen. Denn das Hauptwort der »philosophie de l'action«, die sich im Zwischen aufhält, ist nicht mehr das Substantiv, sondern das Verbum. Sie befasst sich primär mit alldem, was in dem Geschehen, in den Vollzügen und Vorgängen erscheint und wie dies alles erscheint[15]. Das Zwischen, somit auch das Konkrete, gerät außer Sichtweite, wenn das abstrahierende Denken das logische Prinzip des Widerspruchs zum ontologischen Prinzip kürt und dem Widerspruch selbst einen ontischen Charakter beimisst. Es lassen sich dann weder die »action« noch die Beziehung im Vollzug denken, obwohl gerade sie die einzige Weise sind, in der Wirklichkeit ›wirklich‹ ist, d.h. sich ereignet oder ›ver-wirklicht‹. Ebenweil dies das Konkrete ist, dürfen wir die statisch anmutenden Begriffe ›Wirklichkeit‹ oder ›réalité‹ nur verstehen in der Weise von »Ver-wirklichung« und »réalisation«. So können wir gewahr werden, dass alle Wirklichkeit Beziehung ist und ebenso nur als Beziehungsgeflecht von Beziehungen gedacht werden kann. Die Wirklichkeit »besteht aus der Synthese von vielfältigen Beziehungen, welche die stets diskursive Reflexion analysiert und welche hinsichtlich ihrer höchsten Wahrheit eine Intuition ausdrückt, die ihre Zielursa-

---

[14] Vgl. Disse, Jörg: Metaphysik der Singularität. Eine Hinführung am Leitfaden der Philosophie Hans Urs von Balthasars. Wien 1996 (= Philosophische Theologie 7).
[15] Siehe für diese Formulierung: Hemmerle, Klaus: Thesen (Anm. 10), 39 f. = 141 f.

che und ihr Sinn [raison d'être] ist«[16]. Die gesteigerte Abstraktion in zweiter Potenz, die der ontologische Missbrauch des Widerspruchsprinzips dem philosophischen Denken abverlangt, zwingt zu einem solchen Abstand vom Konkreten weg, dass »action«, Beziehung, als das Wirkliche von Wirklichkeit aus dem reflexiven Blickfeld verschwindet.

II. Sein als Gegebenes und Gebendes

Wo fängt die Philosophie ihren Diskurs an? Wo liegt ihr unmittelbarer Ausgangspunkt? Ihn außerhalb des Umfeldes der Erkenntnis finden zu wollen, käme einem Selbstbetrug gleich. Wenn ich etwas als Ausgangspunkt betrachte, erkenne ich es ja bereits. Und die inhaltliche Beschaffenheit jedweder Erkenntnis kann noch auf den Akt selbst des Erkennens überstiegen werden. Die Frage nach dem Ganzen von Wirklichkeit hat somit beim konkreten Akt des Erkennens anzusetzen. Dies besagt jedoch nicht, dass wir deshalb vom Menschen, von uns selbst ausgehen. Zwar ist es der Mensch, der erkennt – die Erkenntnis ist eine Tathandlung, die er setzt –, aber zugleich verdankt sich diese Tat auch dem, was erkannt wird. Wir begreifen Wirklichkeit nicht in der Weise, wie wir unsere Hand ausstrecken, um einen Stein von der Erde zu heben. Erkenntnis ist nicht einzig und allein auf die Mächtigkeit des menschlichen Geistes zurückzuführen. Es ereignet sich viel mehr[17].

Ebenso kann nicht die Beziehung zwischen dem erkennenden Subjekt und dem erkannten Objekt als vorrangig gelten. Erkenntnis fängt nicht mit dieser Beziehung an, sondern sie führt erst dorthin, insofern die Gewahrwerdung der Beziehung das Ergebnis der Erkenntnis ist. Ich kann mich nur dann von etwas unterscheiden, wenn ich dies zuvor bereits gesichtet, erfasst habe. Der Mensch als Subjekt und das Et-

---

[16] Point, 566. Dazu: Grätzel, Stephan/Reifenberg, Peter (Hg.): Ausgangspunkt und Ziel des Philosophierens. Akademietagung zum 100jährigen Gedenken an »Le Point de départ de la recherche philosophique (1906) von Maurice Blondel. London 2007 (= Schriftenreihe der Internationalen Maurice-Blondel-Forschungsstelle für Religionsphilosophie der Johannes Gutenberg-Universität Mainz 3).

[17] Vgl. van Hooff, Anton E.: Verandert Waarheid? Over de zin van traditie, in: Derkse, W. (Hg.): Verandert waarheid? Reflecties over vorm en inhoud van het waarheidsbegrip. Kampen 1993.

was als Objekt werden durch die Beziehung in ihrem Vollzug als gegenseitig zugeordnete Pole dieser Beziehung, als Subjekt wie Objekt der Erkenntnis, konstituiert. Zu einem Objekt verhalte ich mich nach einem Erkenntnisakt, nicht vor ihm, obwohl ich das, was im Erkennen geschieht, nur reflexiv, also nachträglich zu beschreiben vermag. Beziehung im Vollzug ist der Erkenntnisakt als Tathandlung. Sie ist das »Dritte« (und eigentlich das Erste überhaupt), das ein Verhältnis zu etwas ermöglicht, das die Spannung zwischen Identität und Differenz (ich unterscheide mich von dem, womit ich zugleich erkennend einig bin) in die Welt setzt. Identität einerseits und Differenz andererseits bilden hier keinen Widerspruch; sie sind einander auf solche Weise konträr, dass sie nur zusammen bestehen können. Worin besteht nun der Beitrag, den das Objekt dem Erkenntnisvorgang beisteuert? Der Erkennende und das Erkannte legen ihre jeweiligen Anteile nicht so zusammen, dass beide jeweils für seinen eigenen Teil des Ganzen aufkämen. Wie der Erkenntnisakt ganz vom Geiste abhängt, so ist ebenfalls das Objekt Bedingung schlechthin. Und mehr noch: Es hängt vom Objekt ab, dass die Erkenntnis vom Geiste abhängt, wie es vom Geiste abhängt, dass die Erkenntnis auch ganz vom Objekt abhängt. Wir stellen uns die Erkenntnis zwar als Aktivität des Geistes vor, aber darin vollzieht der Geist seine ihn zutiefst auszeichnende Empfänglichkeit. Erkenntnis ist nicht als machtvoll ausgreifende Ausweitung des Geistes zu verstehen. Ohne diesen Wesenszug des Geistes, für alles Wirkliche uneingeschränkt offen zu sein und sich ihm auszusetzen oder anheimzustellen, käme keine Erkenntnis zustande. Die Aktivität des Geistes ist grundsätzlich ein Akt der Hingabe. Er kann sich das Objekt nur dann aneignen, wenn er aus sich heraustritt, sich selbst in diesem Sinne »auf-gibt«, um sich dem Objekt gleich zu gestalten. Ähnliches gilt für das Erkenntnisobjekt. Seine Offenheit auf den Geist hin – so doch ist die Intelligibilität zu umschreiben – motiviert den Geist, sich ihm hinzugeben. Das Wirkliche gibt sich zu erkennen; dies ist sein Akt. Zugleich jedoch, im gleichen Vollzug, deshalb nicht nacheinander, sondern in ein und demselben Akt bewegt auch der Geist das Objekt, sich in seiner grundsätzlichen Offenheit auf den Geist einzulassen. Deshalb bedingen beide einander. Ihre gegenseitigen Bedingungen werden in einem einzigen Vollzug der gegenseitigen Hingabe eingelöst. Der Erkenntnisakt ist deshalb nicht als monokausal zu betrachten; ihm eignet vielmehr eine »Mehrursprünglichkeit«[18], die sich nicht in zwei getrennte

Geschehnisse dividieren lässt. Der Erkenntnisvorgang soll somit nicht von hinten, von der tatsächlichen Erkenntnis als Beziehung zwischen Subjekt und Objekt aufgerollt werden. Vielmehr muss man sich in das Geschehen selbst hineinwagen, es mitgehen, weil man nur so zu Gesicht bekommt, was sich tatsächlich ereignet. Charakteristisch für diese Sichtweise ist das Tat-Wort, das auf die Tathandlung selbst abhebt, nicht aber einzelne Substantiva, mit denen die Pole der sich ereigneten Erkenntnis angedeutet werden. Das Tatgeschehen enthüllt sich als ein mehrursprüngliches Ereignis, das wir nur anthropomorph als reziprokes Geben umschreiben können. So geschieht Beziehung. Zu bedenken ist ebenso, dass sich das gleiche Geschehen abspielt, wenn wir uns in der Reflexion mit dem Erkenntnisvorgang befassen. Der Vorgang des Erkennens gründet somit in der gegenseitigen Überbietung von Subjekt und Objekt, einer Überbietung indes, die keinen statischen Charakter hat; sie zeigt sich einzig und allein im gemeinsamen Geschehen. Können wir nun diese Art der Überbietung näher bestimmen?

Wenn der Geist sich öffnet, trifft er auf konkrete Wirklichkeiten, die nicht der Erkenntnisakt selbst hervorgebracht hat. Er wird mit ihnen konfrontiert; sie sind einfach da; sie liegen vor oder – wie die Sprache es tiefgründig ausdrückt – sie sind dem Erkennen vorgegeben. Um sein Bedürfnis nach Erkenntnis zu stillen, kann der Geist nicht wie ein Jäger erst selber die Kaninchen aussetzen, um sie nachher zu jagen und wieder einzusammeln. Insofern sie in der vom konkreten Handeln mitgestalteten Wirklichkeit je schon da sind, transzendieren sie den Geist uneinholbar. Zu behaupten, sie transzendieren ins Unendliche, ist keine Übertreibung. Der Geist steht hier vor einer Grenze, der er sich nie zu entziehen vermag. An diese Grenze leuchtet hervor, was nicht nur für die einzelnen Realitäten gilt, sondern für die Wirklichkeit im Ganzen, was somit auch für den Geist selbst und für den Menschen zutrifft. Das, worin die gesamte Wirklichkeit, worin alles mit allem übereinkommt, ist die unverkennbare Tat-Sache, dass sie da sind. Wir haben mit einem solchen »Vor-Gegebenen« zu tun, hinter das wir nicht zurücksteigen können, das sich weder vermitteln lässt noch der Vermittlung bedarf. In unserer Sprache bezeichnen wir sie mit einigen Wörtern, die zu denken geben. Alles, was einfach da ist,

---

[18] Dieser Begriff stammt von Klaus Hemmerle; siehe dazu ders.: Thesen (Anm. 10), 41–44 = 142–144.

nennen wir unterschiedslos: Faktum, Datum oder Positum. Im Deutschen sprechen wir auch von Tatsache oder, noch klarer, von Gegebenheit. Die lateinischen Bezeichnungen sind allesamt Tatwortformen. Das, was Wirklichkeit zutiefst ist, lässt sich eben nur mit dem Tatwort umschreiben; es ist ja Geschehen, Ereignis, Vorgang. In einem ist auf diese Weise ins Wort gefasst, dass konkrete Wirklichkeit überhaupt nicht Urheber ihrer selbst ist. Weder gibt sie sich selbst, noch tut sie sich selbst, noch setzt sie sich selbst. Somit trägt der ureigenste Akt von Wirklichkeit – dass sie da ist – einen Verweis in sich, der eine Art von Jenseits von jedweder konkreten Wirklichkeit suggeriert. Es handelt sich um etwas höchst Philosophisches, das schon manche thrakischen Mägde zum Lachen gebracht hat: die ontologische Differenz zwischen Sein und Seiendem.

Auch wenn zwischen dem Sein und den Seienden eine reale Differenz waltet, wir Sein unterschieden von den Seienden benennen können, so besagt dies noch nicht, wir könnten das Sein hypostasieren, es als ein Gestaltloses auffassen, das sich jenseits des Gesamts der Seienden aufhielte und das wir dennoch – heimlich – uns in der Weise eines Seienden vorzustellen versuchen. Somit gerieten wir aus dem Geschehen selbst heraus, das das Tatwort ausdrückt; wir würden Sein als die Tätigkeit eines in sich konstituierten, gar substantivierten ›Wesens‹ betrachten. Sein und Seiendes, somit Wirklichkeit im Ganzen gibt es als Ereignis, als Vorgang des Gebens. Weil Sein und Seiendes nur zu geben vermögen, insofern Sein und Seiendes gegeben ›ist‹, so ist das Seinsgeschehen ein einziger Vorgang des Sich-Gebens. Die Grundbewegung von Wirklichkeit überhaupt, die jedem konkreten Vorgang zugrunde liegt, sich so ereignet und in Erscheinung tritt, ist die des Sich-Gebens. Einzige Herkunft der Gabe ist das Sich-Geben selbst. Wirklichkeit gibt sich und wird zugleich gegeben. Und sie gibt sich, sie wird sich gegeben aus keinem anderen Anlass oder Grund, als dass sie sich gibt und gegeben wird. Das Erste und zugleich das Tiefste, das wir von ihr sagen können, ist, dass sie Faktum, Datum, Positum ist. Wichtig ist hier nicht das ›es‹ als solches, das gibt und gegeben wird, sondern der Vorgang selbst des Sich-Gebens, in dem das ›es‹ sich sowohl als gebende Gabe wie als gegebene Gabe erweist.

Blondel fasst diese Überlegungen folgendermaßen zusammen: »Erkennen besagt also nicht, erkennbare Wesenheiten wie in einem passiven Spiegel bloß zu reflektieren. Es besagt vielmehr, in den von außen erfassten Dingen ein Innenleben gelten zu lassen [restituer], sie weniger als Denkobjekte und Gattungstypen zu betrachten, sondern als Subjekte von jeweils eigenen und konkreten Wirkungen [actions]. Auf diese Weise dürfte einleuchten, wie die Sichtweise auf das Erkenntnisproblem sich auswirkt auf den Sinn, den man dem Wort Sein beimessen muss, wie auf die Definition der Existenz selbst. Zu dem Aspekt, unter dem die Wirklichkeit als ein intellektuelles *Gegebenes [donné]* und als eine Ursache von festgelegten Vorstellungen erscheint, kommt zu seiner Vervollständigung der Aspekt hinzu, unter dem die Wirklichkeit erscheint als ein ständig *Gebendes [donnant]*, als ein Grund von Aktivität. Man macht sich damit nur vertraut, wenn man selbst handelt und nur analog zur action erkennt«[19].

Mit einem Hinweis auf die Grammatik ist zu sagen, dass die primäre Erscheinungsform von Wirklichkeit der Dativ ist. Der Dativ begründet den Nominativ des souverän handelnden Subjekts wie den Akkusativ des Objekts. Er bleibt ihr ständiges Vorzeichen und bringt zum Ausdruck, dass Reziprozität oder wechselseitige Beziehung, wechselseitiges Geben Grundeigenschaft von Wirklichkeit ist. Alles, was ist, erscheint zutiefst in der Weise des Dativs: das Ich in der Beziehungsgestalt des Mir, das Du in der Beziehungsgestalt des Dir. Was wir vielfach in der Sprache des Personalen ausdrücken, gilt für das Gesamt des Wirklichen. Das Sein als Ausdruck dieses Gesamten, als Synthese ist mir so vollständig gegeben, dass die Gabe als solche sich nicht realiter von dem unterscheidet, dem gegeben worden ist. Beide, die Gabe und der Adressat der Gabe, sind völlig identisch. Wegen des reziproken Charakters drängt das Sein über jedes Seiende, d.h. über das und dem gegeben wird, hinaus. Der Selbstvollzug, jene Geste, in der ich als Gabe mich als ebendiese Gabe übernehme, kann sich nur als Weiter-Gabe ereignen[20]. Dies heißt schließlich Selbstgabe oder Weg-Gabe, weil eine Gabe, die nicht total gegeben wird, aufhört, Gabe zu

---

[19] Mallet, François (= M. Blondel): La philosophie de l'action, in: Revue de philosophie 6 (1906) 244.
[20] Vgl. A (102) 136/128: »... loin d'être un simple *épiphénomène* ou un duplicata des phénomènes physiques ou physiologiques, l'acte de conscience recèle et concentre tout le milieu dont il s'est nourri, – c'est une réceptivité universelle; il a un degré de réalité et de précision supérieur aux objects des sciences positives qui n'existeraient pas sans lui, – c'est une originalité radicale.« Die in ihrer ganzen Konkretheit aktive Reziprozität zwischen dem erkennenden Menschen und jedweder Wirklichkeit bildet im Schlusskapitel von *L'Action* (1893) die Grundlage für die Überlegungen zu »toutes les conditions indispensables à l'existence des choses«. Siehe A (454–465) 488–499/480–491.

sein. In der Weggabe, die das Selbst aktiv konstituiert, indem das Selbst sich gleichzeitig auch negiert, somit vernichtet, eröffnet sich der Raum für das Andere als das Nicht-Selbst bzw. das Nicht-Ich. Weil dies im Vollzug der Weggabe geschieht, kann das Andere nicht bloß im Modus des Selbst oder des Ich gedacht werden. Anderes Wirkliches wird so erst recht in seiner unausweichlichen Einmaligkeit wahrgenommen, eben als Konkretes, das sich der Verfremdung durch die Kategorien des Selbst, des Ich wie auch durch die Ideen des Allgemeinen widersetzt. Denn die Nichtigkeit (Nicht-Ich) ist nicht auf Seiten des Anderen anzusiedeln, sondern sie ereignet sich in der Selbst- und Weggabe als Vollzug des Selbst. Dies ist wohl die Bedeutung, die Blondel dem »Opfer« (sacrifice), der »Abtötung« (mortification), der »Aufhebung« (suppression), dem »Verzicht« (abnégation), der »Substitution« oder dem »Austauschen« (supplanter) beimisst[21]. Das Selbst, dass sich konstituiert, indem es sich gibt, empfängt sich selbst von jenem Anderen her[22]. Insofern gründet diese Beziehung der Weggabe nicht in dem, der gibt, sondern in dem Nicht-Ich, dem gegeben wird. Der, dem gegeben wird, transzendiert den Gebenden. Der bekannte Ausdruck »der Andere seiner selbst« ist deshalb vom Anderen her zu deuten, nicht jedoch ausgehend von der gedachten Konstituiertheit des Selbst. Der Gebende verhält sich dem gegenüber, dem gegeben wird, auch im Dativ. Weil er je schon Dativ ist, deshalb kann er erst Subjekt sein. Darin enthüllt sich die Reziprozität von Wirklichkeit überhaupt. In personalen Kategorien ausgedrückt: Das Wir tritt nicht als additives Ergebnis des Verhältnisses zwischen Ich und Du in den Blick, sondern als das reale »Dritte«, das beide in ihrem gegebenen und gebenden Selbstsein erst begründet. Aber der Gabe eignet nicht bloß dieses Merkmal der Entäußerung. Sie könnte sich genauso wenig vollziehen, wenn sie nicht umsonst und deshalb frei wäre. Das Geschehen von Wirklichkeit im Ganzen wie jeder einzelne personale Selbstvollzug zeichnen sich grundsätzlich aus durch Gratuität, durch Liberalität, durch Freiheit. Freiheit, wie Blondel sie versteht, ist kein Zustand, in dem der Einzelne sich

---

[21] Vgl. A (374–388) 408–422/399–413.
[22] Vgl. A (XXIV) 32/22: »Je n'ai rien que je n'aie reçu; et pourtant il faut en même temps que tout surgisse de moi, même l'être que j'ai reçu et qui me semble imposé; il faut, quoi que je fasse et quoi que je subisse, que je sanctionne cet être et que je l'engendre pour ainsi dire à nouveau par une adhésion personnelle, sans que jamais ma plus sincère liberté le désavoue.«

für seine »autonome«, d.h. selbstherrliche, »action« entscheidet. Wenn Wirklichkeit im Ganzen »action«, ständig tätiger Vollzug von Beziehungen ist, dann ist auch die Freiheit einerseits selbst als »action« aufzufassen, die andererseits aus der »action« des Ganzen hervorgeht und sich durch ihren Vollzug auch wieder in diese einfügt[23]. Die Gabe geht demnach sowohl aus Freiheit hervor, wie sie auch durch sich selbst Freiheit gewährt. Somit ermöglicht die Gabe es selbst, sie in Weitergabe oder Weggabe zu empfangen oder nicht. Sie lässt frei, wobei auch die Verweigerung dieser Freiheit, indem keine Weitergabe sich ereignet, noch von der Gewähr der Freiheit zehrt. Die Gabe als Freiheit bietet erst die reale Möglichkeit, die Freiheit zu verwirken, was wiederum eine freie Tathandlung ist. Deshalb zeigt sich die vorher erörterte Reziprozität als ein asymmetrisches Verhältnis. Indem die Gabe sich gibt, gewährt sie eine solche abgründige Freiheit, dass die Entsprechung der Gabe nicht erzwungen werden kann. Genau an diesem Punkt gebärdet sich das umfassende Wirklichkeitsgeschehen für den Menschen als Moralität. Hier ereignet sich der konkrete Widerspruch, weswegen er erst abstrakt gedacht werden kann.

Ich komme zur Schlussbetrachtung, die aus Anlass des 150. Geburtstages von Blondel den Grundsätzen eines guten Stils gemäß etwas überladen ist:

Peter Henrici hat vor gut 50 Jahren dargelegt, dass Blondels Denken, eine »kopernikanische Wende« von philosophiehistorischem Ausmaß bedeutet, die zugleich »eine Revolution in der Geschichte der französischen Philosophie« darstellt[24]. Diese Feststellung bejahe ich vorbehaltlos. Zugleich bin ich davon überzeugt, dass die von Blondel herbeigeführte Wende sehr viel weiter reicht, einen noch größeren historischen Rahmen umfasst. Hat Blondel nicht letztendlich mit der abendländischen Deutung des Satzes von Parmenides gebrochen, indem er zeigt, dass Sein und Denken zwar zusammengehö-

---

[23] Vgl. A (125) 159/152: »La liberté n'est pas, ainsi qu'on l'a trop souvent représentée et bien à tort, comme un simple pouvoir arbitral, toujours maitresse de prêter ou de refuser la médiation de la raison; elle est issue du dynamisme de l'action spontanée, c'est pour cela qu'elle tend nécessairement au dynamisme de l'action réfléchie. En cela elle porte la marque indélébile de son origine, et continue en quelque sorte le mouvement, d'ailleurs accepté et légitimé, du déterminisme.«

[24] Glaubensleben und kritische Vernunft als Grundkräfte der Metaphysik des jungen Blondel, in: Gregorianum 45 (1964) 689–738, ebd. 702.

ren[25], im vollendeten Denken gar identisch sind, dass es aber nicht das rational abstrakte Denken an und für sich ist, dem solches zu verdanken ist? Insofern Sein dem Denken kein abgehobenes, gleichsam »objektives« Gegenüber ist, sondern einzig und allein als Konkretes, im ganzen Wirrwarr des Konkreten vorgegeben ist, dieses Konkrete seinerseits aus dem gemeinsamen, aber je verschiedenen Agieren von Mensch und Wirklichkeit unaufhaltsam neu hervorgeht – und zu die-

---

[25] Siehe das Lehrgedicht des Parmenides in: Diels, H.: Parmenides Lehrgedicht mit einem Anhang über griechische Türen und Schlösser. Sankt Augustin ²2003 (= International Pre-Platonic Studies 3), 33 (sub 5): »Denn [das Seiende] denken und sein ist dasselbe«. Jaap Mansfeld übersetzt: »denn dass man es erkennt, ist dasselbe, wie dass es ist«, in: Mansfeld, Jaap: Die Vorsokratiker I. Milesier, Pythagoreer, Xenophanes, Heraklit, Parmenides. Griechisch/Deutsch. Stuttgart 2005 (= Reclam 7965). 317 (sub 7). Die exakte Bedeutung dieses Satzes ist Gegenstand ständiger Forschung und Diskussion. Siehe dazu die Abhandlungen von Gadamer, Hans-Georg: Das Lehrgedicht des Parmenides, in: ders.: Griechische Philosophie II (= Gesammelte Werke 6). Tübingen 1999. 30–57; ders.: Parmenides oder das Diesseits des Seins, in: ders.: Griechische Philosophie III (= Gesammelte Werke 7). Tübingen 1999. 3–31; Theunissen, Michael: Die Zeitvergessenheit der Metaphysik. Zum Streit um Parmenides, Fr. 8. 5–6a, in: ders.: Negative Theologie der Zeit (= Suhrkamp Taschenbuch Wissenschaft 938). Frankfurt/M. 1991. 89–130.
Im Rahmen meines Beitrages erhält die Schlussfolgerung Theunissens einen bestätigenden Charakter: »Ich denke, dass das beigebrachte Material zu dieser Konklusion nötigt. Parmenides leugnet nicht nur die Realität der fließenden Zeit; er leugnet auch und vor allem die Zeit der fließenden Realität, die zeitlich verfasste, lebendige, unabgeschlossene Realität selbst und im ganzen. [...] Denn dass Parmenides über die konstitutive Kraft des Denkens, von der er ausgeht, so leicht hinweggehen kann, ist in seiner Blindheit für die eigene Realität des Erkennens begründet. Die Vergessenheit von Zeit und Raum und die Selbstvergessenheit des Denkens wurzeln beide in Realitätsvergessenheit.« Siehe auch: Picht, Georg: Von der Zeit (= G. Picht. Vorlesungen und Schriften). Stuttgart 1999. 619: »Die Worte ›Wahrheit = Sein‹ bezeichnen die Ausgangsposition der griechischen Philosophie; sie wurde von Parmenides entdeckt. Man kann Anaxagoras, Platon und Aristoteles als Kommentare zum Lehrgedicht des Parmenides lesen. Ihre Philosophien sind nichts anderes als ein Versuch zu verstehen, was in der Entdeckung des Parmenides enthalten ist. Das wichtigste Element in der Formel ›Wahrheit = Sein‹ ist das Gleichheitszeichen. Es bezeichnet die Einheit, die die Welt zusammenhält. Die Philosophie hat später diese Einheit das ›Prinzip der Identität‹ genannt. Unter ›Prinzip‹ versteht man nicht mehr wie die Griechen die archè, das heißt den Ursprung des Seins und der Wahrheit, man macht vielmehr aus dem Prinzip einen ›Grundsatz‹. Damit ist dann das ›Prinzip‹ der Identität zu einer Grundregel des Denkens geworden, von der man gewöhnlich nur in ihrer negativen Formulierung als ›Satz vom Widerspruch‹ Gebrauch macht. Aber in der griechischen Philosophie bezeichnet das Gleichheitszeichen nicht eine Regel des Denkens, sondern die wirkliche Einheit, in der alles ruht, von dem wir, in welchem Sinne auch immer, sagen können, dass es ist. Da auch das Denken und das Gedachte *ist,* muss sich das Denken in diese Einheit fügen.‹ Für Blondel verweist das Gleichheitszeichen auf die ›action‹ in ihrer umfassendsten Bedeutung.

sem Agieren gehört auch das Erkennen selbst –, deshalb entbirgt sich Sein dem Denken in der umfassenden »action« und in der Weise der »action«. Bei aller Eigengesetzlichkeit des Denkens bestimmt dennoch die »action« seine Bahn[26]. Schließlich weist das Handeln dem Denken gegenüber einen entscheidenden Überschuss auf. Der eigene Ablauf des Denkens ist der der Analyse und der Summe der aufgedeckten Elemente, während die »action« – für das Denken uneinholbar – Einheit und Synthese ist, die alle »Elemente«, alle »Substanzen« in ihrem Wirklichsein begründet. Daher Blondels oft wiederholte axiomatische Aussagen: Zum einen ist die Idee, ist der Begriff von »action« nie mit der realen und konkreten »action« identisch. Zum anderen ist einzig und allein die »action« – nicht jedoch »reines« Denken – dazu imstande, das Problem des Lebens zu lösen, das das Leben selbst uns aufgibt, den Sinn der umfassenden »action« zu verwirklichen, auf den die Dynamik der »action« aus sich heraus ausgerichtet ist.

---

[26] Vgl. Point, 561/115: »Le vrai philosophe [...] c'est lui qui, connaissant plus, agit mieux, celui qui tire de son expérience même un surcroît de lumière et de force, sachant davantage ce qu'il fait parce qu'il a fait d'abord ce qu'il savait. De cette opinion instinctive, il est bon de fournir un commentaire qui, à travers un cycle de quelques vérités, nous ramènera précisément au point de départ de la philosophie la plus technique, en montrant comment la spéculation contribue à résoudre le problème du réel et comment il se fait que la connaissance, au sens fort de Parménide, soit de l'être.« Blondels Schlussfolgerung: »A la question initiale il est donc légitime de répondre que la philosophie est l'intégration, spéciale et technique par sa forme, universelle et populaire par sa matière, des efforts hiérarchisés de la vie humaine pour réaliser notre être en réalisant les êtres et l'être en nous, c'est-à-dire en les connaissant, en nous y adaptant, en nous les assimilant« (ibid., 568/125). In einem späteren Aufsatz, in dem er sich aufs Neue mit der Erkenntnis und dem Wesen philosophischen Denkens befasst, geht Blondel ausdrücklich vom Satz des Parmenides aus, wie die abendländische Tradition ihn überliefert hat: »*Intellectus in actu et intellectum in actu unum et idem sunt*, disait-on au moyen-âge, comme Parménide au début même de la spéculation philosophique déclarait l'identité de l'intelligence et de son objet, dans l'être« (PI, 217–306, ebd. 222). Hinsichtlich seiner Ausführungen in *Le point de départ* fügt er einen anderen Aspekt hinzu: den Unterschied zwischen der strikten Rationalität (»connaissance notionnelle«) und der direkten Erfassung des Konkreten (»connaissance réelle«) wie auch ihre gegenseitige Verwiesenheit. Ebenso betont er die Koinzidenz der »entière conscience de soi« und der »réelle possession de son objet véritable« (ibid. 222). »Ne pas trop séparer; ne pas trop subordonner et simplifier, ni surtout simplifier et unir de façon unilatérale au seul profit de la connaissance par notions, c'est contre ce double écueil que nous devons nous mettre en garde en insistant à la fois sur l'hétérogénéité et sur la solidarité des fonctions de l'esprit. Le grand besoin philosophique de ce temps est peut-être de refaire la synthèse de l'intelligence; d'équilibrer la pensée discursive avec l'intuition« (ibid. 277 f.).

Aber indem Blondel die wirkungsgeschichtlich gedeutete parmenedeische Vorgabe allen Denkens ablehnt, stürzt er sich nicht auf die heraklitische Antipode. Diese Alternative, die sooft heraufbeschworen wird, ist letztlich denkerisch abstrakt. Die Absolutsetzung des Veränderlichen wäre ihrerseits auch wieder »parmenedeisch« gedacht, denn diese Verabsolutierung müsste auch das Erkennen selbst noch umfassen und somit diese Aussage einschließen. In Wirklichkeit aber bilden beide auseinanderdividierten Aspekte eine einzige Synthese, die fürs Denken unergründlich ist, von der »action« dagegen getan, verwirklicht wird.

»Mir scheint, dass das proton pseudos [der fundamentale Betrug] sowohl der dogmatischen Metaphysik als auch des kritischen Idealismus wie der spinozistischen und hegelschen Ethik darin lag, entweder die gekannte Wahrheit oder die formelle Intention als die hinreichende Lösung für dieses Problem des Lebens zu betrachten, ohne dem Leben selbst das vorzuhalten, was es an nicht-mitteilbarer Belehrung bietet. Die Wissenschaft der action erlässt uns das Handeln nicht, obwohl die Erkenntnis vielleicht der action völlig adäquat sein kann. Ich meine, dass jede Philosophie, die behaupten wird, sie könnte als Philosophie sich selbst genügen, notwendigerweise falsch ist oder wenigstens unvollständig. Die wahre Rolle der Spekulation ist, die Ursprünglichkeit der action unverkürzt zu respektieren, bei Strafe, sich selbst dazu zu verdammen, das Unerklärliche zu erklären und sich mit sich selbst zu begnügen, während sie eigentlich dazu gezwungen ist, sich ihre Unzulänglichkeit einzugestehen«[27].
Die »philosophie de l'action« bringt ans Licht, dass das, was die Gewissheit des Erkennens begründet, in der »action« freizulegen ist, in der sich ständig wandelnden Genese konkreten Seins.

---

[27] Aus einem Brief an seinen Studienkollegen Albert Bazaillas vom 15. März 1894, in: LP, 52. Vgl. Spinozisme (338/38) 86/36 f.

PATRICIA REHM-GRÄTZEL

Aus der Arbeit am Blondel-Institut in Mainz

Erstübersetzung von »L'Itinéraire philosophique« (1928)

I. Zur Übersetzung im Allgemeinen

Jeder, der Erfahrung mit Übersetzungen hat, kennt die Schwierigkeiten, die diese Aufgabe mit sich bringt. Der Übersetzer will anderen Menschen ein Werk näher bringen, das diese in seiner Ursprungssprache nicht verstehen. Der Inhalt soll so gut wie möglich erfasst werden, aber der Übersetzer scheint an der Wiedergabe unzähliger Worte zu scheitern, die in der eigenen Sprache mehrere, z.t. unterschiedliche oder nicht die richtigen Bedeutungen haben. Schließlich hat der Übersetzer sich derart auf die Struktur der Fremdsprache eingelassen, dass er diese in seiner eigenen Sprache wiederholt, obwohl sie hier gar nicht passt. Und irgendwann kommt für jeden Übersetzer der Moment, in dem er sich nach dem Sinn seiner Arbeit fragt.

Die Übersetzung eines Textes von einer Sprache in eine andere wird im Allgemeinen als nützlich und erstrebenswert erachtet. Jedoch steht der Übersetzer auch vor großen Problemen. Diese wurden bereits von Denkern wie z.B. Martin Luther, Johann Gottfried Herder, Albert Schweitzer oder Walter Benjamin gesehen, die sich mit Übersetzungsfragen beschäftigten.

Um die Bedeutung und die Schwierigkeit der Übersetzung darzustellen, wollen wir im Folgenden erst die Thesen verschiedener Philosophen zum Übersetzen vorstellen und uns anschließend zur eigenen Übersetzung von Maurice Blondels »Itinéraire philosophique«[1] äußern.

Johann Gottfried Herder benennt die besondere Problematik der Übersetzung in den Fragmenten »Über die neuere deutsche Literatur«[2].

---

[1] Blondel, Maurice: Der philosophische Weg. Gesammelte Betrachtungen, herausgeben von Frédéric Lefèvre. Eingeleitet und übersetzt von Patricia Rehm. Mit einem Nachwort von Peter Reifenberg. Freiburg (Alber) 2010.

[2] Vgl. Suphan, Bernhard (Hg.): Herders Sämtliche Werke. 33 Bände. Berlin (Weidmannsche Buchhandlung) 1877–1913. Bd. I. 238 ff. Im Folgenden werden Zitatangaben mit SWS gefolgt von der Bandzahl in römischer Ziffer und der Seitenzahl in arabischer Ziffer angegeben.

Jede Sprache weist andere Bedeutungsinhalte auf, die nicht eins zu eins in eine andere Sprache übertragen werden können. Selbst wenn die Bedeutung in zwei verschiedenen Sprachen auf dieselbe Wortwurzel zurückgeht, kann die Konnotation, die das Wort in der jeweiligen Sprache gewonnen hat, eine andere sein. Dies gilt es zu berücksichtigen. Jede Sprache hat aber auch ihre individuellen Charakteristika, die es laut Herder ermöglichen, bestimmten Thematiken und Inhalten den richtigen Ausdruck zu geben und anderen nicht. In einer Sprache wird über andere Inhalte geschrieben als in einer anderen. Auch führen die individuellen kulturellen Gegebenheiten, die sich durch die jeweilige Sprache ausdrücken, zu bestimmten Thematiken, die mehr im Zentrum des Interesses stehen als andere. Schließlich aber macht die Individualität des Autors selbst erst das Werk zu dem, was es ist. Diese ist einzigartig und kann von einem Übersetzer nicht vollständig wiedergegeben werden[3].

Die Aufgabe eines jeden Übersetzers muss deshalb mit Herder sein, dass er sich in das Wesen, das Leben und die Eigenarten des zu übersetzenden Schriftstellers und in dessen Zeit einfühlt[4]. Er muss die Individualität und die Originalität des übersetzten Autors darstellen, vor allem aber muss er zeigen, dass diese Individualität nur in einem bestimmten zeitlichen und örtlichen Rahmen zustande gekommen ist.

Wichtig ist demzufolge, dass der Übersetzer eine Einführung in das übersetzte Werk gibt. Die Erläuterungen sollen für die Leser zum »Schlüssel«[5] werden, mit dem sie sich das Werk erschließen können, und zwar aus dem Geist der jeweiligen Zeit und der Umstände heraus.

Der Übersetzer soll so zum »Kundschafter«[6] werden, der den Leser in das Land des übersetzten Werkes führt – und dies nicht nur durch die Einführung, sondern auch und vor allem durch die verwendete Sprache. Für Herder ist die Nachahmung des Ursprungstextes im Deutschen sehr wichtig. Er fordert sogar, dass die Übersetzung so nah wie möglich am Originaltext sein soll. Dies bedeutet zum einen, dass der Sinn der Schrift richtig übertragen wird, zum anderen, dass auch die stilistischen Merkmale der anderen Sprache in die eigene

---

[3] Vgl. SWS I, 238.
[4] Vgl. SWS I, 288 f.
[5] SWS I, 289.
[6] SWS I, 290.

Sprache übersetzt werden, damit ein Unterschied bemerkt wird. Nur dann ist die Authentizität des Autors und seiner Inhalte gewahrt, wenn auch, soweit möglich, die deutsche Sprache sich der Ursprungssprache anpasst. Deshalb soll laut Herder kein Text dem aktuellen Zeitgeschmack angepasst werden, der gerade im deutschsprachigen Gebiet vorherrschend ist. Ebenso wenig ist eine Übersetzung wünschenswert, die dialektalen Färbungen des Landes Rechnung trägt.

Letztendlich erwartet Herder einen Übersetzer, der auch selbst ein Dichter oder Autor ist, fähig, eigene Texte zu verfassen und somit ein Gespür für Rhythmus und Sprache hat[7]. Trotz allem ist Herder bewusst, dass weiterhin gewisse Nuancen oder Schönheiten der anderen Sprache unübersetzbar bleiben[8].

Dass die Übersetzung so nah wie möglich am Originaltext sein soll, ist auch das zentrale Anliegen von Walter Benjamin in seinem Aufsatz »Die Aufgabe des Übersetzers«[9]. Benjamin spricht hier vom »Leben und Fortleben der Kunstwerke«[10], wobei das Fortleben auch und vor allem durch die Übersetzung gewährleistet wird. Eine Anpassung der Übersetzung an einen späteren Zeitgeist oder Zeitgeschmack hält er jedoch für durchaus positiv und nennt dies die »Nachreife«[11] des Werkes.

Auch er lehnt eine Übersetzung ab, die den Inhalt des Werkes nur in eine andere Sprache überträgt, hält dies für eine »schlechte Übersetzung«[12] und kommt zu dem Schluss: »Es ist [...] das höchste Lob einer Übersetzung nicht, sich wie ein Original ihrer Sprache zu lesen«[13]. Insofern hat er auch das Ideal der »Sehnsucht nach Sprachergänzung«[14], also eine Erweiterung der deutschen Sprache durch Begriffe der anderen Sprache, die – übersetzt – in die deutsche Sprache eingehen sollen. Er gibt Beispiele von idealen Übersetzern, die durch ihre Arbeit »die Grenzen des Deutschen erweitert«[15] haben, und be-

---

[7] Vgl. SWS I, 294 f.
[8] Vgl. SWS I, 291.
[9] Vgl. Benjamin, Walter: Die Aufgabe des Übersetzers, in: Benjamin, Walter. Sprache und Geschichte. Philosophische Essays. Hg. v. Rolf Tiedmann. Stuttgart 1992. 50–64 (= Benjamin (1992)).
[10] Benjamin (1992) 52.
[11] Benjamin (1992) 54.
[12] Benjamin (1992) 50.
[13] Benjamin (1992) 61.
[14] Benjamin (1992) 61.
[15] Benjamin (1992) 62.

zieht sich auf Übersetzungstheoretiker wie Johann Wolfgang von Goethe und Rudolf Pannwitz, mit denen er seinen eigenen Grundsatz der Übersetzung untermauert, wenn er zitiert:»»er [der Übersetzer] muss seine Sprache durch die fremde erweitern und vertiefen‹«[16]. Aber selbst wenn er den Dichterfürst Goethe als idealen Übersetzer nennt, so ist es für ihn jedoch das ›konventionelle Vorurteil‹ zu glauben, nur Dichter wären bedeutende Übersetzer, und er zitiert Beispiele guter Übersetzer, die schlechte Dichter waren, und umgekehrt. Dies begründet er damit, dass die Aufgabe des Dichters eine andere ist als die des Übersetzers[17]. Sowohl Herder als auch Benjamin fordern ein Übersetzungsideal, das demjenigen Martin Luthers entgegensteht. Für Letzteren ist nämlich maßgeblich, den Menschen »auf das Maul [zu] sehen, wie sie reden, und darnach [zu] dolmetschen«[18], damit die Übersetzung »eine völlige, deutsche, klare Rede wird«[19], denn nur so »verstehen sie [die Leser] es denn und merken, dass man deutsch mit ihnen redet«[20]. So ist Luthers Devise für die ideale Übersetzung:»Ich hab mich des beflissen im Dolmetschen, dass ich rein und klar Deutsch geben möchte«[21]. Dass jede Sprache ihre individuellen Charakteristika hat, betont schließlich auch Albert Schweitzer. Er beherrschte sowohl das Deutsche als auch das Französische perfekt und charakterisiert beide Sprachen wie folgt: »Die Vollkommenheit des Französischen besteht darin, einen Gedanken auf die klarste und kürzeste Weise ausdrücken zu können, die des Deutschen darin, ihn in seiner Vielgestaltigkeit hinzustellen«[22]. Dieser Wesensunterschied lässt ihn letztendlich an der Übersetzung seines eigenen Werkes »J. S. Bach, le musicien-poète« ins Deutsche scheitern. Vielmehr verfasst er auf Deutsch ein neues, eigenständiges Werk, das unter dem Titel »J. S. Bach« erscheinen wird.

---

[16] Benjamin (1992) 63.
[17] Vgl. Benjamin (1992) 58.
[18] Martin Luther: Sendbrief vom Dolmetschen. In: Martin Luther: An den christlichen Adel deutscher Nation. Von der Freiheit eines Christenmenschen, Sendbrief vom Dolmetschen. Hrsg. v. Ernst Kähler. Stuttgart 2008. 151–173. 159 (= Luther: Sendbrief).
[19] Luther: Sendbrief. 159.
[20] Luther: Sendbrief. 159.
[21] Luther: Sendbrief. 158.
[22] Schweitzer, Albert: Aus meinem Leben und Denken. Frankfurt 2008. 61.

II. Zur Übersetzung des Itinéraire philosophique

Diese Wesensunterschiede des Deutschen und des Französischen lie-
ßen sich auch bei der Übersetzung von Blondels Werk feststellen. Die
Übersetzung sollte so nah wie möglich am Original bleiben, aber die
Eigentümlichkeiten des Deutschen berücksichtigen.
Die erstmalige Übersetzung entstand auf der Grundlage des Werkes
»L'Itinéraire philosophique de Maurice Blondel. Propos recueillis par
Frédéric Lefèvre« (Paris 1928).
Es handelt sich hierbei um ein Interview, das Maurice Blondel dem
seinerzeit bekannten Journalisten Frédéric Lefèvre im Mai 1927 in
Aix-en-Provence gegeben hat. Lefèvre, Chefredakteur der wöchent-
lich erscheinenden Literaturzeitschrift *Nouvelles littéraires*, veröffentlichte hier unter dem Titel *Une Heure avec ...* (*Eine Stunde
mit ...*) eine Reihe von Interviews mit berühmten Gesprächspartnern.
In einem Brief Blondels an Lefèvre, welcher der ersten Auflage von
1928 beigefügt ist, bringt jener seine Freude darüber zum Ausdruck,
dass das Interview, anstatt in der Zeitschrift abgedruckt zu werden,
nun sogar in Buchform erscheinen soll – wurden doch aus der vorge-
sehenen Stunde letztendlich wesentlich mehr.
Wie Henri Bouillard in seinem Vorwort zur zweiten Auflage mitteilt,
befindet sich der von Blondel eigenhändig verfasste französische Text
seit 1961 in der Bibliothek Méjanes in Aix-en-Provence[23]. Dies ist für
Bouillard der Beweis, dass es sich hier nicht um ein klassisches Interview handelt. Vielmehr habe Blondel den Text bis ins letzte Detail
konzipiert – dies gelte ebenfalls für die von Lefèvre gestellten Fragen.
Bouillard schließt daraus, dass hier ein wesentliches Merkmal des
Blondel'schen Umgangs mit der Verbreitung seiner Philosophie zutage tritt, nämlich die Veröffentlichung seiner Texte unter einem anderen Namen[24].
Blondel selbst wählte den Titel, unter dem das Interview in Buchform
erschien[25]. Dabei kann das französische Wort »*itinéraire*« im Deutschen mit »Weg« oder »Werdegang« übersetzt, kann aber auch in der
Bedeutung des *Itinerariums* [von lat. *iter*: Gehen, Weg, Reise], also als

---

[23] Vgl. Bouillard, Henri: Avertissement, in: L'Itinéraire philosophique de Maurice
Blondel. Propos recueillis par Frédéric Lefèvre. Paris 1966. 7–9. 7 (= Bouillard
(1966)).
[24] Vgl. Bouillard (1966) 8.
[25] Vgl. Bouillard (1966) 7.

literarische Gattung des *Pilgerwegs zu Gott* oder der *Reisebeschreibung*, des *Reiseführers* verstanden werden. Dies verweist auf den Inhalt des Werkes, denn es geht tatsächlich um die Stationen in Blondels Leben und um die Entwicklung seiner Philosophie und somit um die Beschreibung seines Weges. Dies verdeutlicht er, indem er innerhalb des Interviews die Grundzüge seiner geplanten und bis dahin zum großen Teil noch unveröffentlichten Werktrilogie L'Action – Die Handlung, La Pensée – Das Denken, L'Etre et les Etres – Das Sein präsentiert.

L'Action – Die Handlung[26] ist Inhalt des ersten Teils. Blondel nennt hier Grundthesen dieses Werkes und macht dabei Angaben zur Entstehungsgeschichte seiner Dissertationsschrift.

La Pensée – Das Denken[27] bestimmt den zweiten Teil des Interviews, in dem es Blondel um die Frage der richtigen Methode des Philosophierens geht. Er kommt zu dem Schluss, dass nur die Einheit von Konkretem und Abstraktem, also von Natürlichem und Begrifflichem, zu einer Erkenntnis des Wirklichen führt.

L'Etre et les Etres – Das Sein und die Seienden[28] steht im Mittelpunkt des dritten Teils.»Sein, das ist im wesentlichen Handeln« lautet die Kernthese der Blondel'schen Philosophie und somit schließt sich der Kreis seines Denkens und seiner Werktrilogie. Dabei versteht Blondel unter dem Sein das wirkliche Sein, das nur durch die Verbindung zweier Erkenntnisarten, nämlich der abstrakten und der konkreten, gefunden werden kann. Blondel benennt dieses Sein: der christliche Gott, Schöpfer und Begleiter der Welt und des Menschen. Ausgehend von dieser Aussage spricht Blondel von einem vierten Werk, das er konzipiert. Hierbei handelt es sich um eine philosophische Studie zum christlichen Geist[29]. Abschließend bringt Blondel den Wunsch zum Ausdruck, dass die Handlung, nämlich die Verbindung von Christentum und anderen Traditionen, die aufgrund von gegenseitigem Interesse und in gegenseitigem Respekt stattfinden soll, zur Zusammenkunft und somit zur Vereinigung der Menschen führt.

Dieser philosophische Weg, den Blondel beschreitet, wird nicht nur sprachlich und gedanklich im Text vollzogen, sondern offenbar auch in tatsächlicher körperlicher Bewegung. Scheinen Blondel und Le-

---

[26] L'Action, erschienen 1893, Neubearbeitung erschienen 1937.
[27] La Pensée, erschienen 1934.
[28] L'Etre et les Etres, erschienen 1935.
[29] La philosophie et l'esprit chrétien, erschienen 1946.

fèvre im ersten Teil mit dem Titel »In der Zurückgezogenheit von Aix-en-Provence« noch ganz im Stil des klassischen Interviews in Blondels Arbeitszimmer einander gegenüberzusitzen, so fordert Blondel seinen Gast doch schon am Ende dieses Teiles zum Verlassen der ihm beengend erscheinenden Räumlichkeiten auf. Dem entsprechend findet der zweite Teil des Gespräches in Blondels Wochenend- und Ferienhäuschen »La Nacelle« im Grünen vor den Toren von Aix statt. Im dritten Teil, »Am Abhang von Sainte Victoire«, bewegen sich die beiden Gesprächspartner nun völlig in der freien Natur und erklimmen schließlich gemeinsam den Gipfel des Berges.

III. Schwierigkeiten und Redaktion

Eine wesentliche Schwierigkeit der Übersetzung besteht vor allem darin, dass der Inhalt philosophischer Begriffe meist individuell geprägt und deshalb nur aus dem Kontext, wenn nicht sogar aus dem Gesamtwerk zu erschließen ist. Trotzdem war es wichtig, die Übersetzung so nah wie möglich am Original zu halten. Auch existiert keine einheitliche Übersetzung des Begriffes »action«, des Kernbegriffs der Blondel'schen Philosophie. Kommentatoren und Interpreten verwenden hier »Aktion«, »Tat«, »T(h)athandlung«, »handeln«, »tun« oder belassen das französische Wort »action«. Nach eingehender Prüfung und Interpretation des französischen Textes hielt ich es für sinnvoll, das Wort »action« mit »Handlung« zu übersetzen. Zur Vereinheitlichung und Verdeutlichung des Textes ist eine Liste der wichtigsten und am häufigsten vorkommenden französischen Worte und ihrer Übersetzung im Anhang beigefügt.
Blondels Stil ist sehr elaboriert und geprägt von langen, verschachtelten Sätzen. Wo es dem besseren Verständnis dient, wurden Sätze im Deutschen geteilt oder Bezugsworte hinzugefügt.
Innerhalb von *Fußnoten* wurde Folgendes belegt oder erklärt:
– Die Übersetzung lateinischer und griechischer Zitate, die Originale bleiben als solche im Text erhalten.
– Begriffe der französischen Lebensaktualität sowie genannte Namen und Orte wurden ebenfalls nach Möglichkeit verifiziert und belegt.
– Auch lässt Blondel des Öfteren Neologismen oder im Französischen gebräuchliche Worte einfließen, die im Deutschen keine Ent-

sprechung haben. Diese wurden im Text als solche gekennzeichnet übernommen und erklärt.

IV. Vom Arbeiten mit der Übersetzung in der Lehre

Ziel der Übersetzung war es, eine Textgrundlage für Studierende zu schaffen, die sich in Blondels Denken einarbeiten möchten. Als Einstiegstext ist das Interview sehr gut geeignet, da hier bereits die Kernthesen dargelegt werden.

Die Umstrukturierung der Studiengänge in Bachelor und Master lässt den Studenten mittlerweile jedoch wenig Zeit, sich über die Vorlesungs- und Seminarinhalte hinaus zu bilden. Der Fußnotenapparat, zu dem ich mich entschieden habe, mag vielleicht an manchen Stellen unnötig erscheinen, da die Informationen, die hier zusammengetragen werden, von jedem in einschlägigen Werken nachgeschlagen werden können. Da die Übersetzung jedoch in erster Linie für Studierende erstellt wurde, trägt der Apparat der heutigen Studiensituation Rechnung. Somit können sich die Studierenden auf das Wesentliche, nämlich das Blondel'sche Denken, konzentrieren.

Erste Bearbeitungen des Blondel'schen Textes in Seminaren haben ergeben, dass die Studierenden sehr gut mit Blondels Brief an Lalande zurechtkommen. Dieser von Peter Reifenberg übersetzte Brief[30], der leicht an die Übersetzung des »Weges« angepasst wurde, enthält eine Art Zusammenfassung und Definition des Begriffs der »Handlung«. Der philosophische Weg selbst ist eine Lektüre, die eher von erfahreneren Studierenden gemeistert wird und somit für Haupt- und Oberseminare geeignet ist.

---

[30] Vgl. Reifenberg, Verantwortung (2002) 155.

Siglenverzeichnis

Zitierweise der Werke Maurice Blondels:
Bis zum Abschluss des Bandes erschienen die ersten beiden Bände der
Œuvres complètes. Für die Nummerierung der Beiträge gilt: Die erste Ziffer bezeichnet die Originalpaginierung, dann ggf. (so etwa bei
den Beiträgen der »Premiers écrits«) die Paginierung der bisher ge-
bräuchlichen Ausgaben. Beide Ziffern stehen in Klammern, getrennt
durch einen Querstrich. Es folgt die Paginierung in den »Œuvres
complètes«, dann folgt als letzte Ziffer die Ausgabe einer möglichen
deutschen Übersetzung.

Œuvres I: Œuvres complètes, Tome I. (1893). Les deux thèses. Texte
établi et présenté par Claude Troisfontaines. Paris (PUF) 1995.

Œuvres II: Œuvres complètes, Tome II (1888–1913). La Philosophie
de l'action et la crise moderniste. Texte établi et présenté par Claude
Troisfontaines. Paris (PUF) 1997.

A: L'Action: Essai d'une critique de la vie et d'une science de la pratique. Paris 1893 (PUF ³1973); dt. Übers.: Die Aktion (1893). Versuch
einer Kritik des Lebens und einer Wissenschaft der Praktik. Übers. v.
R. Scherer. Freiburg 1965. (Zitierweise: Erste Zahl in der Klammer =
(1950) 1973; zweite Zahl Œuvres I, dritte Zahl dt. Übersetzung.)

BL: Maurice Blondel – Lucien Laberthonnière: Correspondance Philosophique (Présentée par Claude Tresmontant). Paris (Seuil) 1961.

BrB I/II: Correspondance. I. Henri Bremond et Maurice Blondel. Les
Commencements d'une amitié (1897–1904). Etablie, présentée et annotée par André Blanchet. Paris (Aubier) 1970.

BV I–II: Maurice Blondel – Auguste Valensin: Correspondance
(1899–1912). 2 Bde. (Texte annoté par Henri de Lubac). Paris (Aubier) 1957.

BV III: Maurice Blondel – Auguste Valensin: Correspondance (1912–
1947). (Texte annoté par Henri de Lubac). Paris (Aubier) 1965.

BW: Blondel – Wehrlé. Correspondance. (Commentaires et notes par
Henri de Lubac). Paris (Aubier) 2 Bde. 1969.

CCM: Marlé, René (Hg.): Au cœur de la crise moderniste. Le dosier inédit d'une controverse. Lettres de Maurice Blondel, Henri Bremond, Fr. v. Hügel, A. Loisy, D. Morret, J. Wehrlé. Paris (Aubier) 1960.

CI I: Carnets intimes (1883–1894). Paris (Cerf) 1961. Dt. Übers.: Tagebuch vor Gott 1883–1894. Übertr. v. Hans Urs von Balthasar. Eingel. v. P. Henrici, Einsiedeln (Johannes) 1964.

Cœur: Marlé, René (Hg.): Au cœur de la crise moderniste. Le dosier inédit d'une controverse. Lettres de Maurice Blondel, Henri Bremond, Fr. v. Hügel, A. Loisy, D. Morret, J. Wehrlé. Paris (Aubier) 1960.

EC: Blondel, Maurice: La Philosophie et l'Esprit chrétien. Paris (PUF) I. 1944. II. 1946.

HD: Histoire et dogme. Les lacunes philosophiques de l'exégèse moderne, in: Quinzaine 56 (1904) 145–167; 349–373; 435–458; auch: Les premiers écrits de Maurice Blondel, Paris (PUF) 1956. 149–228; auch in: Œuvres complètes II, 387–453; dt. Übers.: Geschichte und Dogma. Übers. v. A. Schlette. Mainz (Grünewald) 1963.

Itinéraire: L'Itinéraire philosophique de Maurice Blondel. Propos receuillis par Frédéric Lefèvre. Paris (Spes) 1928. – (Neuauflage) Paris (Aubier-Montaige) 1966.
(Zuerst wird die Erstauflage von 1928 zitiert, dann die Neuauflage von 1966).

L: Lettre sur les exigences de la pensée contemporaine en matière d'apologétique et sur la méthode de la philosophie dans l'étude de problème religieux, in: APC 131 (1896) 337–347; 467–482; 599–616; APC 132 (1896) 131–147; 225–267; 337–350.
– Vgl.: Les premiers écrits de Maurice Blondel, Paris (PUF) 1956. 5–95.
– Jetzt in: Œuvres II, 97–173 (mit der einl. »Notice« (ebd. 97–99) und den wichtigen »Indications bibliographiques« 99–100). – Dt. Übers.: Zur Methode der Religionsphilosophie. Eingel. von Hansjürgen Verweyen; übersetzt von Hansjürgen und Ingrid Verweyen. Einsiedeln (Johannes) 1974. (Einl.: 13–100; Übersetzung: 101–212).
(Zitationsweise: Die *erste* Ziffer bezeichnet die Originalausgabe in APC nouv. série t.33 ff. (1896), die *zweite* Ziffer markiert die Ausga-

be in den »Premiers Ecrits« (1951); die *dritte* Ziffer hinter der Klammer gibt die Textstelle in Œuvres II wieder; es folgt dann als *vierte* Ziffer die deutsche Übersetzung von Verweyen, Methode (1974).)

Larcher (1985), Gerhard: Modernismus als theologischer Historismus. Ansätze zu seiner Überwindung im Frühwerk M. Blondels. Frankfurt 1985.

LP: Lettres philosophiques de Maurice Blondel. Paris (Aubier) 1961.

Pe: Principe élémentaire d'une logique de la vie morale, in: Les Premiers Ecrits de Maurice Blondel. Paris (PUF) 1956. 123–147; auch: Œuvres II, 365–387 (Notice: 365–367); Mémoire lu au Congrès de 1900 (publié en 1903) 367–387).
(Zitationsweise: Die *erste* Ziffer bezeichnet den Abdruck in den »Premiers écrits« (1956) 123–147. Die außerhalb der Klammer stehende *zweite* Ziffer bezeichnet die Seitenangabe in den Œuvres II. (1997) 367–386. Die *dritte* Ziffer bezeichnet den Index des deutschen Übersetzungstextes in: Verantwortung (2002)).

PI: Le Procès de l'intelligence, in: Nouv. Journée, nouvelle série, 19 (juin 1921) 409–419; (juil.) 30–39 (août–sept.) 115–133; zitiert wird aus dem von Archambault herausgegebenen und bei Bloud et Gay erschienenen Sammelband, Paris 1922. 217–306.

Point: Le point de départ de la recherche philosophique, in: APC 151 (1906) t.1, 337–360. 152 (1906) t.2, 225–249; auch in: Œuvres II, 527–569; dt. Übers. (Raffelt/Verweyen), in: Ausgangspunkt (1992) 69–127.

RC: Laberthonnière, Lucien: Le réalisme chrétien précédé de Essais de philosophie religieuse. Paris (Seuil) 1966. 247–350.

RdCF: Revue du Clergé français (Paris).

Soutenance: Une Soutenance de Thèse. Soutenance (1893) 1. Résumé de la soutenance de la thèse française sur l'Action (1893). Soutenance (1907) 2. J. Wehrlé (bearbeitet von Maurice Blondel): Une soutenance de thèse, in APC t.4 (154) mai 1907. 113–143 (gekürzt abgedruckt in: EtBl I, Paris (PUF) 1951. 79–98). In vollständiger synoptischer Gegenüberstellung, in Œuvres II, 691–745. (Wir zitieren die Ausgabe der Œuvres I).

Spinozisme: Une des sources de la pensée moderne. L'évolution du spinozisme, erstmals unter dem Pseudonym Bernard Aimant, in: APC, nouv. série 30 (t.128 de la collection) Juni (1894) 260–275; Juli (1894) 324–341. Wiederabdruck in: Dialogues, 11–40. Vgl. Œuvres II, (57–59) Notice und Indication bibliographiques) Text: 61–88. Dt. Übers. (Raffelt/Verweyen) in: Ausgangspunkt (1992) 3–40.

(Zitationsweise: die *erste* Ziffer in der Klammer bezeichnet den Erstabdruck in APC (1894), die *zweite* Ziffer der Klammer den Wiederabdruck in Dialogues. Die *dritte* Ziffer markiert die jetzt gängige Ausgabe der Œuvres II. Die *vierte* Ziffer bezeichnet je die deutsche Übersetzung.)

Autorenverzeichnis

Hubertus **Busche,** geb. 1958, Dr. phil., Prof. für Philosophie an der Fern-Universität, Hagen.

Simone **D'Agostino,** geb. 1968, Dr. phil., Prof. für Philosophie an der Päpstlichen Universität Gregoriana, Rom.

Stephan **Grätzel,** geb. 1953, Dr. phil., Prof. für Philosophie an der Universität Mainz.

Peter **Henrici SJ,** geb. 1928, Weihbischof em. im Bistum Chur, Dr. phil., Prof. em. für Philosophie an der Päpstlichen Universität Gregoriana, Rom.

Anton **van Hooff,** geb. 1944, Dr. theol., Ordinariatsrat i. R., Mainz/Aachen.

Margit **Kopper,** geb. 1956, Dr. phil., Paris.

Jean **Leclercq,** geb. 1966, Dr. phil., Prof. für Philosophie an der Universität Louvain-la-Neuve. Direktor des Blondel-Archivs.

Karl Kardinal **Lehmann,** geb. 1936, Prof. Dr. phil. Dr. theol. Dr. h.c. mult., Bischof von Mainz.

Patricia **Rehm-Grätzel,** geb. 1971, Dr. phil., Gymnasiallehrerin, Mainz.

Peter **Reifenberg,** geb. 1956, Dr. theol., Prof. für Moraltheologie an der Universität Mannheim, Direktor des Erbacher Hofs, Mainz.

Bibliografische Information der Deutschen Nationalbibliothek
Die Deutsche Nationalbibliothek verzeichnet diese Publikation in der Deutschen
Nationalbibliografie; detaillierte bibliografische Daten sind im Internet über
<http://dnb.d-nb.de> abrufbar.

© 2012 Echter Verlag GmbH, Würzburg
www.echter-verlag.de
Umschlag: Peter Hellmund
Druck und Bindung: CPI – Clausen & Bosse, Leck
ISBN 978-3-429-03509-9

244